登顶时代，眺望"山的那一边"
（代序）

英国军事理论家、战略家利德尔·哈特写过一本书：《山的那一边》，该书是二战后利德尔·哈特对德军将领古德里安、伦德施泰特、曼施坦因等人的访谈录，书中不乏鲜为人知的"首次披露"，为后人从盟军对手视角重新审视那场迄今为止影响人类最广大深刻的浩劫，洞开了不一样的视窗。穿越笔底春秋，透过激烈的厮杀呐喊，即使今天的人们，仍能聆听到不同军事集团思想交锋的雷暴。

书名"山的那一边"，据说灵感来自英国元帅威灵顿——一位打败了拿破仑的传奇英雄。有一次，威灵顿与好友克罗科尔（英国第一任海军部长）一起旅行。为消磨时光，两人就以推测山的那一边是什么地形打趣。一路上，克罗科尔一通瞎猜，威灵顿却屡屡说中，这令克罗科尔大为惊诧。"你知道为什么吗？"威灵顿平静地答道："为了猜测山那边的情况，我付出了一生的精力。"

（一）

成人的世界没有"容易"二字，一位真正的军事将领为打赢战争付出的艰辛准备、坚忍韬晦是常人无法想象的。中国古代有"姜子牙八十拜相、佘太君百岁挂帅"的传说；我军的"常胜将军"粟裕大将一生都保留研地形、看地图的习惯，出访欧洲时，他忙中偷闲去的是诺曼底战场。

"山的那一边"从狭义上讲，指的是军事上分析和判断对手情况的能力。在兵圣孙武眼中，这种能力叫"知彼知己"。对于指挥员而言，它是"百战不殆"的基本功。但仅具备这种揣摩敌手的能力，却可能遭致"赢了战斗却输了战争"的尴尬，就像美军在越南战场上那样。要成为挺立时代潮头、击水中流的强者，还需要先进理论的滋养引导，做到知天知地、知显著知隐微、知大势知规律，具备"道天地将法"五事运筹之能力。"善战者无赫赫之功"，仰望星空与脚踩大地须臾不可分割。

人是战争的主体，是时代的产物，因而每个历史时期的战争首先展露的是时代的胎记。从秀孔武、角体力的冷兵器时代，到大兵团、拼钢铁的机械化时代，再到体系搏击、信息制胜的信息化时代，乃至到今天争夺制脑权、制数据权的智能化战争，每个时代的政治、经济、军事、文化、科技等元素变化都会以不同方式辐射影响到战争领域，使不同时代的战争如万花筒般个性迥异、各领风骚，却又都始终绕着一条"看不见的红线"在跳跃演化，这就是魔幻战争的历史逻辑。作为战略研究者，敏锐捕捉"时移世易"之变是透析胜战之道的要津，任何刚愎自用、麻木不仁，抑或亦步亦趋、刻舟求剑都将招致灾难性的后果。要制胜未来、看清"山的那一边"，唯有心存敬畏、登上时代的峰巅，极目远眺。

魔幻的战争对各时代的思想者既是一道必答题，也是一道挠头题。面对人类社会有史以来最难把控的复杂巨系统，战争没有一劳永逸的范式，不存在先知先觉的绝对主动。认识战争从来就是思想观念的洗礼、脱胎换骨的长征。比之知晓对手，未来战争不仅是潜在威胁的升级版，更是横亘在现实面前重雾弥漫的山。因为"将打败你的敌人，肯定不在你现在的名单上""军事行动所根据的因素总有四分之三隐藏在迷雾中"。

当前，人类正大踏步迈入一个充满高度不确定性的时代。美军前参谋长联席会议主席马丁·邓普西曾云："在战场上和商战中真正危险的是，你自以为已经胸有丘壑，但实际上你连自己看见的是什么都没有理解。"今天我们所遭遇的科技之变、战争之变、对手之变比历史既往烈度之大令人喟叹。而军人却仍然要像他们先辈那样，始终且必须在充满不确定性的危险环境中，通过打胜仗去挣得生存、赢得尊严，找到自身通向未来的"确定性"。"不确定性"这个战争之魔，蕴含着无限可能，恰是开启未来的炫酷密钥。未来的战争绝不会是莎士比亚的剧本，历史证明，"庙算"无论多寡，"预措"如何"裕如"，当战争真正降临，"盖然性"始终如影随形。古今中外之善战者，无一不是给对手播撒更浓重战场迷雾，制造更多"不确定性"的同时消除己方"不确定性"的高手。而要做到这一点，则需要更深的谋略修养、更高的理论思维、更精的规律把握。

时代变了，装备变了，战法变了，作战样式乃至战争形态变了，但战争规律和战争指导规律、军队建设发展规律始终存在且持续作用没有变，战争带给军人的心理冲击和精神震撼没有变，要赢得战场博弈的主动权，必须在破除主客观的一个个"不确定性"中去找到确定、赢得未来，这一点也没有变！必须清醒看到，战争的不确定性丝毫不能遮蔽战争的规律性，认识战争规律、驾驭战争规律、指导战争实践，是战争研究必须恪守的最本质的要旨，也是军事理论必须回答的时代之问。

（二）

军人生来为打赢，铸剑为犁是人类的美好愿望，但只要"兵凶战危"仍逡巡在我们这个星球，就一刻也不能停滞警惕的目光，须臾离不开理论的导引。未来战争说到底是思想的战争，是先进思想最终征服落后思想的进军。跨越对手之山，跨越未来之山，基点和前提必须首先跨越小我的认知之山。

自古胜人者力，然自胜者强。阳明先生"破山中贼易，破心中贼难"的古训，道出了理论武装实则是涤祛心垢、培塑信念、突破维度，不断改造主观世界的求索。希腊圣城德尔斐神殿上镌刻着苏格拉底那句举世闻名的箴言："认识你自己"。穿越千年，哲人留下的锥心切问仍时时告诫着世人须处处时时正视警惕人性最大的弱点。心理学发现，人们总是习惯以自我喜欢且熟悉的方式看待新事物新变化，而不是以事物应有的本来面目去理解认知。这就会出现由认知局限、思维惯性、心理迷航导致的认知偏差。除此之外，人性中高估自己、低估别人力量之大，超乎想象。作为战争研究者，发现盲点、规避误区、打破瓶颈，需要不断强化问题意识、不断击碎"信息茧房"、不断摒弃封闭僵化，自觉主动地与时代伴舞齐飞。

"科学的军事理论就是战斗力。"在波诡云谲的战争领域，科学的军事理论始终是划破暗夜的雳闪。战争作为"流血的政治"，对其理性化、规律性的认知、提炼、归纳、总结、设计等，即军事理论从来也必须来自实践、指导实践，"来不得半点的虚伪和骄傲"。牵引当下、辐射未来，脚踏实地、志存高远是军事理论最本质也是第一性的品格。

不同文化、不同时代、不同国家，探索战争制胜之道的路径可能千条万道，瞭望战争莽原的视窗可能千扇万面，沉淀的对战争的观察思考可能千差万别，但战争本质及其制胜机理演化规律却是客观存在的，它就是纷繁复杂的战争乱象背后那条"看不见的红线"，这是战争研究的历史逻辑、理论逻辑和实践逻辑决定的，也是批判历史虚无主义和不可知论的有力武器。科学的革命性的军事理论必须真实反映战争实践演变规律和内核属性，这是军事理论"刚"性的一面。此外，在科学技术的催化下，军事理论也蕴含着"柔"性善变的一面。特别是攸关制胜的作战理论，可能是人类理论宝库中保鲜期最短的。自冷战结束以来，随着新技术在军事领域应用转化、迭代升级速率的加快，作战理论创新一路高歌猛进。海湾战争后，美军甚至号称"一种理论指导一场战争，一场战争淘汰一种理论"。以联合作战为例，伴随武器精度、射程、效能的大幅提高以及作战单元通信、共享能力的提质增效，联合作战的总趋势已由过去强调诸军兵种空间上的聚合打击，转向越来越注重空间上分散配置而彼此链接却越来越强调紧密无间。近年来军事理论界讨论较多的"分布式作战理论"正是这一趋势的代表。未来随着人工智能、大数据、量子技术等的加速迭代，联合作战在科技这双魔幻之手的解构重塑下，将被不断赋予新内涵新模态，催生新战法新结构。在战争这位严苛考官的字典里，永远找不到"躺平"二字。

作战理论保鲜期短，却并不意味着人们对战争从知变到达变的跃升路径短，打破认知的"灯下黑"知难行更难。仅以理论载体的语言文字为例，从社会发展史视角看，人终其一生都活在自己的文化语言当中。每一代人有每一代人看世界的方式，甚至每一个民族都有每一个民族独具特色的思维模式和文化体系，不同的语境表达和话语体系组成了千姿百态的文化现象，也建构了理论世界的"百花园"，正所谓"横看成岭侧成峰，远近高低各不同"。解决时代的问题，破析时代的战争，既要有"可下五洋捉鳖"的深入，也要培养"可上九天揽月"的视野格局。对于军事理论而言，尤其应善于打破条条框框，"站在月球看地球"，学会运用鲜活的时代语言创新思维、创新表达、创新传播。通过心与心的碰撞共鸣，完成理论武装的传递培塑，最终汇成改造客观世界的磅礴力量。

清代思想家顾炎武在《日知录》中写道："文须有益于天下，文须有益于将来。"文以载道，话语体系创新是理论创新的基础。语言是思想的载体，理论是语言的凝练。思想生根有多快，理论创新有多强，往往要看语言接地有多深。在军事理论研究中讲究语言接地，就是强调要将深刻的兵学之道、芜杂的战争乱象、绝妙的指挥艺术等嚼碎反刍消化吸收后一语中的地道出来，是由表及里、由繁至简的思维创新，是思想境界和理论表达的再提炼、再加工，是更高层次上的智慧创造。反之，僵化干瘪的文字背后往往反映出的是落后板结的思维、狭隘浅薄的认知和不思进取的懈怠。

《诗经·大雅·板》云："天之牖民，如埙如篪，如璋如圭，如取如携"，是说上天在开导教化百姓时，首先会像演奏埙和篪这些乐器一样，让百姓喜闻；像配置圭和璋这些礼器一般，让百姓乐心。思想语言如果不接时代的地气，理论之翼不可能振翅高飞！

（三）

欲立不世之功，必有非常之举。今天，人类正身处"百年未有之大变局"，工业社会、信息社会、智能社会多种社会形态相生相伴、各领风骚；产业革命、科技革命、军事革命风云乍起、相荡相激；知识迭代、智慧赋能、思维嬗变之快之广之深超乎寻常。战争制胜机理也在斗转星移中"换了人间"：力量布势越发讲求广域韧性、力量运用越发重视跨界聚优、作战行动越发强调多维联动、作战效能越发追求虚实精准……

变与不变中，过去未去，未来已来。

我们这支"从战争中学习战争""从历史中学习战争"一路走来的人民军队，直面军事革命的拍岸惊涛，要登顶时代、看清"山的那一边"，不仅需要"更新更勇敢的头脑"，还需要"从未来中学习战争"。而"未来"在今天首先是在作战实验室里创造的。这个实验室不仅有"斗室"模拟推演，它还涵盖了基于现代虚拟现实技术和分布交互技术等之上的广阔领域。建造这个能够推演未来战争壮阔活剧舞台的，是以现代军事理论、军事运筹方法和信息技术、智能技术为基础建立起来的现代作战仿真模拟。近几场局部战争实践证明，作战模拟已经成为作战的重要组成部分。未来的战争不会是历史的再现，但大概率会是虚拟战例的再现。

"智慧，不是死的默念，而是生的沉思。"理性的力量究竟能否彻底征服混沌和复杂？这是人类在 20 世纪下半叶发现并正在深度思考的一个大问题。人类因为理性而伟大，因为知道理性的局限而成熟。必须看到，混沌理论研究和复杂性科学研究，正引领人类社会发生一场极其深刻的科学革命，这场革命不仅跨越了人类之前的学科分类，甚至可能在未来将生命现象和非生命现象等量齐观，乃至物理学家史蒂芬·霍金曾断言，21 世纪是属于复杂性科学的世纪。从这个意义上讲，所有的理性思考、战例模拟也不能代替实践本身。研究作战问题，虽说是纸上论兵，帷幄运筹，但绝非谈玄说妙，为理论而理论。重中之重是要校准研究的起点站位，廓清发力精进的方向领域，甄别择好"解剖麻雀"的方法工具，时时处处，服务服从于"国之大者"。否则就会偏离本质，流于形式：或者坐而论道、隔靴搔痒而不得受用；或者在传统窠臼中打转转，名为革新，实则不作为；或者脱离时代、背离需求，沦为妄想臆断。凡此种种，必须引起我们足够的警觉和警醒。

心为能所。一切问题的解决都是从思想深处迈开的第一步。当前，新技术推动下的信息化智能化战争仍在快速演变，远未定型，智能化战争究竟是信息化战争的高级阶段还是独立形态，尚无定论；我军向"三化融合"的转轨也不可能一蹴而就。在敞开胸怀拥抱未来的火热实践中，我们应积极倡导这样的理念：完善只能在滚动中实现，准确只能在破障中聚焦，深邃只能在前行中开凿。在努力创新我们的思维方式和话语体系中，尤其应注重对基础性、前瞻性、系统性理论的探索，努力将研究精度、深度与高度、速度有机统一起来，用理论与实践的知行合一，擦亮眸子，把"山的那一边"望得更清、看得更透。

柴永忠

2022 年 10 月 13 日

目 录

篇　二

"智"胜未来战场

——智能化战争的制胜机理

篇 三

战争之水"浊"兮
——愈演愈烈的"混合战争"

篇　四

制"脑"权战犹酣

——认知域作战前沿问题研究

篇 五
"超"级战士走来
—— 解析无人作战与反无人作战

篇　一

"把"脉战争大势

——战争形态演变进入加速度

什么是真正的信息化战争

——对未来战争形态的冷思考

中国工程院院士、中国电子科技集团公司首席科学家　陆　军

如果说 1991 年海湾战争是美军从单平台机械化战争向信息系统支持下的机械化战争转变的起步，那么 2003 年伊拉克战争则是美军实现信息系统支持下的机械化战争的标志，而 2011 年利比亚战争，北约国家再次上演了信息系统支持下的机械化战争对单平台机械化战争的跨代优势。

美军正在形成"导弹武器打击体系 + 电磁武器打击体系 + 信息武器打击体系""三位一体"的信息系统支持下的信息化战争力量格局，并在全球谋求更大的战争形态跨代优势。

如何运用信息系统实现战斗力生成模式转变，顺利完成信息化的跨越任务，是当前和未来一段时间我国国防和军队现代化建设亟待解决的核心问题之一。

我们划分战争形态的标准是什么？

战争形态是由主战武器、军队编制、作战思想和作战方式等战争要素构成的战争整体形式和状态。战斗力生成模式是指战斗力的构成要素

在特定组织结构下形成作战能力的作用机理，其外在表现一般是军队战斗力基本要素获取和发展战斗力的形态样式。转变战斗力生成模式就是将人、武器装备、军队编制等要素以一种新的形态样式组合，以推动战斗力升级，是战争形态演变发展的内在本质，是决定战争形态的关键特征要素。

恩格斯指出："一旦技术上的进步可以用于军事目的并且已经用于军事目的，它们便立刻几乎强制地，而且往往是违反指挥官的意志而引起作战方式上的改变甚至变革。"可见，科学技术进步深刻影响着战斗力构成要素的变化，最终推进战斗力生成模式转变，是推动战争形态演变的物质基础和重要动力。因此，战争形态演变是战斗力生成模式和科学技术水平双牵引双驱动，由低级到高级、由局部到全局、由量变到质变的渐进发展过程。

目前，我们正处于机械化向信息化转变过程中。传统观点认为，有了信息系统即是信息化战争，将信息系统的出现作为机械化向信息化转变的标志。笔者认为，应聚焦战斗力生成模式，同时把握信息系统发展规律，对机械化战争和信息化战争中战斗力生成模式和信息系统装备形态从量变到质变的转变过程进行细致分析和划代，在此基础上将机械化战争和信息化战争细分为单平台机械化战争、信息系统支持下的机械化战争和信息系统支持下的信息化战争。

单平台机械化战争，是指在物理域（牛顿力学物理空间）展开的，以单平台武器打击为主要手段，以电子设备为辅助手段，通过最大发挥己方各作战平台的机动力和火力来获得相对优势的战争形态。战斗力生成是以单平台武器打击为基本形态的加和模式，电子设备（信息系统的雏形）依附于装备平台，服务于单平台完成任务的能力，服从单平台机械化战争客观规律。

信息系统支持下的机械化战争，是指在物理域和电磁域谋求"看得远、反应快、打得准"，以精确打击（导弹武器打击体系）为主、电磁域控制（电子对抗）为辅，通过降低、剥夺敌方信息系统能力，来压制敌方机动力和火力的发挥，实现"降维降代"攻击（将敌方降低至单平台机械化战争）的战争形态。这种形态下，电磁域主要表现为支撑作用，服务于导弹在物理域的跟踪与打击。此时，信息系统引起作战方式改变（只是量变），战争形态的本质内涵还是机械化战争，达到机械化战争最高形态，仍服从机械化战争的客观规律。战斗力生成是以信息系统支持下的导弹武器打击链和电磁域控制为基本形态的倍增模式。此类信息系统称为战斗力生成的倍增器。

信息系统支持下的信息化战争，是指在物理域、电磁域和信息域谋求"看得远、反应快、打得准"，以信息武器打击体系、电磁武器打击体系以及导弹武器打击体系形成的三位一体作战，从而谋求全域优势的战争形态。此阶段的信息系统，与单平台机械化战争中的电子设备，以及信息系统支持下的机械化战争中的信息系统有根本不同，将引起作战方式变革（质变），战争形态转变为信息化战争，服从信息化战争的客观规律。战斗力生成是以导弹武器、电磁武器和信息武器三位一体打击体系为基本形态的指增模式。此类信息系统称为战斗力生成的指增器。

我们的思维跟上时代步伐了吗？

习主席在中央政治局第十七次集体学习时指出，勇于改变机械化战争的思维定势，树立信息化战争的思想观念；改变维护传统安全的思维定势，树立维护国家综合安全和战略利益拓展的思想观念；努力建立起一整套适应信息化战争和履行使命要求的新的军事理论、体制编制、装备体系、战略战术、管理模式。

信息技术在战争中的快速应用带来武器装备现代化的同时，也容易使人的战争思维落后于时代的步伐。我们应当积极转变延长线惯性思维定势和跟随性发展思路，在把握战争形态演变和信息系统发展两个客观规律基础之上，认真分析研究世界军事发展现状，洞察未来战争形态发展趋势，结合承担的使命任务和当前未来一段时间军事斗争需求，走出适合自己的特色道路来。

如果我们以上述划分标准来分析美军现状，可得出结论：美军已经具备了信息系统支持下机械化体系作战能力，正向信息系统支持下信息化战争形态跨越。其所提出的"电磁频谱战"和"赛博空间战"具有典型的信息化战争特征。这与我们面临的"空海一体战"威胁具有本质不同，且属于不同的战争形态阶段。"空海一体战"是美日为应对我军"反介入／区域拒止"作战构想而制定的一种战役计划，核心理念是在全球信息栅格支持下构建多平台导弹武器打击体系。尽管其开始强调电子攻击等作战能力，但本质仍是通过提高信息系统的信息支援保障能力或是压制对方信息系统，使己方看得远、反应快、打得准，谋求的正是信息系统支持下机械化战争对单平台机械化战争的跨代优势。

2003 年的伊拉克战争和 2011 年的利比亚战争体现的也是这种战争理念，是典型的信息系统支持下的机械化对单平台机械化的非对称战争。值得强调的是，1991 年的海湾战争虽然首次大量使用了精确打击武器，但其并未形成基于信息系统的导弹武器打击体系，仍是依靠人、激光制导以及导弹自身地形匹配制导而形成的单平台武器打击，而且美军各军种之间更多仍是依赖于战前计划单独行动，而非基于信息系统的体系作战。因此，海湾战争本质仍是以平台对平台的单平台机械化战争形态，美军优势主要靠精确打击武器和电子干扰手段。这也是为何美军在海湾战争之后极力推进"勇士"计划的原因。从这个意义上讲,海湾战争亦是美军从单平台机械化战争向信息系统支持下机械化战争转变的起始点。

"赛博空间战"和"电磁频谱战"则强调以电磁武器、信息武器为主要作战手段,通过对"电磁"和"信息"的利用和控制,实现对物理系统的毁伤和操控,并影响人的认知和社会活动。

美军在《21世纪海上力量合作战略》中首次提出"全域介入"概念,确保其在海、空、天、陆、网络空间和电磁频谱空间中的行动自由,并在其实施指导方针中明确指出通过使用电子干扰、黑客攻击、高功率微波和激光武器,在电磁域和信息域投放力量、创造作战优势,逐步减少对导弹的依赖,转而寻求传统火力打击与非传统打击相集成的综合打击优势。这种作战理念指导了美军下代装备的发展思路,如F-35即是美军按照空域、电磁域"双域作战"理念来设计和训练的典型代表。可见,美军正在形成"导弹武器打击体系 + 电磁武器打击体系 + 信息武器打击体系""三位一体"的力量格局,这是我们面临的严峻挑战。

但是,换个视角看,根据钱学森对现代科学技术体系的部类和层次划分,对于军事信息系统至关重要的军事科学、思维科学和系统科学三大科学部类的基础理论在全世界范围内仍未有突破,是全人类面临的共同难题,美军的上述实践更多是在技术科学层次和工程技术层次的探索,处于大量实践、摸索前进阶段,这也就是为什么美军提出的概念多,但却难以形成统一体系的原因。

我们不能简单机械地按照美军的具体系统形态来设计我军的装备体系,而要认识到这是历史给予我们与发达国家处于同一起跑线、跨越发展的战略机遇,对于顺利实现"完成机械化和信息化建设双重历史任务"具有重要意义。

当前，首要的任务是转变思维定势。美国前国防部长拉姆斯菲尔德曾说过：一个拿刀的武士，在给了他一支步枪后，把步枪当作刀挥舞，他还是一个武士，只有他拿着步枪向两百米外目标瞄准开枪，他才转变为战士。

在新军事革命背景下，我们不能以机械化战争思维应对"赛博空间战"。转变思维定势，要求我们必须透过现象看本质，不能简单以为有了信息系统就是信息化战争。必须加紧推进我军实现两个跨越，一是针对打赢信息系统支持下机械化战争需求，立足现有要素，以构建导弹武器打击体系为核心，加强电子信息装备和满足机械化战争规律的信息系统研制建设，加快从单平台机械化战争向信息系统支持下的机械化战争跨越，以应对现实军事威胁；二是针对未来打赢信息系统支持下信息化战争的需求，以导弹武器、电磁武器和信息武器"三位一体"打击相关理论研究和装备研制为重点，探索满足信息化战争规律的信息系统装备发展思路，以加快向信息系统支持下信息化战争的跨越。

把握战争形态演变的时代特征

戚建国

战争形态演变，从根本上取决于人类的社会形态和技术状况，人类用什么技术制造工具，就用什么技术制造武器；用怎样的方式生产，就用怎样的方式进行战争，这是马克思主义唯物史观的重要思想。当我们端起"历史的望远镜"，沿着战争形态演变的发展进程去探视，在人类社会进步的每个历史阶段，战争形态无不打上深深的时代烙印。

从"能量主导"到"信息主导"

历史上的战争，主要在"物理域"展开，这些战争活动从来离不开信息，但信息从未占据主导地位。具有智能特征的指挥信息系统实现了数字世界与物理世界的互联互通，"信息域"和"认知域"成为新的作战空间，指挥员和战斗员第一次拥有了同步认知、自主协同、一致行动的能力，信息主导作用日益凸显。

信息成为消除战争不确定性的主导因素。不确定性是战争的主要特征之一，也是赢得战争胜利的主要阻力之一。战争的不确定性主要是信息的不完全性和判断决策的随机性带来的。信息论创始人香农给信息下的定义是：信息是用来消除随机不确定性的东西。指挥信息系统具有的信息获取能力、传递能力和处理能力，使人们极大地提高了对作战信息的感知力、识别力和认知力，战争迷雾将被充满智慧的人们层层揭开，判断决策的信息支撑度大大增强，这为消除战争的不确定性提供了坚实支撑。

信息域成为牵引其他作战域的主导因素。指挥信息系统成为联结联合作战体系的血脉，数据链接成为各作战力量、作战系统和作战要素互联互通的基本手段，信息流成为驱动作战体系各要素快速流转的动力源，网络信息体系支撑精兵作战的大格局正在加速形成，信息域牵引陆、海、空、天、网、电等作战域的主导地位正在加速确立。

信息优势成为决定作战胜负的主导因素。在智能特征明显的信息化战争中，信息优势已不单是情报优势，而成为主战优势；信息力量已不单是作战保障力量，而成为主战力量；信息战已不再处于从属地位，而成为认知领域作战的主要样式。在未来战争中，拥有信息优势的一方，才能始终牢牢掌握作战的主动权。

从"平台对抗"到"体系对抗"

基于网络信息体系，指挥信息系统优化了作战体系的信息流程，打通了各军种各层级间的信息通道，将相对独立的作战平台与战场感知、指挥控制、保障系统联为一体，奠定了联合作战体系的坚实基础。这使武装集团对抗形式发生了结构性变化，由武器平台之间的对抗提升为联合作战体系之间的对抗，拥有体系优势的一方，将能够获取战场对抗的联合优势。

具有全局性对抗特征。这是在国家战略体系支撑下军事体系的对抗，是一体化联合作战体系的对抗，也是集战略、战役、战术于一体的对抗。战略对抗是在国际战略背景下的全局性对抗，反映到某一战略方向，形成战区层面的联合作战体系对抗。有时局部的战术对抗也呈现出全局性特征，往往是基于战略意图，通过战役筹划，运用战术对抗直接达成战略目的。

具有结构性对抗特征。这是体系结构与体系结构的对抗，反映到作战域的对抗上，呈现出分域对抗、跨域对抗和全域对抗并行发力的特点；反映到作战体系对抗上，呈现出系统对抗、要素对抗交叉同步的特点；反映到作战功能对抗上，呈现出侦察反侦察、控制反控制、突击反突击、干扰反干扰、防护反防护对抗交织互动的特点。

具有综合性对抗特征。这是混合战争力量在全域中的总体对抗，既是政治目的支配下的军事对抗，也是经济、文化领域支撑下的综合国力对抗，还是科技手段支撑下的战略互联网、战争潜力网与战场军事网的综合性对抗。混合战争力量构成的新型总体战，为人民战争思想创新发展开辟了广阔空间。

从"概略作战"到"精确作战"

机械化条件下作战受科技水平限制，更多的是凭借经验和直觉指挥作战，通过对"动能"的极限追求，依靠大规模杀伤消耗对手实力，达成战争目的。人工智能技术和精确打击手段为精确作战提供了技术支撑，创造了从较大规模概略作战到有限规模精确作战转变的基础环境，拥有精确打击优势的一方，将能够获取"一招制敌"的行动优势。精确作战强调的是，在具有作战决定意义的有利时机精准发力，在具有决定胜负的关键节点精准打击，始终牢牢掌握作战控制权。基于网络信息体系的精确作战，已不单单是精确打击的目标战，而是精准行动的全域作战。应关注以下方面：

战略筹划上精准选择。战略层面的精确作战，既要考虑实现军事目标，达成最佳作战效果；更要考虑实现政治目的，控制战局争取民心。一方面在作战规模选择上，贯彻有限控制作战思想，运用作战模型，精确计算作战效果，打得恰到好处；另一方面在作战手段选择上，建立作战毁伤评估模型，尽可能控制作战风险，减少附带损伤。

作战目标上精准选择。联合战役中的精确作战，是一种典型的目标战。应站在战略全局上选目标，力求通过重锤猛击直接达成战略目的；从分析敌作战重心入手选目标，力求通过直击要害毁其核心部位；按照体系破击要求选目标，力求通过破网断链瘫其作战体系。

创造战机上精准选择。精确作战体现到作战筹划上，必须把创造战机的作战思想突出出来。不仅要敏锐捕捉战机，更注重提高战机创造的精准度和艺术性。要善于突然发力，打在敌准备不充分之时；善于迷惑敌人，打在敌意料之外；善于调动敌人，打在敌弱点暴露之处；善于控制对手，打敌无还手之力；善于攻心夺志，打敌抵抗意志薄弱之际。

从"聚力制胜"到"智能制胜"

战争进入具有智能特征的信息时代，将从根本上颠覆传统的作战理念、作战手段和作战方法。机械化战争，集中优势兵力是制胜法则；信息化战争，既要靠兵力火力优势，更要靠信息智能优势。运用指挥信息系统打仗，就是要为作战精兵插上信息翅膀，为作战筹划嵌入智慧大脑，为作战控制注入灵活之魂，开辟未来战争新疆域。

从数字战场到智慧战场的拓展。数字战场提高了战场信息的透明度和时效性，智慧战场将极大地提高战场信息的精准度和适时性。运用人工智能技术，可以更精准地搜寻战场信息、识别战场信息、传递战场信息，形成从发现目标、识别目标、定位目标、监视目标到引导打击和效果评估的一体化。

从数据辅助决策到智慧辅助决策的拓展。数据辅助决策为作战筹划提供了精准计算和量化标准，智慧辅助决策为作战筹划提供了近似人的思维能力和自主创造能力。运用作战规划系统，可以提供对作战环境的自适应能力、作战设计的自学习能力和作战构想的自主创造能力。

从流程控制到智慧控制的拓展。从机械化战争开始，规范指挥流程和作战程序就显示出规范控制的力量；进入信息时代，计算机和网络系统为流程控制提供了新的技术支撑；随着具有智能特征的指挥信息系统不断发展，流程控制进入自主控制的新阶段，自主适应、自主调节、自主协同开始崭露头角，将为一体化联合作战提供可靠支撑。但与此同时我们应保持清醒头脑，无论人工智能技术如何发展，人在战争中的主导作用丝毫不会动摇。如何适应科技发展和军事变革，提高人的智能水平和驾驭人工智能的能力，是打赢未来战争的关键。

认识和把握战争形态演变的时代特征，首先，应把握住战争形态演变的历史逻辑，从历史、今天、未来的大脉络中认清战争形态演变的大趋势，找准历史方位，认定前进方向；其次，应把握住世界新军事革命的战略走向，瞄准前沿领域，科学设计发展路线图，坚定不移地抢占国际军事博弈的战略制高点；再次，应把握住历史发展的战略机遇，乘势而上、赢得主动，为实现党在新时代的强军目标、全面建成世界一流军队不懈奋斗。

什么在推动战争形态不断演进

杨彩霞　贾道金

　　战争形态演进的动力是什么，有什么规律可循？回答好这个问题，分析当代战争形态演进趋势，首先应从时代特征出发，对推动其发展的社会动因从整体上加以把握，继而考察各类影响因素作用的广度、深度、幅度、烈度，从而作出科学判断。当前，人类社会正处于科技革命、产业革命与军事革命强势交汇的历史时期，战争形态和作战方式很可能发生颠覆性变化。

新一轮全球性科技革命是当代战争形态演进的根本动因

　　科学技术是一种在历史上起推动作用的革命性力量，也是推动战争发展的原始动力和认识战争发展的基本依据。恩格斯曾指出："一旦技术上的进步可以用于军事目的并且已经用于军事目的，它们便立刻几乎强制地，而且往往是违反指挥官的意志而引起作战方式上的改变甚至变革。"在本世纪初，科学界就预测，自20世纪下半叶以来"科学的沉寂"已达60余年，迫近爆发技术革命的历史周期。近年来，新一轮科技革命蓄势待发，物质结构、宇宙演化、生命起源、意识本质等一些重大科学问题的原创性突破正在开辟新前沿新方向，一些重大颠覆性技术创新正在创造新产业新业态，信息技术、生物技术、制造技术、新材料技术、新能源技术广泛渗透到几乎所有领域，带动了以绿色、智能、泛在为特征的群体性重大技术变革。军事领域是对科技发展最为敏感的领域，每一次重大科技进步和创新都会引起战争形态和作战方式的深刻变革。随着新一轮科技革命的酝酿形成，新兴的战略性军事技术特别是颠覆性军事技术正在集中涌现，对军事发展的推动力空前强劲。当前，物联网技术引发的"感知革命"，云计算等引发的"计算革命"，大数据引发的"预测革命"，量子科技引发的"通信革命"，纳米技术引发的"材料革命"，人工智能技术引发的"行为革命"，以及军事航天、新型航空、电磁发射、定向能武器、深海开发、无人作战系统、智能弹药等引发的"打击革命"，协同发展、汇聚融合，正在加速作战手段的全面重塑，展现出空前的变革性与颠覆性，成为战争形态和作战方式演进的"第一推动力"。

全球战略调整与大国竞争加剧为当代战争形态演进提供时代背景

当前，国际形势正处在新的转折点，各种战略力量加快分化组合，国际体系进入加速演变和深刻调整的关键时期。新兴市场国家群体性崛起，国际战略力量对比消长加快，对西方主导的国际治理格局构成极大冲击，霸权主义和强权政治越来越不得人心。以美国为代表的西方社会经济和综合国力增长缓慢，内部向心力凝聚力下降，多国民粹抬头、政治右转、社会矛盾激增。在综合优势逐渐丧失的大趋势下，一些国家对军事手段更加倚仗。特朗普上台后，在财力吃紧的情况下大幅增加国防预算。2018 财年预算为 6920 亿美元，增幅 10% 以上；2019 财年国防部提案总额达 7160 亿美元，比 2018 财年申请额增长 12% 之多。美国新国家安全战略，明确将俄罗斯、中国列为战略竞争对手。而且，美军素有通过技术优势谋求绝对军事优势的传统，当前正在推进一场以智能化为主要方向的军事变革，根本目的是利用人工智能这一"改变未来战局"的颠覆性技术重塑军事体系，谋求形成新的代差，掌握未来战争主动权，获取 21 世纪"核心竞争力"，确保美军在未来几十年内的绝对军事优势。美军的做法必然刺激其他国家军队采取防范措施，加剧军事竞争。军事领域广泛而深刻的发展变化，必然是"世界大发展、大变革、大调整的重要内容之一"，为战争形态和作战方式的演进提供了强劲动力。

新一轮产业革命为当代战争形态演进奠定新的社会基础

科技革命导致产业革命，产业革命引发物质生产基础和社会组织方式的重塑。战争和军事是植根于社会生产基础的人类实践，新一轮产业革命的到来将为新的军事革命和战争演进提供新的支撑。当前，大数据、云计算、移动互联网等新一代信息技术同机器人、智能制造技术相互融合步伐加快，科技创新链条更加灵巧，技术更新和成果转化更加快捷，产业更新换代不断加快，使社会生产和消费从工业化向自动化、智能化转变，社会生产力将再次大提高，劳动生产率将实现大飞跃。德国工业 4.0、美国"再工业化"，以及其他主要国家的相应政策，将促成新一轮产业革命的到来，促使科技革命由技术领域向整个经济领域乃至整个社会的全面扩散。军事领域，传统的武器装备"瀑布型"顺序式研发模式，将被智能化、实时化、个性化、协作化的并行研发模式所取代，极大缩短研发生产周期、提高效益。新的生产工具和生产方法也将极大提高武器装备生产效率。例如，采用数字制造带来的效益超出传统手段一个数量级以上；采用 3D 打印技术所需原材料只有原来的十分之一，生产效率成倍提高，周期成倍缩短，能源消耗也远低于传统方式。新一轮产业革命，将极大提高战争工具的研发生产和采办效率，加快新陈代谢、腾笼换鸟速度，为战争形态快速演进提供社会物质支撑。

前瞻性军事理论为当代战争形态演进提供有力催化引领

军事理论与军事技术并称军事发展的"双引擎"，同样也是推动战争形态演进的强劲动力。当前，世界主要国家有关战争和作战概念推陈出新的速度加快，创新密集度前所未有，对未来战争形态进行了前瞻性勾勒设计，引导着战争发展走向和军队建设方向。美军历来高度重视军事理论的引领，甚至提出"一种理论指导一场战争、一场战争淘汰一种理论"。近年来，美国军界、学术界先后又提出一系列创新性战略和作战概念，让人目不暇接。如 2009 年，美空军参谋长施瓦茨、海军作战部长拉夫黑德联合签署备忘录，提出"空海一体战"作战概念；2015年 1 月，美国防部又宣布以"全球公域介入和机动联合"取代"空海一体战"作战概念；2014 年 11 月，美时任国防部长哈格尔明确提出以第三次"抵消战略"为内涵的"国防创新倡议"，加快推进美军军事变革；2012 年，美参联会在《JP3—13.1 联合电子战条令》中提出"联合电磁频谱作战"概念；2014 年，美一智库推出《战场上的机器人 II——未来的集群》，提出"无人机蜂群作战"概念；2013 年以来，美空军退役中将德普图拉等人先后提出"作战云""战斗云""战役云""云作战"等系列概念；2015 年初，美海军水面舰艇部队提出"分布式杀伤"作战概念；2016 年 10 月，美陆军协会提出"多域战"并于同年 11 月正式列入陆军条令；2017 年 4 月，美国防部原常务副部长罗伯特·沃克提出"算法战"概念，实质是基于人工智能的"智能＋"战争……这些战争和作战概念，既有联合的也有军兵种的，既有战略层面也有战术技术层面的，有许多已经纳入条令、进入实践和研发环节。如，第三次"抵消战略"高度重视人工智能和自主能力，将其纳入作战网络，企图使"无人和自主系统扮演核心角色"、迎接"机器人时代的战争"，并设想 2050 年前在作战平台、信息系统和指挥控制方面全面实现智能化，借此形成新的压倒性技术优势。这些创新性理论，将对未来战争形态和作战方式发展方向产生强劲持久的引领。

新的战争实践为当代战争形态演进提供探索路径的舞台

进入新世纪，特别是近几年来，人类战争实践出现一些新的变化，从中可以看出未来战争形态演化的一些端倪。例如，在陆地战场，以地面无人系统为主体的集群作战已经走上战场并初露锋芒。2015 年底，俄军在叙利亚使用"仙女座-D"自动化指挥系统指挥 6 部"平台-M"和 4 部"阿尔戈"作战机器人，在自行火炮群、数架无人机的支援下，实施了世界首次以战斗机器人集群为主的地面作战，顺利完成作战任务。再如，叙利亚时间 2018 年 1 月 5 日晚至 6 日清晨，俄驻叙赫梅米姆空军基地和塔尔图斯海军基地遭到叙武装分子 13 架无人机的集群式攻击，俄军及时采取电子攻击和火力打击应对，成功控制 6 架无人机，另有 7 架无人机被俄防空部队摧毁。此外，通过"预实践"也可为未来战争形态和作战方式提前彩排预演。如 2017 年 4 月，美国国防部高级研究计划局（DARPA）与空军学院、西点军校、海军学院共同举办了军事院校集群无人机挑战赛，探索试验了无人机集群关键技术战术和相关战法。在近期诸多相关战争的实践与预实践中，未来战争形态的萌芽正在形成壮大。

换个视角看战争形态演变

毛炜豪

随着科技的发展以及在军事领域的运用，战争形态一直处于不断变革、不断演进之中。依据武器装备和战术运用的时代特征，历史上曾出现过若干具有里程碑意义的战争形态，如冷兵器战争、热兵器战争、机械化战争、信息化战争等，目前正向智能化战争过渡。从新的视角对战争形态演变的规律进行观察，有助于理清战争发展的脉络，洞察其内在本质特征，并对未来战争的发展趋势科学预测。

战争形态发展遵循"技术为体，战术为用"原则

战争形态与战术发展之间存在密切联系。军事学术界有一种观点，如果以"是否形成以新型主战武器为核心的战争体系"为标准衡量，战争形态已历经八次演变，即青铜兵器战争、战车战争、铁兵器战争、骑兵战争、火药武器战争、线膛武器战争、机械化战争、信息化战争。这种划分方式是对传统划分方式的进一步细化。纵观战术发展史，就是一部伴随战争形态演变而不断创新变革的历史。

公元前 3000 年前后，随着青铜冶炼技术的出现，青铜兵器成为主战武器，此时以阵战战术为主。公元前 1800 年前后，随着驯化马品种

的改善及战车设计的不断改进，马拉战车成为军队的主要作战兵器，青铜兵器战争由此跃迁至以马拉战车为主战武器的新战争形态，车兵与步兵开始协同作战。公元前 1200 年前后，随着冶铁技术的出现和推广，加之铁矿分布广泛，人类进入铁兵器战争时代，战争规模不断扩大，战争艺术得到高度发展，阵战战术进入巅峰时期。公元前 7 世纪，随着育马技术的进步和骑射技术的发展，草原骑兵开始崛起，于是以骑兵为主战兵种的新战争模式在此过程中形成，骑兵战术开始成为主流。这一模式主宰欧亚大陆大部分地区逾 2000 年。15 世纪中叶，火药武器开始在战争中崭露头角，并逐渐打破了长期以来骑兵主导欧亚大陆战场的局面，但发射速度慢、精度低、有效射程短、机动性差等问题仍然比较突出，这一阶段相继出现线式战术、纵队战术。19 世纪中叶，随着工业革命的深入推进，后装线膛枪炮以发射速度快、精度高、射程远等优点，取代滑膛枪炮，成为新的主战武器，于是散兵线战术风靡一时。20 世纪初，内燃机驱动的坦克、战机等新型作战平台的出现，再次引发新军事革命，以德国"闪击战"理论、苏联"大纵深战役理论"等的实践应用为标志，机械化战争形态正式形成，此阶段纵深攻击战术大放异彩。1991 年爆发的海湾战争，借助于数字化、信息化武器装备，美军在指挥、决策、侦察、打击、评估等各个方面对伊拉克构成压倒性优势，战争实践中催生出新的战争形态——信息化战争，此阶段相继出现"空地一体战""网络中心战"等新的战术思想。

　　从战术发展历程来看，每一次新战术的出现，都伴随着旧战术的更新或消亡。在战术更迭过程中，军事技术发挥着重要的牵引作用。随着军事技术的发展，人类对能量运用的能力不断提升，从原始生物能到火药化学能、从机械能到信息能，在新能量的支撑下，战争中持续涌现出速度更快、精度更高、射程更远、威力更大的武器装备，通过与士兵的优化组合，使军队整体战斗效能持续提升，并催生出新的战术思想。如果说技术的发展规律是不断开发新的更强的能量，扬弃旧的较弱的能量；那么战术的发展规律则是在战争中顺应和加速这一能量迭代过程。

战争形态发展趋势是在逐步增强"人的战斗能力"

透过战争形态的发展历程，发现其总体趋势是在一步步强化战斗主体——人的战斗能力。青铜兵器战争，用青铜兵器强化了人上肢的战斗功能，但由于青铜兵器数量较少，参战力量规模相对较小；战车战争，用马拉战车强化了人下肢的机动功能，但由于战车对地形要求较高，此时机动能力相对受限；铁兵器战争，再次用铁质兵器强化了人上肢的战斗功能，由于铁矿的广泛分布和冶炼技术的成熟，使大规模、连续作战成为可能；骑兵战争，用马匹强化了人下肢的机动功能，并凭借战马强大的机动能力，将冷兵器时代人的机动能力提升至极限；火药武器战争，用火器取代了冷兵器，再次强化人的战斗功能，尽管火药威力相对较大，但存在速度慢、精度差、射程近等问题；线膛武器战争，后装线膛枪炮以发射速度快、精度高、射程远等优点，取代滑膛枪炮，人的打击能力大幅增强；机械化战争，飞机、坦克、步战车等新型作战平台的出现，通过内燃机的动力驱动和钢铁装甲的综合防护，使人的机动能力获得质的跃升，并同步提升了人的防护和打击能力；信息化战争，对卫星、雷达、无线电、数字化装备、精确制导武器等信息化技术和传感器平台的综合运用，本质上相当于强化了人的感官感知能力和神经系统控制能力，使作战体系实现高效指挥、联合行动、快速打击、精确释能。

这种将战争形态与人体功能进行关联的方式，并不是一种简单的比喻，实际上，二者之间有着深刻的内在联系。从人类与战争的关系来看，人类是战争的发起者和主导者，战争机器作为一个复杂庞大的系统，无论其外在形态如何演变，其核心始终是人。从青铜兵器、铁质兵器、弓箭、马匹到滑膛枪、线膛枪、火炮、战车，从飞机、雷达、无线电到卫星、导弹、无人机，所有武器装备都离不开人的使用，所有战争形态都离不开人的参与。即使是无人机，也只是实现了人与装备的物理分离，但无人机最终执行的还是人的指令，实现的还是人的目的。更进一步，站在系统论的视角，我们会发现，每一个生物体（包括人类）都是一个完整的系统，包含"感知、控制、反应"三大功能，分别对应战争的"侦察、指控、行动"三类核心要素。由此推导可知，其一，所有武器装备本质上都是"人类进行战斗的工具"，目的都是增强人体自身所具备的感知、控制（思考和决策）、反应（机动和打击）等功能；其二，所有战争形态的本质区别，并不在于武器装备的外部形态，而在于其对人体相关战斗功能的强化程度。从这个角度而言，自远古时代起，战争形态与人体各个战斗功能之间，就一直存在着密切联系。

战争形态展望：无人化与智能化战争

如果说战争形态的数次演变是在一步步增强人的上肢战斗、下肢机动、感官感知、神经系统控制能力，那么新军事革命浪潮下催生的无人化战争和智能化战争，就是在进一步强化人的神经系统控制功能和大脑决策功能。

无人化战争中，各种无人装备的运用，相当于进一步强化了人的神经系统，通过远程遥控武器装备，实现了人与武器装备的物理分离。与信息化战争相比较，尽管都是强化神经系统，但信息化战争强化的是神经系统的内联性，以作战体系的内部互通互联为主要特征；而无人化战争强化的则是神经系统的外延性，以作战体系由有人化装备向无人化装备拓展和延伸为主要特征。

至此，人的四肢、身体、感官战斗功能获得全面强化，唯独剩下大脑还难以强化或取代。于是，智能化战争应运而生。人的大脑包含控制、感知、分析、决策、意识等功能。其中，人的控制能力可以通过无线电通信、程序设计等技术手段实现；人的感知能力可以通过可见光、红外、雷达等各类传感器平台大幅强化；人的分析能力也可以通过计算机辅助情报分析、大数据分析等量化分析技术来强化，但有些功能是人类所独有的，目前难以被取代。其一是意识。大脑能够让每个人审视自己的意识，使人类具有高级思考功能，这也是人类区别于其他动物的主要特征。心理学家把这种自我审视的能力称作"元认知"。其二是决策。所谓决策，本质就是做决定。大脑认知领域研究表明，决策功能源于大脑前额叶，其核心功能包括记忆、判断、分析、思考等，这些功能相互协同，能够完成各种复杂的分析任务；它还对人类的自我情感认知起着重要的控制作用，而自我情感认知是指挥员"控制冲动""定下决心"能力的关键组成部分。其三是直觉。直觉源于人类的个体经验，是一种高级信息处理技术。当人类面临问题时，大脑的第一反应，就是迅速采用模糊检索的方式，搜索出与当前问题最匹配的场景模式，并以直觉的方式输出。目前没有任何仪器或装备能够取代人类，自动生成直觉。虽然有一些模糊图像匹配技术与直觉类似，但功能远不及直觉强大。这些都是人类区别于其他动物的高级功能，是目前所有尖端科技都难以取代、甚至难以全面解读的。

通过上述分析，展望未来战争形态，我们可以推测：智能化不等于无人化，但二者关系密切。智能化强化的是人类大脑的决策功能，无人化强化的则是神经系统的控制功能。二者截然不同，却又紧密相关。如果说未来战争的终极形态是人类各项功能的综合集成，那么根据"木桶效应"，目前的短板就是智能决策和直觉思考功能。这也是"智能化作战""决策中心战"等新型作战概念出现的深层次原因。战争史上，当人类上肢打击能力增强时，战争往往有利于防御方；当下肢机动能力增强时，战争往往有利于进攻方。那么当神经系统控制和大脑决策功能增强时，意味着攻防之间的界限也许将更加模糊，攻防一体的战斗将成为主流。

更加注重从科技角度思考战争

张德群　邱　滨　咏　亮

科技是军事发展中最活跃、最具革命性的因素，重大科技的进步往往会引发战争形态和作战方式的深刻变革。现代战争中，科技已成为核心战斗力，是影响战争胜负的重要变量。思考未来战争，需要准确把握科技的重要支撑作用，学科技、懂科技、用科技，注重从科技角度认识战争新面貌、揭示战争新特点、发现战争新规律。

适应时代发展、应对安全威胁、牵引军队建设的需要

当前，全球科技发展突飞猛进，世界主要国家都把发展前沿科技、谋求科技优势作为谋求军事优势、打赢现代战争的战略举措，科技比拼已成为大国军事竞争的重要内容。紧盯科技发展，注重从科技角度思考战争，提升战争筹划的科技含量，成为获取未来战场主动权的必然之举。

适应时代发展的需要。时下，新一轮科技革命和产业变革孕育兴起，大批新兴技术群体性崛起，前沿领域不断扩展，相互渗透，一些重要科学问题和关键核心技术正在或有望取得重大突破，科技成果转化应用于各领域更加便捷。在科技的驱动下，世界新军事革命加速发展，军

事理论、武器装备、体制编制等方面的变化应接不暇，由此带来战斗力生成模式的极大嬗变，人、武器以及人与武器的结合方式将发生重大改变，信息、智能要素越来越多地嵌入作战体系，战争形态以更快的加速度向前演进。这就需要适应时代发展，更加注重从科技角度思考战争，努力把多种高新科技支撑的现代战争真实反映出来。

应对安全威胁的需要。当今世界正经历百年未有之大变局，世界多极化、经济全球化、社会信息化、文化多样化深入发展，和平、发展、合作、共赢的时代潮流不可逆转，但国际安全面临的不稳定性不确定性更加突出，世界并不太平。为应对多种安全威胁，世界各国持续加大科技投入，加快把先进科技转化应用于预防和应对各种安全挑战上。近年来的局部战争实践进一步表明，运用高新技术形成体系作战优势有助于抢占有利位势。这就需要着眼应对安全威胁，更加注重从科技角度思考战争，深入探讨如何运用先进科技手段，协同形成跨域、多域乃至全域作战能力，以在激烈的对抗较量中抢占先机、掌握主动、赢得胜利。

牵引军队建设的需要。仗怎么打、军队就怎么建，是世界各国军队建设发展的普遍做法。通过对未来战争的前瞻思考，能发现未来需要什么样的能力、未来能力需要与现实能力供给之间的差距，从而能够提出国防科技发展、装备类型数量、兵力规模结构、人才队伍素质等多方面的需求，以此牵引军队建设。现代科技的飞速发展应用，使战争制胜机理发生了显著改变。这就需要着眼军队高质量发展，更加注重从科技角度思考战争，通过对未来战争的前瞻思考，研究在科技强力支撑下未来打什么仗、如何打仗，进而提出"明天"甚至"后天"的能力需求、力量需求、装备需求、技术需求等。

善于把高新科技特性突出出来，把战争的科技面貌展现出来

思考战争的落脚点是揭示战争规律、创新战争指导，在新一轮科技革命、产业革命和军事革命迅猛发展、交织前行的形势下，应紧盯科技之变，把科技摆在更加突出的位置，思考未来在什么地方、用什么力量、以什么方式、用什么手段打仗。

从科技角度思考武器装备。武器装备的发展既基于对未来战争的思考和谋划，也是大量先进科技应用的结果，思考武器装备就是在思考未来战争。一些科技发达国家军队已从"有什么武器打什么仗"转向"打什么仗发展什么武器"的主动设计新阶段，通过准确把握未来战争对武器装备的需求，加强新型武器装备的研发，不断提升武器装备对体系作战的贡献率，不断完善和优化武器装备体系结构。当前，战争形态正在加速向智能化演进，着眼打赢智能时代的战争，多个国家也在加速发展先进武器装备。比如，俄罗斯发布了《2021 年至 2025 年俄联邦国防计划》，提出未来将大力发展"具有人工智能元素的武器和装备"的计划。

从科技角度思考战场空间。在科技革命的助推下，战场的内涵与外延不断扩展，无人装备的大量运用使战场向有人系统难以进入的空间延伸。所以，一方面，应着眼立体全维思考战场空间，既关注传统的陆、海、空、天等有形空间，也突出电磁、网络、认知等无形战场。另一方面，要着眼跨域融合思考战场空间，发挥信息、网络、智能等技术的互联互通互操作和渗透融合作用，使时间和空间对作战行动的阻隔日趋减少，逐渐形成跨域融合的一体化战场空间。

从科技角度思考军事力量。先进军事科技越来越成为影响军事力量建设的重要因素，太空、网络、无人等新域新质力量的发展步伐日益加

快、效能日益显现，将成为提升战斗力的新"增长极"。思考战争应根据新的技术发展，在深刻认识原有力量新变化的基础上，着重关注基于新技术产生的新质力量。进入 21 世纪以来，美俄等军队加快扩大无人装备规模，全面推进无人力量的形成和运用。近年来，军事强国还陆续出台太空军事力量发展规划，加快组建太空军事力量，继续完善网络部队运行机制，新建、扩编或重组网络空间力量。

从科技角度思考作战方式。恩格斯指出，一旦技术上的进步可以用于军事目的并且已经用于军事目的，它们便立刻几乎强制地，而且往往是违反指挥官的意志而引起作战方式上的改变甚至变革。当前，人工智能、航空航天、物联网、脑科学等技术不断发展，有的正在试验验证，有的已在战场初显身手，这些都预示着未来必将会有大批新的作战方式登上战争舞台，一些传统作战模式将被颠覆。思考战争应注重从科技角度，积极探索和深刻认识军事力量运用的新方法新形式。近年来，一些国家军队纷纷提出有人 / 无人协同作战、"蜂群"作战、算法战、认知控制战、多域作战、全域作战等新概念，这实际就是对未来军事力量运用新方式的前瞻筹划。

应不断提升思维水平，熟练运用科学方法

今天的战争已不同于昨天的战争，明天的战争也不会是今天战争的重复。要努力把握现代战争科技支撑性日益突出的鲜明特征，既强化战略意识、理论头脑，也突出科技思维，熟练运用科技手段、科学方法，不断提高战争筹划的质量。

提升思维水平。要自觉立于科技潮头，紧盯科技之变，洞察科技之理，不断增强科技意识，提升科技素养，把科技思维融入思考战争全过

程、贯穿战争筹划各环节。要注重增强系统工程思维，从相互关联、相互制约、相互作用的系统视角，对战争进行整体分析，改进战争筹划流程，强化战争筹划的规范化标准化，走出工程化思考战争的新路子；增强理技融合思维，从理论与技术相结合的维度推进战争筹划，既从理论角度深入思考如何发挥科技作用，也从科技角度深入思考战争和作战问题，成系列成体系推出理论与科技互为支撑、有机融合、相得益彰的成果。

完善支撑条件。工欲善其事，必先利其器。根据战争筹划的目的、层次、类型等不同，运用数学建模、大数据、人工智能等多种手段，开发具有多种功能的辅助软件和系统，为战争筹划提供较好的支撑保障。为支撑思考更大规模更为复杂的战争，还要运用高速宽带通信网络，把地理分散、功能互补的相关资源连接起来，把虚拟仿真、结构仿真融合起来，形成虚实结合、一体协同的数字化环境，节省部队、装备、设施的转移费用和资源消耗，充分集聚和释放各类资源条件的优势，以较低的代价、较高的效率同步高效、灵活便捷地支撑思考更大规模更为复杂的战争。

创新科学方法。应注重结合现代科技，对通过经典战例、汲取历史经验总结思考战争的传统方法进行继承和创新。重视运用作战实验、兵棋推演、实兵演习、量化评估等多种方法，对战争构想、作战概念和战法运用等进行建模仿真、作战模拟和实验分析，推动战争筹划日益定量化、精确化、可视化。着力运用信息化智能化技术，综合集成军事人员、实验人员和技术人员等各类人员的知识经验，融合专家智慧和机器智能，进行科学筹划、实施和分析，优化流程和关键环节，确保战争筹划科学高效。

透视战争认知三个维度

南高仁　南晓智

战争认知，简单地说就是人类看待战争的方式和角度。传统意义上，我们更习惯于从武器装备、作战方式、作战对象等角度来认识战争。本文尝试从人类思维方式演变的角度来解读战争，以期能够洞察战争的深层次规律，从而更好地应对未来战争的挑战。目前，人类对战争的认知存在感性认知、理性认知、数据驱动认知三个维度，几乎所有的战争也都是围绕着这三个维度展开的。

基于经验思维的感性认知

所谓经验思维，就是试图用过往经验解决未来问题的思维方式。基于经验思维的感性认知，是人类对经验进行梳理、归纳、总结，从而对事物规律建立初步认识的认知方式。其优点是生动具体、高效快捷，在面对问题时，能够在短时间内快速形成解决方案；其缺点也显而易见，由于一切事物都处在变化之中，用旧的做法去解决新的问题，往往容易出现"水土不服"的现象。

虽然感性认知是认识事物的初级阶段，但并不意味着它不重要。事实上，感性认知是理性认知的前提和基础，是人类在漫长进化史中主要运用的认知方式。对于战争而言，感性认知的结果正确与否，主要取决于思考的深度。思考越深入，得出的观点就越接近战争的本质。例如，《孙子兵法》《战争论》等兵家名著，其中很多论述，是前人梳理总结无数战争经验后得出的观点体系。这些论述基于感性认知，源于战争经验，但经过军事家的深度思考，具有很强的合理性和适应性。时至今日，它们仍然具有较强的战争指导意义。

但是，感性认知如果放弃深度思考，完全照搬既往经验，只总结表象，不探究原理，就很容易招致失败。例如，1944 年 3 月，在东南亚战场上处于战略防御态势的日军为摆脱困境，乘盟军反攻准备尚未完成之际，抢先以近 10 万人的兵力，分 3 路袭击盟军东南亚战区的后方基地英帕尔，进行了著名的英帕尔战役。为解决长途跋涉的后勤保障问题，日军指挥官牟田口廉也准备效仿蒙古骑兵，提出了所谓的"成吉思汗作战"计划。他从缅甸搜刮了三万头牛羊，行军途中既可以用来驮运物资，又可以当作口粮，以解决运输和补给问题。但牟田口廉也忽视了二者之间的重要区别：蒙古骑兵是在冷兵器时代的草原作战，而日军是在热兵器时代的丛林作战。这三万头牛羊在丛林中跋涉，不仅减慢了进攻速度，而且让日军成为盟军空袭的目标。结果日军设想的轻装突袭变成了旷日持久的消耗战，加之雨季来临，大批日军死于饥饿和瘟疫。战争结束时，日军共损失近 8 万人，其中非战斗伤亡就有 4 万多人。英帕尔战役，也被后世称为"忽视后勤的无谋之战"。其实更准确地说，这是一场"照搬经验的无谋之战"。

基于机械思维的理性认知

所谓机械思维，并非死板、教条的思维，其核心思想是确定性（或可预测性）和因果关系，即世界万物的运行遵循着确定性的基本规律，而这些规律是可以被认识的。它的形成可以追溯至古希腊的思辨思想，经过不断完善，于 17 世纪至 18 世纪初得以确立。基于机械思维的理性认知，逐渐构筑起自然科学的宏伟大厦。其典型代表包括欧几里得、托勒密、牛顿等科学巨匠提出的理论学说。

如，欧几里得提出的公理化几何学：他首先总结出 5 条简单到极致且相互独立的公理，也就是说，任何一条公理都无法从另外 4 条中推导出来，接下来几何学的一切定理都由这 5 条公理直接或间接地演绎得出；接下来是托勒密提出的"地心说"：他将圆当作"元模型"，通过相互嵌套，用机械运动模型清晰描述了当时人们所知的天体运行规律；之后是牛顿提出的"万有引力"和"三大运动定律"：他创立了经典力学的理论体系，把机械思维的方法论从数学、天体学拓展到整个自然科学领域。这些科学家的最大贡献并不仅限于其成就本身，更在于其对欧洲人持续的思维改造。这促使近代西方涌现出无数科学家和发明家，并直接叩开了工业革命的大门。

理性认知同样给战争领域带来了深刻影响，主要表现在三个方面：

其一，持续推动军事技术的进步。理性认知加速了人类对自然科学的探索，由此推动军事技术持续进步和武器装备的不断升级：打击类兵器从刀、矛、剑、戟、弩等发展为滑膛枪、线膛枪、机枪、火炮乃至导弹、巡飞弹等；运载类武器从马匹、马拉战车、帆船发展为步战车、飞机、潜艇乃至航母；侦察通信类装备从烽火台、信鸽、信号旗发展为无线电步话机、雷达、卫星乃至"星链"……军事技术的进步引发战术不断变革，先后涌现出骑兵战术、线式战术、纵队战术、散兵线战术、合同战术、联合战术、有人 / 无人协同战术等。战术围绕技术不断变革，战争形态也随之不断演变。

其二，持续推动军事理论的发展。随着军事技术的变革，近代西方涌现出许多著名的军事理论，如马汉的《海权论》、杜黑的《制空权》、富勒的《装甲战》等等。这些理论紧密结合军事科技最新成果，普遍具有思辨色彩浓厚、联系现实紧密、论证逻辑自洽等特点。尤为突出的是，1915 年，英国工程师 F.W. 兰彻斯特提出了著名的"兰彻斯特方程"，建立了用来描述交战过程中双方兵力变化关系的微分方程组。基于这一方程组，我们可以深刻认识到"集中兵力"这一军事思想背后的数学原理。在 1805 年特拉法尔加海战中，英国海军大胜法国舰队。时隔 100 多年后，人们发现使用兰彻斯特方程计算得出的结果，与当时海战的实际战损竟然惊人的一致。

其三，持续推动训练模式的转变。随着机械思维的普及，理性认知的疆域逐渐拓展到军事训练领域。1811 年，普鲁士的冯·莱斯维茨发明了一套描述战争过程的游戏——兵棋。与绝大多数军事史学家不同，他描述战争过程的方法不是文字和绘图，而更像是研究一门工程技术：用规则、模型、数字和计算。自此，他开启了作战模拟和军事仿真这一全新学科的大门。如果说传统的战争研究就像一个旁观者，只是被动地汲取战争经验中蕴含的智慧，从中探寻制胜之道；那么兵棋推演就像一个试验师，主动地模拟战争进程、预测战争结果，从而验证新的战术思想和军事法则。随着数学、工程学、军事运筹学等学科的发展和计算机技术的成熟，兵棋由纸上游戏升级为系统仿真对抗，已经成为现代军事训练不可或缺的组成部分。

基于大数据思维的数据驱动认知

所谓大数据思维，是指在大量数据中挖掘其内在相关性，通过逻辑分析和量化处理，洞察事物内在规律或提供最优解决方案的思维方式。其核心思想是不确定性和相关性。所谓不确定性是指，一方面，世界是个复杂混沌的系统，涉及变量非常多，无法通过简单的公式或模型进行预测；另一方面来自客观世界本身——不确定性是宇宙的一个特性，如量子力学中的"测不准原理"和"薛定谔的猫"。所谓相关性，是指事物是普遍相互关联的，而因果关系只是一种"强相关"关系。连接不确定性和相关性的桥梁是数据，而数据承载着信息。根据香农的信息论，信息的本质是为了消除不确定性。由此我们可以知道，大数据思维的原理就是：在无法确定因果关系时，数据中所包含的信息可以帮助我们消除不确定性，而数据之间的相关性可以取代因果关系，帮助我们得到想要的答案。

简而言之，如果说机械思维的流程是"提出问题→分析原因→找到根源→解决问题"，那么大数据思维的流程就是"提出问题→分析数据→找到关联→解决问题"。大数据思维并不关心产生问题的原因，只关注解决问题的方法；即不管"为什么"，只管"怎么办"。要做到这一点，需要大量的数据支撑，所以可将其视作一种"数据驱动"的认知方式。例如，2016 年，谷歌的 AlphaGo 计算机战胜了天才围棋选手李世石。AlphaGo 在围棋方面有很高的智能，来源于它能分析总结几十万盘人类高手的对弈。实际上，AlphaGo 底层算法并不复杂，也并没有总结出战无不胜的行棋法则，AlphaGo 的团队只是把机器智能问题变成了一个大量数据和大量计算的问题。

战争领域，这种数据驱动的认知方式同样存在。1935 年 3 月 20 日，一位名叫雅各布的瑞士作家出于对纳粹的义愤，出版了一本名为《战斗情报》的书，向外界公开披露了德军的组织结构和编制实力，揭露了其扩军备战企图。德军调查后发现，《战斗情报》的全部材料都是从德国公开发行的报纸、丧葬讣闻甚至结婚启事上经过汇总分析得来的，没有任何人泄露军事秘密。再比如美国寻找本·拉登。2007年，"9·11"事件嫌犯曾提及本·拉登的联系人。2010年，美国依靠大数据关联分析技术和人类行为模型算法，通过对世界各地高级头目通信数据追踪分析，确认艾哈迈德为本·拉登与基地组织的唯一信使，然后经过对其联络和行动监视，终于获悉了本·拉登的藏匿地点。

　　三种认知方式相比，区别主要在于认知方法不同。感性认知主要依赖经验类比，理性认知主要依赖逻辑推理，数据驱动认知主要依赖关联分析。三者并不冲突，且互为补充。通过观察会发现，现阶段，感性认知和理性认知更适用于人类，它重点解决问题背后的深层次原因，有助于拓展人类的认知深度；而数据驱动认知更适用于机器，它重点解决问题本身，有助于辅助提升人类的认知能力。这种组合方式类似于人类大脑中直觉和理性的分工。直觉不追究原因，只提供方案，这也是人类决策的主要方式；理性喜欢"刨根问底"，分析问题背后的因果逻辑，但不如直觉的效率高。数据驱动认知就像是机器的"直觉"，不问前因后果，只管快速给出答案，但它对数据存储和运算能力的要求非常高。这也解答了"莫拉维克"悖论：理性思考算法复杂，却只需要较少的数据和算力；直觉算法简单，却需要极大的数据和算力。

　　生物进化史上，人类先进化出主要负责直觉的边缘系统，后进化出主要负责理性的前额叶皮层，而后者是人类区别于其他动物的主要特征。机器进化史上，目前机器的"直觉"已颇具雏形，可以预见，机器的"理性"也许会在不远的未来进化成形。届时，可能实现人的作战筹划与无人智能装备的战斗决策功能的分离。即，指挥员要专注于思考"打不打""打到什么程度""达成什么目的"，而具体的"打哪里""如何打""毁伤效果如何"等问题则交给智能化无人装备。这就意味着，未来机器的智能化程度对战争胜负的影响将越来越大。而"数据"和"算法"，分别代表驱动人工智能"直觉"和"理性"进化的核心要素，必将成为未来战争争夺"制智权"的主阵地。

机械化信息化智能化如何融合发展

袁 艺 郭永宏 白光炜

"融合"一词，物理意义上是指熔成或如熔化那样融成一体；心理意义上是指不同个体或不同群体在一定的碰撞或接触之后，认知、情感或态度倾向融为一体。国防和军队建设中的机械化信息化智能化融合发展，则是指统筹协调三者相互包容、相互渗透、相互促进，从"你是你、我是我"变成"你中有我、我中有你"，进而变成"你就是我、我就是你"，达到水乳交融、合而为一的程度，并由此产生叠加效应、聚合效应和倍增效应，实现战斗力整体质的跃升。例如，在战斗机研发领域，成都飞机设计研究所杨伟总设计师就认为，第一代喷气式战斗机的突破在发动机，第二代战斗机的突破在空气动力，第三代战斗机的突破在系统综合，第四代战斗机的突破必须是在智能化，它应该是一个能在信息化和网络环境中对抗作战的新型飞机。未来战斗机都是机械化信息化智能化合一的，三者并没有明显的界线。不难看出，各代战斗机研发重点虽然在机械化信息化智能化方面侧重点不同，但进入智能时代后，就成为三者融合难以割裂的综合体。

正确理解机械化信息化智能化融合发展

融合不等于混合、化合或者复合。首先，融合肯定不是简单的混合。两种没有相融性的事物混合在一起，不管采取什么办法，是不可能融为一体的。例如，油和水混合后不论如何搅拌甚至加压，最后沉淀下来还是会分层的，也就是说二者只能混合而不能融合。其次，融合也不是化合。化学反应是原有的物质消失并产生新的物质。机械化信息化智能化融合以后，并不是每一"化"就此消失并产生一种新类型的"化"，而是三者都还在，但已经相互渗透、难以分开。最后，融合也不简单地等同于复合。复合发展强调的是各"化"同步并行，而融合发展更加强调各"化"之间彼此渗透互促，融合发展以复合发展为前提，但比复合发展的目标要求更高、过程更为复杂。

把握机械化信息化智能化融合发展规律

机械化信息化智能化之间有着必然的紧密的内在联系，三者融合发展的基本规律表现在：

机械化信息化智能化逐次递进有序依存。从时序上看，机械化信息化智能化不是同时起源的，没有前一"化"作为前提、基础，就没有后一"化"的发生和发展，前一"化"为后一"化"提供了重要的物质基础。例如，没有机械化就没有信息化。信息化建设需要机械化建设提供的物理实体，没有机械化作战平台和弹药作为信息节点的载体，信息化的"联"就失去了对象。信息化是智能化的孕育母体。没有高度信息化提供足够的算力和数据，新一代人工智能也不可能产生链式突破。一支军队没有一定的机械化基础，就无法推进信息化，没有一定的机械化信息化基础，也不能很好地推进智能化。

基于这一认识，想要跨过机械化信息化直接实现智能化的"大跃进"式发展是不现实的。通常说来，后一"化"对前一"化"只有在个别领域可以替代，而不能全局替代或全面跨越。如果前一"化"核心技术、基础领域和关键阶段的"底子"打得不牢，出现瓶颈和短板时，将无法在短时间内弥补，不但难以被后一"化"解决，反而因基础不牢影响后一"化"发展，从而拖累国防和军队建设整体发展水平。所以，如果跳过机械化、信息化，把建设重点全面转向智能化，反而可能欲速不达。

机械化信息化智能化相互交叠长期并存。我们通常所说的基本实现机械化，或者说机械化战争形态结束了，只是意味着机械化发展到后期，其对战斗力增量的贡献已经产生了边际递减效应，在此基础上继续加大机械化投入，效费比将大大降低。但这并不意味着此后就没有任何机械化建设任务了，只是与信息化、智能化建设相比，对其投入比重将逐步降低。信息化不是机械化的终结，信息化过程中还有一定的机械化，智能化也不是机械化、信息化的终结，智能化过程中还有一定的信息化、机械化。机械化信息化智能化中的每一"化"都只是某一历史时期的建设重点，不存在某一时期被某一"化"排他性独占的情况。未来智能化战争中，特种部队仍然有可能使用匕首、弓弩等冷兵器时期的典型武器，这一案例可以很好地说明这一问题。

基于这一认识，则不能放弃机械化信息化而搞智能化的"另起炉灶"式发展，不能以割裂的观点看待三者。机械化信息化智能化是"三合一"式的兼容并蓄，不是"三选一"式的互斥排他。后一"化"不是对前一"化"的否定和终结，不是摒弃前一"化"取得的发展成果推倒重来另搞一套，必须确保作战体系由机械化到信息化再到智能化的平滑过渡和渐进升级。以智能化为例，智能化绝不是颠覆性地推倒原有信息化作战体系，另建一个全新的独立的智能化作战体系。智能化建设的过程，实质就是发挥人工智能的渗透赋能作用，促进现有信息化作战体系逐步升级改造并向智能化方向演化的过程。

智能化信息化对机械化以虚控实赋能增效。这里所说的"实"主要是指以作战平台、弹药等物理实体为代表的"硬件"，"虚"主要是指以作战数据、算法等为核心的"软件"。机械化以硬件建设为主，信息化和智能化则以软件建设为主，通过软件对硬件进行优化升级和赋能增效。在建设优先级上，载荷超越平台、软件超越载荷、算法超越软件，信息化和智能化建设中的软件成本要远超硬件成本。机械化和信息化主要是对人体力和感知力的增强，智能化则主要是通过人工智能增强人的认知力，同时对人体力和感知力进行再提升再放大。

基于这一认识，则不能搞"重硬轻软"或"虚实脱节"式发展。进入智能时代，如果作为武器装备"大脑"的配套软件和核心算法落后，其硬件性能指标再高都只是"虚高"，实战中很难发挥作战潜能。中国工程院院士徐匡迪发出的"徐匡迪之问"，直指当前我国人工智能产业发展过分倚重开源算法、忽视底层框架和核心基础算法研发的问题。我军信息化建设在相当长一段时间内，也因为核心电子器件、高端通用芯片和基础软件产品受制于人，自主可控差，严重影响了作战体系的安全。进入智能时代，应一开始就注重军事智能技术通用芯片和核心算法的研发，避免重蹈信息化发展的覆辙。

找准"三化"融合发展着力点

刘　劢　夏文祥　路增磊

机械化、信息化、智能化(以下简称"三化")存在相对独立的理论体系、发展路径和建设模式。加快国防和军队现代化建设进程,需要在锚定整体发展目标前提下,统筹管理,科学布局,体系规划,全面推进"三化"融合发展。

注重创新"三化"融合发展思维理念

知之深则行愈达。"三化"融合发展,首先是发展思维的融合和管理理念的创新。跳出单"化"发展的机械僵化模式,突破机械化战争、信息化战争的思维定式,在认知域进行"三化"深度融合,是促进"三化"固强补弱、汇聚创新的前提。

不论机械化、信息化还是智能化,都能在各自领域产生出不可替代的优势作战能力,但也存在靠自身技术体系难以克服的短板弱项。从系统整体角度去思考"三化"融合问题,用融合的思想分析战斗力生成总体目标与分目标任务的关系,解读能力要素与生成路径的关系,以体系演进、融合发展的思维理念引领推动各"化"融合的互补、外溢和聚合作用,有助于实现超越各"化"极限的颠覆性成果。以创新的思维理念打开"三化"融合发展思路，实现各"化"深度融合的整体协调发展，实现跨领域、跨系统、跨层级的各"化"战略资源一体设计、统筹利用，才能最终形成强强融合、优势互补、生态开放的体系作战能力。

科学统筹"三化"融合发展战略需求

军事需求引领"三化"融合发展的方向。面对即将到来的智能化战争，围绕未来战争形态和有效遂行作战任务需要，科学构想未来战争的作战环境和军事任务空间，设计针对性作战概念，构建具有前瞻性、实战性的军事需求体系，形成完整、准确、一致的"三化"建设需求清单，才能有效牵引"三化"科学发展。

在可预见的未来，战争仍将以机械为载体，以网络信息体系为支撑，突出智能化指挥控制决策，并在新领域、新维度拓展战争空间。战争系统更多体现的是一种兼具"三化"特点的融合战争，"以能取胜""以准取胜"依然有效，但逐渐向体系智能转化，通过让机械化武器装备、信息化指控系统更具智能性，实现"以智赋能"，最后"以融制胜"。

构建牵引"三化"融合发展的军事需求体系，并不是将现有的军事需求推翻重建，而是改变传统机械化信息化智能化各自独立、线性链式升级发展的思路，采用"三化"立体融合、迭代升级的创新发展思路，统筹军事系统各领域各层次的建设发展需求，不仅在工程技术层次和武器装备层次"融合"，还要在战略、战役甚至战术层级"融合"。以"融合"催生新质战斗力，形成能够打赢未来战争的新型作战力量体系。

优化完善"三化"融合发展规划计划体系

"三化"融合发展涉及领域广、层次多、建设周期长，尤其是科学技术的突破对发展目标、路径和模式产生影响大，有时甚至是颠覆性影响。这要求"三化"融合发展既要突出作战牵引、以战领建，也要符合"三化"融合的内在机理与发展规律，还要兼顾当前与长远、重点与全局、战略与战术、理论与技术，是一项难度极高的复杂巨系统工程。系统完备的规划计划体系能够对"三化"融合发展的目标、原则、内容、路径和策略进行科学的规定，也能够揭示和描述"三化"融合发展的内在规律，是推进"三化"发展优势互补、效能倍增的有力工具，是解决复杂巨系统建设的有效手段。

坚持以"融"促战、以"融"促建，统筹协调"三化"对备战打仗和改革发展的双重要求，综合考虑长远谋划和阶段安排。通过规划体系，明确"三化"融合发展的目标布局、重点任务、发展路径，构建面向未来、面向长远、面向全局的"三化"融合发展格局。通过计划体系，将规划体系进行细化、分解和完善，将着眼长远的战略设计图谱转化为紧贴当前的行动计划方案，为各领域各方向各层次推进"三化"融合发展提供切实可行的操作指南。

建立健全"三化"融合发展管理机制

"三化"融合发展，不仅涉及武器装备、指挥控制等作战要素的建设与运用，同时还涉及教育训练、后勤保障等多部门多领域。应充分发挥新的领导管理体制优势，加强"三化"融合顶层设计、集中统管和体系统筹，健全"三化"融合工作管理机制，统合战建各部门全领域，以管促融，解决"三化"融合发展中谁来融、怎么融、融什么的问题。

首先，建立健全决策机制。"三化"融合发展涉及不同领域专业化建设，重大问题的专业性很强，应依托各领域专家构建不同层级的专家服务和咨询体系，充分发挥专家智囊决策咨询和技术支持作用，形成支撑"三化"融合发展的决策组织和技术平台。其次，建立健全计划协调机制。融合本身就是一个多方协调发展的过程，"三化"融合发展应建立跨战区、跨军种、跨部门的横向协调机制和军地协调机制，协调对接各方军事需求，协调共享各方资源，协调制订计划规划，实现上下衔接、纵横协调。再次，建立健全评估机制。评估机制是评估主体间各种关系的客观、科学的反映。要建立健全"三化"融合效能评估链、监督链、激励链。以战斗力提升、体系贡献率、科学水平为主要评估标准，突出理技融合、实验验证相结合，突出非对称制衡能力创新与运用。按照评估目标、指标、程序方法和结果运用监督链路，进行全程性的、实时纠错式的监督与评估。不断完善激励链，营造创新环境，提升"三化"融合发展水平。

[信息 ×（火力＋机动力）]^{智力}

——探析"三化"融合中的战斗力生成模式

杨光军　李　辉

当前，现代战争正处于机械化信息化智能化（以下简称"三化"）融合的关口，探索"三化"融合条件下的战斗力生成模式内在规律，对于洞悉新的战争制胜机理、掌握未来战场主动权具有重要意义。

"火力＋"的演变：融合

战斗力生成模式的转变，不是"你方唱罢我登场"，而是一个新生战斗力因子和原有战斗力因子交互的过程，这个交互过程因新生战斗力因子的特性不同而变化。

机械化时代之前的叠加模式。人类有史以来，战斗力的生成模式一直是以"＋"的方式在演变。从石器时代人的体力和技能的叠加，到冷兵器时代刀剑穿透力的加入，再到火药时代火力的注入，以及机械化时代机动力的产生，军队战斗力的生成模式都是在沿用叠加方式，形成了"体力＋穿透力＋火力＋机动力"的展现方式，这种以叠加为特征的战斗力生成模式，使数量规模型军队在战场上具有压倒性优势。其间，信息力虽然一直在战场上具有举足轻重的地位，如"知己知彼、百战不殆"就体现了古战场上信息的重要性，但受到各种条件的限制，"知己"不能完全保证，"知彼"则更难，信息力成为战斗力因子中最不可控的一环，从而在战斗力生成中扮演从属的角色。

信息化时代的信息乘数模式。到了网络信息时代，泛在的网络提供了无所不有的信息，也推动了信息的无处不在，还在信息的交互过程中将人拉进了"网络—信息"空间；而信息单元的嵌入、智能尘埃的散布、微纳传感器的部署，把坦克、战机、火炮、舰船等机械系统转变为"信息—物理"系统。在这个过程中，信息力、火力、机动力被跨界关联起来，战斗力的生成模式中产生了除叠加之外的倍乘关系，展现成"信息 ×（火力＋机动力）"的新方式。这种信息力充当乘数因子的战斗力模式，一是由信息力渗透于火力、机动力的特性所决定；二是由信息力的地位高于火力、机动力所决定；三是由信息力有可能成为战斗力的倍增因子或锐减负载所决定，这沿袭了信息力的不确定性，取决于信息与战场态势的匹配程度。

智能化时代的智力指数模式。人类探索战斗力生成规律的脚步从未停止过。近年来，随着智能无人武器平台不断登上战争舞台，人工智能决策、算法对抗等为战斗力生成添加了新的智能因子，作战体系的对抗方式也由信息主导火力平台发力，转变为以人、网络和机器的群体智能制胜的认知对抗上，推动"信息 ×（火力＋机动力）"的战斗力生成模式，向"[信息 ×（火力＋机动力）]^{智力}"的更高级阶段演进。这种把"智力"作为指数因子的战斗力生成模式，其核心是从原有的火力对抗、机动力对抗、信息力对抗，上升到人类对抗的最高境界——认知对抗。这种战斗力生成模式，虽然现阶段尚未大规模呈现于实战，但在未来的高烈度对抗中将成为主角，它对战斗力产生的影响源起于人工智能，显现于三个方面：一是把人类从越挖掘越多的"信息困局"中解脱出来；

二是赋予无人系统武器具备自主攻防能力；三是机器学习和算法优化在指挥决策中提供了不同于人类的全新解决方案。

"信息 ×"的要义：赋能

当机械化时代的火力、机动力遇到物理极限，信息成为战斗力生成中的渗透因子，它以信号、知识和指令的形式穿行于物理域、认知域和社会域，产生信息交互、信息传播、信息动力等效应，为其他战斗力因子赋能。

信息赋能于指挥控制，使其走向"艺术＋科学"的新高度。传统战场上的信息，受感知、传输和处理手段的限制，处于不完全、不准确、不实时的状态，这种信息状态下的指挥控制活动对抗，只能靠指挥员的谋略来赋予"艺术"上的活力。"三化"融合条件下战场上的信息极大丰富，且信息的准确性、完整性、及时性都有很大提高，从而推动指挥决策从纯粹的人脑谋划，进入到机器计算、模型优化、规则自适应的新高度；指挥员减少了信息缺失下的主观揣测或假定，从原来的只是"当前态"的判断进入到"未来势"的预测的新高度；战斗平台的对抗则注入了数理模型推算的计算成分，推动作战指挥的"科学"成分获得极大提升。

信息赋能于火力，使其走向"精确释放"的新形态。传统的信息赋能于火力，主要是为火力单元提供目标的概略信息，这也是传统战场上为什么要火力覆盖、火力延伸和火力压制的原因所在。"三化"融合条件下战场上信息赋能于火力，在目标跟踪定位时，为火力平台提供精确到厘米级的目标位置信息以及目标移动轨迹等数理信息；在作战任务规划时，指挥员利用泛在网络上信息的流向、流量，把体系中最适合任务的兵力兵器关联起来，形成基于信息攸关方的动态"战斗力圈"，大大减轻作战体系运转的冗余负载，达成作战体系的精确匹配；在火力打击行动时，嵌入火力平台的信息单元会把目标来袭轨迹的实时变化信息，以及目标可能采取的规避策略信息等，与火力平台的火力打击方式、时机和策略进行比对分析，实现在目标寻的、姿态调整、攻击时机等全过程中的"信息—火力"交互。

信息赋能于机动力，使其走向"即时可达"的新状态。传统作战体系中的机动力，主要是指陆上平台或海上平台、空中平台的机动速度，且受指挥关系、部署地域、响应时延的影响，平台的机动力时常受限。"三化"融合条件下的武器装备处于实时网络在线状态，所有武器平台的机动力便汇聚成一个类似于"资源池"的东西，当作战体系感知到外部威胁信息时，最接近威胁产生地、最适合应对威胁、最快速感知威胁的武器，便被任务规划系统提取出来执行实时作战行动。这便大大提高了作战体系的瞬时响应能力，不同作战平台的机动力在"池化"效应下，跨越了时间、空间和指挥关系上的割裂，成为"即时可达"的机动力新状态。

"智力指数"的注入：跃变

战斗力生成模式"$[信息 \times (火力 + 机动力)]^{智力}$"中的智力指数注入，说明它不再是一种作战效能线性变化的模式，呈现出跃变潜质，这种跃变来源于未来新的作战体系中的作战结构、算力资源和作战模型三个方面。

作战结构的自适应调整产生智能。"三化"融合条件下的作战体系是一个基于网络的复杂系统，这个复杂系统中网络接入节点数量众多，用户连接的特点是去中心化。这些特点使作战系统在运行过程中总是从一个混沌状态到一个稳定的状态，再由于受到外界的刺激，使体系的运行状态失衡而进入到新的混沌状态，而在体系各个要素的相互作用、相互关系、相互协同的共同促进下，体系再次逐渐进入到一个新稳定状态。当然，作战体系不是纯粹自由生长的复杂系统，这种自洽或是适应性调整，除了指挥员对体系中兵力兵器的指挥决策、任务规划、行动控制、作战协同之外，还来自各成员按照预先约定的规则自主做出相关反应，以及各成员按规则运行过程中自学习或演变出来的相关规则。作战体系在自洽的过程中，解决了相关要素之间的冲突，疏通了体系中的痛点、断点和堵点，使之进入到一个融合共生的状态，并激发要素组合之后产生新的结构力。

算力资源的自适应分配产生智能。多算胜，少算不胜。传统战场上的"算"，靠的是指挥员的筹划、计划、预判和谋略，它面临三个方面的问题：一是算的主体是一个或极少数指挥员个体；二是算的过程是作战相关信息的线性叠加；三是算的结果是静态的滞后于态势的结论。"三化"融合条件下战场上作战体系的计算能力，除了指挥员的脑力计算外，还得益于"云＋边＋端"的算力资源部署模式，即大型云计算中心提供强大的高端计算算力支持，配置于作战体系边缘侧的"作战云"提供定制化算力支持，拥有嵌入式信息单元的智能端对感知平台的目标信号进行初级处理。这种算力资源配置模式，极好地适应了战场上信息多发，而网络传输资源有限，且不同作战单元对信息的处理需求又大不相同的特点，把算力资源和计算任务很好地匹配起来，使指挥人员、作战人员、情报中心、作战平台等都能得到有效的算力支持，大大提升了战场上的"多算胜"的概率。

作战模型的自适应优化产生智能。人脑对抗中的策略往往会受到人类生理特点的影响，如神经紧张、惯性思维、危险规避等，这些人类天性中的"智能缺陷"会被机器决策有效克服。2020 年 8 月 20 日，参加了美国空军"阿尔法空战格斗大赛"的人类飞行员说"AI 战机胜在了极具侵略性，它用人类飞行员不常用的攻击方法实施行动，使人类飞行员很不适应"。这足以证明"三化"融合条件下战场上的机器所植入的作战模型，和人类指挥员决策过程中所采用的策略有极大不同。而机器作战模型的另一个特点是其自学习能力，人类可能需要数年才能完成的作战经验积累过程，智能机器只需要几十天甚至是几十小时就可以完成。当机器的学习能力超越人类，算法制胜将成为战场对抗中又一个焦点，但战争始终是由人来主导，这一点无论是机器演进到何种高度也不会改变。因此，设计有人介入条件下的作战模型，并制定合理的规则去推动机器作战模型的自适应优化，才是未来战场上战斗力智力指数比拼的关键所在。

点评：主动求变才能赢得时代

侯永波

人类以什么方式生产，就以什么方式打仗。军队的战斗力生成模式是时代的产物，必然会打上深深的时代烙印。战争形态进入信息化智能化时代，智力因子从以往的加数变成指数，地位作用与结构均发生了翻天覆地的变化。战争制胜机理被全面刷新，"昨天的旧船票"再也登不上未来的"客船"。

面对时代巨变，军队转变战斗力生成模式是打赢的前提。一流的军队主动转，二流的军队跟着转，三流的军队被迫转。作为军人，制胜未来要学会当好"桅杆上的瞭望者"，敢于走出思维的"舒适区""熟悉区"，主动求变，积极探索，用思想的风暴席卷陈旧僵化的思维，才能牢牢掌控制胜的命脉。

深刻把握战争形态智能化演进特点

李诗华　贾俊明　卢柄池

战争形态的演变历程，告诉我们每一次科学技术的重大进步，都会推动战争形态的重大变革。以智能化技术为核心的高新技术群正加速进入军事领域，必将深刻改变人类认知、作战思维与作战方式，再一次引起战争形态的重大变革。只有把握智能化战争演进脉搏，预判智能化战争的图景特征，透析智能化战争的内在本质，探索智能化战争的制胜机理，才能驾驭正在到来的智能化战争。

战场形态向"智慧感知、智谋决策、智算控制"演进

随着战争形态智能化的演进发展，战场态势正发生巨大变化。一是战场态势智慧感知。态势感知是指在特定的环境中对战场态势要素的察觉、理解和预测。未来智能化战场态势的瞬息万变催生了智慧感知需求，通过对各类侦察手段的智能组网，全方位、多维度捕获战场态势信息，进而构建战场态势大数据库；运用人工智能手段分析比对数据进行战场态势融合，实时响应指挥员决策"关键信息需求"，从而获取更快、更全、更准、更深的战场态势认知结果。二是作战筹划智谋决策。人工智能系统深度介入作战筹划全程，制智权成为战场综合控制权的核心，

作战筹划方式由指挥系统辅助决策向人机混合决策演进。智谋决策是通过多维同步战场态势信息，将战略、战役及战术三级战场态势关联，利用网络化智能辅助决策系统，实现战略、战役及战术决策三级之间的指令传递及决策效果反馈，精准锁定战机优势窗口，果断有效决策，快速传递作战指令，调控战局发展。三是作战行动智算控制。当前人工智能呈现出群智开放、深度学习、人机协同、跨界融合、自主操控等新特征，具备开放性、自学习进化能力的人工智能系统，可辅助甚至部分替代人指挥控制战术级甚至战役级作战力量，形成"人在回路"的新型智算控制模式，确保有效应对复杂多变的战场情况，确保指挥员决心意图得以贯彻和实现。

作战体系向"智能自主、跨域聚能、灵活制胜"升级

随着战争形态智能化的演进发展，作战体系正发生深刻变化。一是作战平台智能自主。无人作战平台大量运用，无人与有人作战单元混合编组，无人作战平台将成建制规模化运用。风靡网络的人工智能杀人蜂视频，在一定程度上展现了未来智能化、自主化作战的某些特点，预示了作战平台"战场态势感知自主精准、作战设计自主高效、任务规划自主科学、作战行动自主灵活、效果评估自主快捷"等智能自主趋势。二是作战要素跨域聚能。智能化系统、数据链、作战云的支撑，使作战体系由以往的相对固定性向快速重构性转变，各作战要素根据作战需要进行自适应组合，实现广域精确聚能释能。体系分布多域拓展，在广阔的空间进行非线式、不规则、广域疏散部署；体系运行跨域聚能，能够根据作战需要，快速灵活调整，实现在物理域、信息域、认知域深度跨域聚能；体系作战效能向非线式、涌现性、自适应、自组织性等各系统效

应融合转变。三是作战运用灵活高效。随着智能化技术的不断成熟，作战平台的构建成本越来越低，低风险、低成本、低门槛交战成为作战运用的主要特征。作战手段更加多样，交战方法更加灵活，各种作战力量能力末端实现精细化融合，在多个领域和整个战场纵深创造临时性的优势窗口，通过链式反应累积，形成更多的临机相对优势窗口，进而形成蝴蝶效应，通过更快的作战速度、更高的作战效能，快速达成作战目的。

力量编成向"小型新质、集群自主、军地一体"转型

随着战争形态智能化的演进发展，军队组织形态将重构，根据战场需要临机组合生成不同的功能实体，增强作战灵活性和适应性，迅速适应战场情况的变化。一是军队规模结构"小型联合、新质主导"。未来军、师的编制将可能最终消亡，旅、营或更低级别的战术单位将成为主要的作战单元，并可能出现按作战职能编成的小型联合体。太空、网络、电磁和智能弹药等新质无人作战力量将直接参与未来战争，实现从战略战役到战术的无缝链接，形成多维一体、全域攻防、快速突击的整体合力。二是军队编成模式"联合集群、自主适应"。智能化军队的编成模式将高度联合集群化，构建成群结队的智能机器人联合集群，编组更加灵活、富有弹性，具备自主适应能力。基于特定环境、特定任务或特定威胁采取灵活的编组方式，以"小而精、小而全、小而强"的联合特遣部队遂行各类作战任务。智能化无人作战系统是未来战争装备发展新趋势。其核心在于瞄准未来战争"零伤亡""全覆盖""快响应"等要求，规模化打造新型智能无人之师，实现无人作战系统的体系化协同作战。三是智能化军队力量构成"军民兼融、军地一体"。战争制胜机理

和武器装备内涵的深刻变化，催生了军民技术兼容、产品互通、标准共用时代的到来，经济建设和国防建设已经成为相互依存、相互促进的命运共同体。

作战方式向"分散部署、广域机动、精准释能"转化

随着战争形态智能化的演进发展，参战力量的部署更加分散，机动更加快捷，反应更加灵敏，联系更加紧密，如美军强调采取网络化分布式作战方式，将分散部署于不同作战方向、不同作战领域、不同空间位置的力量实体，实时组合，科学编配，共同发力。分散部署、广域机动、动态协调、精准释能，成为显著特征，即：依托先进的网络化信息系统，将分散部署在广阔空间、各个领域的作战力量和手段联结为一个有机整体，采取广域机动、动态协调的方式，实现各部队作战效能的有效集中，以实现联合作战整体效能的统一释放。特别是武器装备将通过"自主协同、跨域多能、模块灵巧"式发展，实现自主跨域快速精准释能。一是自主协同。是指武器不依赖于庞大、复杂的保障，实现自主感知、自主发射、自主飞行、自主打击、自主完成作战使命，也就是导弹具备智能化能力，可以从不同方向不同层次攻击目标，提高对目标打击的成功概率。二是跨域多能。是指武器可跨越不同介质，如水下、低空稠密大气层、高空稀薄大气层等，具有良好飞行品质，能在不同域实施作战，并且能对多类多域目标实施打击毁伤、适应多样化使命任务，"一弹多能""一弹多用"。三是模块灵巧。是指武器系统均模块化，可适应于装载不同的发射平台、执行不同的作战使命，能根据实际作战需求，灵活、有针对性地随机选取模块、组装武器，实现特定作战目的。

制胜机理向"算法主导、流程重塑、智能决策"转变

随着战争形态智能化的演进发展，战争制胜机理出现深刻变化，将呈现出具有典型时代特征的制胜机理。一是智能算法是主导智能化战争的关键。智能化战争的对抗方式将从"体系对抗"向"算法博弈"转变，算法优势主导战争优势。算法是求解问题的策略机制、是战争效能跃升的核心，未来战争掌握算法优势的一方，能快速准确预测战场态势，创新最优作战方法，形成认知优势、速度优势、决策优势，实现"未战而先胜"的战争目的。二是智能武器重塑作战流程。智能化战争的作战要素将从"信息主导"向"机器主战"转变，机器主战重塑作战流程。智能化武器装备将重塑"从传感器到射手"的作战流程，进行智能化"侦、控、打"的作战行动。"侦"，即智能化情报侦察，智慧感知战场态势；"控"，即智能化指挥控制，人机混编智谋决策；"打"，即智能化自主地协同攻防作战。三是智能决策优化作战行动。智能化战争的决策方式将从"人脑决策"向"智能决策"转变，智能决策优化作战行动。随着智能辅助决策技术和"云端大脑""数字参谋""虚拟仓储"的出现，战争决策由单纯的人脑决策发展为：人机混合决策中的人与机器的合理分工与交互，这是探索解决问题的最优方案；云脑智能决策在未来智能化战争中，将有一个"大脑"的隐喻中心，分布式的作战单元将通过云大脑链接；未来的神经网络决策具有超强自我进化和战略决策能力，将实现"人在回路外"的作战循环。作战样式从"断链破体"向"极限作战"转变，极限作战颠覆传统作战手段。

用信息理念撬开军事理论创新之门

杨　佐

当今时代，信息资源已成为推动社会发展的第一资源，信息技术已成为促进社会进步的第一技术。以信息主导、数据驱动、网络思维、算法制胜、可视控制、智能引领为代表的信息理念正成为推动军事理论创新向深处走的新动力。

信息时代加速战争形态深刻变革，未知大于已知，信息主导理念成为培育军事理论创新品格的基本准则

社会生产总体上是物质、能量、信息接续演进、梯次主导的发展过程，决定并推动着战争形态不断演变。农业时代以物质生产力为主导，形成"多胜少"军事理论；工业时代以能量生产力为主导，形成"大吃小"军事理论；信息时代以知识生产力为主导，形成"快制慢"军事理论。三个阶段发展过来，信息时效性愈发突出，对作战贡献率愈发明显，在作战体系中迭代转化愈发灵活，成为战斗力生成的主要构成因素。

当前，信息革命加快推进，信息主导日益成为部队建设和作战指导的基本规律，也必将是军事理论创新的主导因素。要赢得未来，一要坚

持信息先行。信息力就是战斗力，贯穿备战打仗全过程。指挥线要及时获取态势信息，为筹划控制提供先导；作战线要及时掌握敌情信息，为行动实施提供依据；保障线要及时了解需求信息，为投向投量提供标准；建设线要及时认清形势信息，为统筹任务提供保障。必须把强化信息意识、拓展搜集手段、畅通传输渠道、丰富信息内涵、加强分析研判作为重要理论创新方向来攻关。二要强化信息融合。信息融合是大势所趋，也是时代课题、现实难题。当前条件下，重点是解决价值观念、思维认知、利益关系等问题。要区分战建属性、系统层次、信息类型，在推动科研系统战技融合、探测系统数据融合、情报系统态势融合、指挥系统决策融合、打击系统效果融合和评估系统反馈融合等实践中，做到理论创新精准发力。三要突出信息判证。信息全面贯通物理域、社会域、网络域和认知域，"OODA"环的效率效能主要取决于情报信息的分析研判。大数据时代，战场环境发生了历史性、革命性变化，战场信息总量激增，信息去伪存真愈发艰难，日益成为信息主导的主要矛盾，要特别注重发展开源情报信息运用能力，重点搞好社会舆情、专业社群、热门网站等开源数据搜集，纳入情报信息判证范畴，这是应对战场信息洪流漫灌的基本之策。

制胜机理倒逼信息技术渗透全域，虚拟映射现实，
数据驱动理念成为破解军事理论创新难题的关键招法

古往今来，数据信息一直是拨开战争迷雾的金钥匙，大数据更是开启了一个战争演进的崭新时代。第一，大数据拓展思维，为谋战开新路。由基于经验向基于数据延伸，由惯性思考向创新思路转变，由判明现状向预测未来位移，由揭示因果规律向探寻相关关系衍化。第二，大

数据预测趋势，为开战料先机。敌对双方谁能占据海量数据优势，谁能最大限度挖掘利用蕴含其中的高价值信息，谁就能准确洞悉战争"触角"，从而抢得"先发"之机。第三，大数据辅助决策，为研战增外脑。基于大数据信息实时感知战场态势、同步认知发展形势，可进一步压缩"OODA"周期，提高快速筹划决策能力。第四，大数据承载行动，为作战拨开迷雾。一切作战行动都离不开敌情数据、我情数据和战场环境数据的支撑。只有指挥控制体系对数据信息了如指掌、运用自如，才能先敌一步、胜敌一招，立于不败。第五，大数据重塑战场，为备战强支撑。军事大数据与社会大数据有本质不同，其碎片性、多源性特征更明显，保密性、容错性、时效性要求更高，营造了一个狡黠多变、诡计暗藏的战场空间，利用大数据技术开展数据清洗、流动数据记录、数据转换创新、真伪多方印证等成为练兵备战亟待强化的崭新课题。纵观全球，数据信息已成为世界新军事革命第一要素，"数字化转型"浪潮正在引发军事理论的链式变革，并正在促使国防和军队现代化建设发生体系性重构。

思辨哲理规约全源要素聚合联动，均势分化优势，网络思维理念成为优化军事理论创新生态的核心素养

人类社会发展史表明，通达利害之变是推动新技术健康发展的关键。

基于网络的信息交互共享，使每个人既在线上又在线下，网络空间人造性、虚拟性本源特征＋数字化、智能化、社会化演进路径所产生的溢出效能往往具有难以预判的效果，既可能产生重大社会价值，也可能异变为巨大破坏力量，特别是网云一体、网随云动，数算结合、数赋算能等高科技新内涵，极大延展了战争复杂巨系统天然的适应性、涌现

性，造成战争迷雾更加浓厚。

智能化战争已然到来，网络思维内涵必将随着"网络＋智能"的飞速发展，不断被丰富、被拓展、被革新。军事理论创新要以战争观的视域，用思辨的哲学武器内化培塑不断演进的网络思维。当前，网络思维总体仍存在嘴上讲得多、实践用得少等现象。要化被动为主动，强化社区社群意识、协作协同意识、群策群力意识，为及时高效解决作战建设领域矛盾问题提供新的网络思维范式。

要善于运用复杂系统认识论和方法论，以联通承载网为基础，以理顺关系网为关键，以贯通行动网为目标，全面打通作战体系，实现技术与战术、网络与实体高度融合。

数字革命赋能精确作战贯通体系，逆向解构正向，算法制胜理念成为提升军事理论创新质效的现实要求

数字技术正在解构一个旧世界，建立一个新世界。20 世纪后半叶，以信息技术为驱动的数字革命浪潮，实现了模拟通信向数字通信转变，开启了以争夺战场"制信息权"为主要行动的信息化战争时代。新世纪以来，智能科技迅速发展，数字社会化和社会数字化加快演进，基于"数据＋算力＋算法"的新一轮数字革命浪潮，正在推动军事竞争加速走向智权时代。数据包含一切，算法定义一切，思维变革是数字革命的底层逻辑，推进军事理论创新必须强化算法制胜理念。

第一，要强化数学算法战理念。充分认清攻研算法也是作战，而且是高科技、高尖端的作战。领导干部的理念必须先转变，要积极主动为科研人员创造条件，重点解决原始创新、自主创新和基础研究动力不足，政策制度不适应，及能够用数学语言讲明白胜战之道的战略科学家

缺乏等问题。第二，要特别强化哲学算法战理念。"三十六计"、"战争论"、"论持久战"、"认知战"等作战理论，哲学上都可视为算法战。要学会深刻把握隐性关系的提取捕捉和显性关系的排除过滤，切勿坠入数据程序模糊的混沌世界。第三，注重强化算法制胜机理运用。算法源于实践、引领实践，正在并将持续改变战争规则。强化"算法制胜"思维，关键在于精准把握和运用好蕴含其中的内在机理。其一，多算胜少算。算法的内核是数理推演，失去了作战需求这个算式，失去了海量优质数据资源这个算子，算法就成了无本之源，算法创新也就失去了动力和意义。要加强对平时演训、作战行动等数据的收集、处理和保存，加快推进数据标准化建设，开发军用大数据感知获取技术，解决战争算法的"高纯度铀原料"问题。其二，快算胜慢算。据悉，美军正在加速研发战场推理软件，运用深度学习训练具有逻辑分析能力的机器，挖掘机器在速度和理性等方面的优势潜能，为军事作战提供及时快速的态势评估和决策建议。其三，精算胜粗算。战争迷雾永远存在，但精算可将战争迷雾降至更低。要在战略上算势，综合运用政治、经济、军事、外交等手段，形成战争总体优势；在战役上算情，掌握敌对双方战场布势、力量运用、交战策略，巧妙调配战力，灵活运用战法，形成战场对抗优势；在战术上算效，精准聚合与释放己方作战系统效能，形成战斗效能优势；在技术上算器，合理搭配使用武器平台和系统，形成战术器物优势。其四，虚算胜实算。没有边界就没有算法。推进军事理论创新必须懂得虚算的重要性。比如，战斗精神、心理攻防怎么算，外交软实力、政治动员怎么算，网络空间的时空维度怎么界定度量，必须通过军事理论创新来回答。

时空透明助推多维战场趋于一体，时空交织虚实，
可视控制理念成为推进军事理论创新转化的重要保证

克劳塞维茨有句名言，"战争是一个充满不确定性的领域，军事行动所根据的因素总有四分之三隐藏在迷雾之中，迷雾带来的不确定性或大或小"。可视化直观展示多维时空剖面的棋局布势，不仅对指挥作战行动、达成作战目的至关重要，而且对部队建设和管理同样至关重要。信息化乃至智能化时代，可视权表现为五维时空战争，在陆海空天四大作战域基础上贯通了网络空间作战域，可视控制手段增加了卫星、网络、大数据、人工智能，甚至脑控技术等，敌对双方时空价值、可视权发生了质变；在部队建设方面，人员、装备、资产、财务和采办，甚至包括心理活动都能通过可视化提高管理效率。

可视指控建立了人与机器之间的互信交流，军事理论创新要聚焦"人脑"与"机脑"深度融合，以更好地把握决定战争胜负的关键战机。一要基于实体透明控域。当前，美军已在全球部署大量可视装备，力图实现"全维可视""全程可视"。要加快发展综合侦察监视能力，有效反制敌方的侦察监视行动，力争实现传统战场单向透明，抢占未来作战可视权。二要基于虚拟透视控网。网络空间融通物理域、电磁域、信息域和社会域，无法用物理空间坐标系度量，需要从新的维度、新的视角去审视和感知。三要基于认知透彻控心。不战而屈人之兵是打仗的最高境界。要高度重视全息投影、脑机结合、阈下知觉、脑控控脑等认知域技术跟踪和实战应用，夺取智能化战场制心理权。四要基于虚实映射控效。信息时代以前的可视控制，都是基于人眼能够直接获取、直接感知、直接理解的实体可视控制；信息时代的可视控制，尤其是网络空间

可视控制，则是需要进行虚实关联、转化互控的综合可视控制。要切实搞清虚拟目标与实体目标的相互关系，重点摸透虚拟效能与实体效能连锁反应，统一作战视图，统一攻防步调，坚持软杀伤与硬摧毁结合、升维布局与降维打击结合、断链瘫网与攻城略地结合、实战与心战结合，实现作战指挥最小协同损耗和作战效能最大增益。

社会发展孕育人工智能颠覆法则，技术决定战术，智能引领理念成为开拓军事理论创新境界的必然选择

智能化的本质是通过算法实现人机一体思考运用行动。应当认识到，人工智能是理性之光由人向机器的照射投影，距离人的智能这一终极目标还任重道远。以人的存在视域为对照，人工智能是依赖于人的，其核心是纯粹逻辑的数理统计，"活"在封闭静止的虚拟世界，既不能建立对象性世界确立自身，也不能赋予对象性世界以某种意义。客观看，目前人工智能概念多、内涵少，行动力与人的期望还有差距，还处于有智力没智慧、有智商没情商、有专才没通才、有计算没算计发展阶段，但其发展前景和作战潜力无疑是巨大的。

智能化战争是基于跨域柔性体系支撑的，以深度互联网络化、数据驱动智能化为标志的决策中心战。要求我们必须强化智能引领理念，军事理论超前预置，军事实践大胆探索，扎实做好智能时代的战争准备。一要打造智脑，思想理论跟上。坚持技术决定战术，把人工智能作为理论新起点。要深入研究概念内涵、制胜机理，创新发展智能化基础理论；深入研究作战指导、指挥方式，创新发展智能化作战理论；深入研究技术前沿、跨界应用，创新发展智能化技术理论。二要塑造智形，组织形态跟上。加快推进军队组织体制、规模结构、力量编成和运行模式

等组织形态变革，使之具备智能化时代特点、符合智能化战争要求。三要铸造智器，武器装备跟上。很多武器装备机械性能已趋于极致，但人工智能可将武器装备各个子模块连接到一起，以结构力助推整体作战效能实现指数增长。要强化智能化引领作用、信息化主导地位、机械化发展基础，加速推进武器装备领域"三化"融合发展。四要再造智慧，虚拟环境跟上。虚拟场景要求实感，科学构设高逼真、高可信的实战环境，打造多种局面可控、多种趋势可能虚拟环境。

推进军事理论创新，是一个理论与实践相结合、历史与现实相映照、建设与运用相统一的系统工程，必须更加关注社会变迁、战争演进和军事斗争准备的实践，更加关注新技术、新模式、新理念的兼容匹配、优化协同，以全新的信息理念为引领和支撑，加快构建具有我军特色、符合现代战争规律的新时代军事理论体系。

新概念武器将重塑未来战争

裴 飞

自从战争诞生以来，人们几乎都是按照直接消灭敌人的思路来设计和制造武器，新概念武器的出现使得这一趋势发生了重大改变。很多新机理被用来打造新概念武器，使得武器能量来源、作用原理、毁伤机理都出现了不同以往的新变化，随之而来的是新型作战能力的大量涌现，以超乎想象的速度改变着战争面貌。同时，由于许多新概念武器会产生令人恐怖的效果，也让人们对未来战争的后果产生了强烈的担忧。

新机理打造新概念武器

新机理是打造新概念武器的"魂"，是新概念武器区别于传统武器的根本。

能量聚合机理打造新概念能量武器。能量聚合机理是将各种新型能量通过转化、传导、存储等新型工作方式有效地聚合到一起集中释放，形成新概念武器的作战能量，或直接成为新概念武器的作战"弹药"实施作战。能量聚合机理促成了很多新概念武器的研发，包括激光武器、微波武器、动能武器等。激光武器是利用电能、化学能等能量，通过激光器产生激光，因为激光的能量很高，可以利用激光将能量传导到目标上，达到破坏或者击毁目标的目的，激光武器的优点是速度快，因为激光以光速运行，是目前世界上已知最快的速度；微波是一种特殊的电磁波，其波长为 1 毫米到 30 厘米之间，电能、化学能等能量可经微波发生器转化为微波，利用微波武器可重点打击包含电子元器件的各种目标，微波武器的优势就是对电子类目标具有较强打击能力；动能武器是指高速飞行且直接利用战斗部的动能撞击目标的武器，其特点是速度快、动能大、准确度高，但其技术难度较大，只有少数国家具备研制动能武器的能力。

信息聚能机理打造新概念信息武器。信息聚能机理是利用信息化的平台和高科技手段，使信息不仅可以辅助作战，提高指挥决策水平和武器装备作战性能，甚至可以作为"弹药"直接对敌方实施打击。新概念信息武器主要包括网络智能攻防武器、芯片细菌武器、新型心理干预武器、纳米间谍卫星、大数据支撑下的辅助情报及战争决策系统、军事云计算平台、基于物联网的后装保障系统等。信息，是信息化时代最具特点的产物，人们最早只是把它作为物质的附属性质来对待，随着信息化技术的不断发展，信息已经成为一种高价值的关键资源，既可以用来分析研判战场态势进行辅助决策，也可以直接作为攻击敌人的武器。利用信息聚能机理打造的新概念武器，其作战领域大大拓展，可从现实战场拓展到网络虚拟空间、人的精神空间等，作战效果超乎想象。

基因重塑机理打造新概念生化武器。据外媒披露资料显示，尽管生化武器为国际条约所禁止，但仍有个别强国秘密推进。基因重塑机理是指在生物遗传工程的基础上，人为地按照军事需求，利用基因重组技术，改变既有的基因形态，或者利用基因技术控制动物基因，复制大量致病微生物的遗传基因，制成生物战剂放入施放装置内所构成的武器。据外媒报道，某国在研基因武器主要包括基因病毒武器、动物战士等。

如，基因病毒武器是利用基因技术把原来不致病的病毒改造成致病的病毒，把以前能够用药物预防的病毒改造成不能预防或者难以预防的，极大提升病毒破坏力。基因武器具备极为罕见的攻击能力，同时也遭到舆论普遍反对。

新概念武器蕴涵新质战力

新概念武器的出现和运用，为世界各国打造新质作战能力提供了新途径。

作战"新利剑"。新概念武器中的新概念能量武器具备对多种目标的"软硬"打击能力，是作战中的"新利剑"。一是作战精确程度极高。激光、粒子束、高功率微波武器所发射的"光子弹"，能够在瞬间射向目标并将其摧毁。二是攻击方向多元。新概念武器大部分属于无惯性武器，射击时武器不会产生后坐力，操作使用省时省力，十分灵便，可以快速、灵活地变换射击方向，一件武器可以同时攻击多个目标，而且转换射击方向时，并不降低攻击速度和射击精度。三是可达成连续进攻。常规武器需要利用大量的弹药来摧毁目标，弹药供应一旦中断，攻击行动就无法继续，而大部分新概念武器是靠射束能量来杀伤破坏目标，只要在战前用科学的方法把大量能量贮存起来，就能够实施连续持久的攻击，不受"弹药"供应的限制。

作战"倍增器"。新概念武器中的新概念信息武器具备把信息"软实力"转化为作战新优势而实施作战的能力，是作战能力的"倍增器"。一是可以把信息作为"弹药"直接对敌方实施进攻。新型网络攻防武器，可以充分发掘和利用敌方军事网络、指控设备、武器装备软硬件的弱点或漏洞，在关键节点的设备中植入新型木马程序，长期潜伏并挖掘情报信息发回己方，或在关键时刻直接控制、破坏敌方的网络和装备，使之失去作战能力甚至产生破坏效应。二是利用信息放大和倍增效应提高作战效能。基于云计算、物联网、移动互联网、人工智能、大数据等前沿技术研制的新型辅助决策系统、后装保障指挥信息系统等，可充分利用现代尖端科技发展和应用成果，提高军事情报数据采集处理、辅助决策策略预置、决策方案计算和生成、战场态势可视化等诸多方面作战能力形成速度和质量，使得武器装备作战效能成倍增长。

作战"隐形牌"。新概念武器中的基因武器能够通过基因改造途径产生新型作战手段的能力，是新型作战的"隐形牌"。一是研制生产过程隐蔽难于发现。如基因武器几乎都是在实验室内研究和试验的，有的项目与其他医学、生物学研究项目交叉进行，敌方很难通过传统的侦察手段察觉和掌握其研究动态。二是施放途径多样，难于防范。如基因病毒武器除了可以通过飞机等武器对敌方进行投放，还可以通过动物携带等自然手段进行投放，很难发现并进行防御。三是杀伤效果千奇百怪，难以捉摸。如基因病毒武器，是通过基因技术改变了病毒的特性，能将本来不致病的病毒改造为致病的，把本来可以利用疫苗防范的改造为不能防范的，致病症状千奇百怪极难诊断。四是无法及时救治。因为新概念基因病毒武器研制生产过程极为隐秘，基因改造具体方法很难发现，即使敌方明知是遭受新概念基因病毒武器攻击，也很难在短时间内研制出治疗药物，其隐蔽攻击效果极强。

新质战力助推新型作战

新概念武器打造的这些新质作战能力，提高了作战能量的有效释放效益，确保了打击行动的高度精确，保持了战场行动的连续性，极大地改变了战争形态，打造出新型作战样式。

精确作战更易实现。精确作战是信息化武器装备投入战场以后出现的新型作战样式，而新概念武器的出现使得精确作战更加容易实现。新概念武器中的激光武器，其原理就决定了其必须有极高的精确性才能实施作战。目前美国、俄罗斯等国家已经形成了这样的精确作战能力，确保激光武器能够毁伤弹道导弹、卫星等高速运动的目标。

全维作战成为现实。全维作战的实现，主要取决于武器装备的作战效能能否进入各个维度。从空间维度上来看，传统武器通常只能在一个或几个维度实施作战，但新概念武器出现后，就能把各个维度串联起来，实施全维作战。新概念武器中的高超声速武器、高能激光武器、高能微波武器等可以对太空、临近空间、高空、中空、低空、超低空等维度目标发起进攻，还可以对地面、水面的目标发起进攻，从空间层次上实现了全维作战的目标。从打击效果上看，新概念激光武器、微波武器的发射功率可以根据作战目的进行线性调整，发射的不同能量等级可形成不同的干扰破坏效果，输出功率小可对目标实施干扰，输出功率大可对目标实施直接摧毁，为指挥员提供了多种打击效果方案，可更加灵活运用。

隐形作战更无形。隐形作战历来都是军事家追求的高境界，随着新概念武器的出现和运用，隐形作战也被赋予新的内涵。新概念微波武器发射时不发出声音和火光，非常隐蔽，但其作用效果却很明显，在发射功率较小时，对人可产生热效应和非热效应，能够快速降低敌方军人作战能力，甚至失去抵抗能力。新概念高能激光武器作战时，虽然有肉眼可见的光线，但其作用时间极短，很难监控和发现，如果使用高能激光武器对敌卫星进行干扰和摧毁，攻击完成后在目标上几乎没有留下任何"证据"，并且由于卫星处于太空很难进行实时检查分析被攻击情况，很难确定激光武器的攻击位置和国别等信息，很多时候只能吃"哑巴亏"。除此以外，新概念信息武器、病毒武器等在实时作战时也很难进行预测和监视，它们也是实施隐形作战的极佳选择。

隐形陆军可成为未来发展方向

——对建设现代化新型陆军的探索思考

远山云　戴　岳

"疾病当治本"。要研究清楚问题，须先从理论上梳理清楚问题的症结。笔者认为，过往对陆军改革的理论研究，更多是从技战术角度出发，重点关注作战能力，因循以装备性能为龙头的研究模式。这种模式有助于推动陆军作战体系建设的快速发展，但也容易形成思维定势，产生行为惯性，造成装备发展带来的缺陷和问题日益堆积。在当前重新审视陆军改革的时候，笔者认为应该跳出原有的思维模式，站在战争全局的高度，从哲学角度历史地、全面地看待战争，通过研究分析战争的根本属性，从根源上寻找解决问题的办法。

什么是战争的核心要素？

探索陆军的发展方向，应从战争核心要素的角度入手。战争有很多要素，"目标"是最为核心的要素。

之所以说"目标"是战争的核心要素，是因为所有战争都离不开"目标"，都是紧紧围绕"目标"展开的。"目标"是随着历史发展和战争方式变化而变化的，经历了"由小到大、由简到繁"的演变过程。所有战争都难以回避人的参与和存在，因此人始终是战争中最主要、最基本的"目标"单元。冷兵器时代，战争的主要方式是兵对兵、将对将，人是主要"目标"。随着武器改进和战争方式演化，"目标"逐渐扩展为骑兵、战车。进入热兵器时代，"目标"又包含了火炮、装甲车辆、坦克、飞机、舰船等武器装备，以及由这些单个"目标"组成的战线、阵地、阵线等大"目标"。进入信息化时代，未来战争强调战场透明，所传递的大量信息又成为新的"目标"。

"目标"好比"100…000"中的"1"，如果"1"不存在，就什么都不存在了。因此，不管战争如何进行，战争离不开"目标"，"目标"自始至终是战争的核心要素，贯穿古今。正因为如此，未来陆军发展建设应该紧紧围绕"目标"展开研究。

如何从"目标"展开研究？

笔者认为，战争的本质是"对目标的发现与摧毁"。历史上所有战争，无论早晚，远古的和近代的，无论规模，不管是局部武装冲突还是区域性战斗，抑或是地区性战役，根本上说都是围绕"对目标的发现与摧毁"展开的。如果能发现"目标"并摧毁"目标"，战争就胜利了。如果找不到"目标"，则谈不上战争。如果摧毁不了"目标"，则赢得战争无从谈起。

"对目标的发现与摧毁"包含两个方面，一是发现，二是摧毁，其中首要的是发现。发现是摧毁的前提，发现不了"目标"则谈不上摧毁。对战争中的同一方而言，需要关注的是"不被敌人发现的能力"和"摧毁敌方的能力"。"发现敌方"与"摧毁敌方"事实上属于同一方面，都属于摧毁能力。在过去的研究中，更加偏重对摧毁的研究，武器装备也多以"提高摧毁和抗摧毁能力"为出发点，更多强调机械化、规模化、集群化作战。其结果是摧毁能力在不断提升，而自身目标的特征也越来越明显、越来越容易被发现，"不被敌人发现的能力"越来越差。"物极则必反"，大则笨拙，大则挨打，导致陆军的防护能力变差，整体作战能力变弱。陆军改革陷入"平台越强，陆军整体越弱"的怪圈。

在科技发展日新月异的今天，再次思考陆军改革，需要从哲学的角度去重新审视"发现与摧毁"这一对矛盾统一体。《易经》有云，"阳极则阴，阴极则阳"，阴阳运动是万事万物的运动规律。发现与摧毁是等价平衡、不可或缺的两个方面，仅重视一方面而忽视另一方面会使力量失衡，产生新的问题。正如前文所述，摧毁能力的增强导致防护能力变差。陆军发展一直重视摧毁能力而忽视对发现能力的研究，当摧毁能力大到一定程度时，必须从发现能力入手解决问题，使"发现"与"摧毁"达到平衡，良性共存、协调发展。

从发现入手，是从"敌方发现我方目标"入手，想办法让敌方看不见、找不着、锁不定我方"目标"，让我方在敌方眼中"隐形"。如果敌方发现不了我方"目标"，那么就无法对我方进行打击。在未来信息化战争环境中，"目标"拓展为网络数据，如果敌方发现不了这些网络数据，就无法对其实施侦听、监视、干扰，那么我方将掌握信息化战争的主动权，并最后赢得战争。

怎么不被对方发现？

简单来讲，发现就是认清"形""势"。"形"指实体，"势"指态势。以前规避发现问题时，对"形"，也就是对实体目标单元、武器装备考虑得多，比如研制隐身飞机、传统意义上的隐蔽伪装等。靠"形"

来隐形有很大局限性，因为随着侦察探测技术增强，隐形手段常常失去效能，不得不继续研制新的隐形技术。对陆军来说，从"形"上隐形尤其困难，首先大规模集团军很难不被发现，其次陆航直升机受技术本身制约，雷达截面很高，无法隐形。如何做到让陆军不被发现，使其隐形呢？笔者认为应该从"势"入手。通过对目标的有效指挥控制，实现"态势隐形"，让敌方发现不了，锁定不了。

"态势隐形"，充分吸收了中国古代道家"小隐于野，中隐于市，大隐于朝"的哲学思想，利用"疏散配置"和"棋盘布势"的方法来实现。"疏散配置"是使战斗单元分散部署，尽可能利用战场环境不同特点实现疏散，让敌难以发现、难以展开。"棋盘布势"吸收了中国围棋"布局造势、围而夺之"的精髓，像围棋布子一样，与敌形成"你中有我，我中有你"的态势，由传统的线式作战转变为非线式作战。试想，在一平方公里的面积上分散部署一个班的兵力，或者一个连的炮兵疏散部署在几平方公里的范围内，让敌难以发现，这样就从布势层面实现了陆军的隐形。

如何形成有效打击力？

如果能够成功实现上述的隐形，对方就难以发现，更难言打击。当然，隐形并不是目的，隐形的目的是为了更强有力地打。毛泽东同志指出："战争目的中，消灭敌人是主要的，保存自己是第二位的，因为只有大量地消灭敌人，才能有效地保存自己。"在上述"疏散配置、棋盘布势"的隐形条件下，如何形成有效打击力呢？

一般认为，"疏散配置"会使力量分散，必然导致作战能力减弱。然而随着科学技术发展，原本看似矛盾的两个方面，也能密切地融合到一起。孙子讲，"善守者，藏于九地之下；善攻者，动于九天之上，故能自保而全胜也。"如果能让分散的兵力有效聚合为"形散而神聚"的新型力量，就能把看不见的陆军变成拥有有效打击力的陆军。我们把同时具备"态势隐形"和"超强有效打击力"属性的新型陆军称为隐形陆军。

笔者认为，发展"单兵智能化地空一体作战系统"是实现隐形陆军的核心手段。在战场环境下，单兵是最基本的"目标"单元，因此"散"不过单兵。单兵同时也是最主要的作战单元，其作战能力至关重要。"单兵智能化地空一体作战系统"，就是充分运用现代科技手段，使传统单兵的作战方式发生根本改变，进而使其作战能力发生质的变化。此时的"单兵"，已不是传统意义上的单兵，而是网络化、信息化、智能化武器装备高度配备的单兵，不但具有超强的个人作战能力，而且拥有全时态势感知、网络数据通信、指控智能无人作战平台的能力。试想，如果把智能单兵的"拳头、眼睛、耳朵"升到天上，对敌实施超视距、全方位空中突袭，使其作战维度从传统的二维平面延伸到三维立体空间，甚至延伸到四维信息网络空间，其作战能力必然产生质的变化。把战场中的各个分散的"目标"单元，比如智能单兵、无人作战平台、指挥控制中心、后勤保障基地等"形散"的战场要素"神聚"起来的主要技术手段是网络化、信息化、智能化技术，根据战场环境变化对火力打击能力进行最佳优化配比，实现快速高效聚合，使打击成效最大化。

隐形陆军是一种可能方向

隐形陆军具有超强的机动灵活能力，可以根据战场需要部署展开，"规模可大可小、时间可长可短、位置可近可远、身形可隐可现"。隐形陆军能"使部队保有最大可能的机动性和活力，使他们能够连续地使用在不同的重点上，并且用优势的兵力把敌军各个击破"。隐形陆军具备突发攻击能力，"非常成功的出敌不意会使敌人陷于混乱和丧失勇气，从而会成倍地扩大胜利"。隐形陆军符合"以我之集中，歼灭敌之分散，以我之分散，袭击敌之集中"的军事原则，在战场中执行攻击、防御、侦察、破袭、斩首、干扰等任务，达成传统陆军难以取得的效果。

科技发展日新月异，很多以前存在纸面上的想象已经变为现实。隐形陆军概念如果放在二十年前或十几年前，可能是纸上谈兵。而如今，科技进步远超预期，即使以当前的科技能力，隐形陆军经过努力也是可以实现的。

陆军改革时不我待，建设一支现代化新型陆军任重道远。未来战争将伴随军事科技装备的变化而发展。只有紧抓科技进步脉搏并积极应对才能跟上时代的步伐。"胜利向那些能预见战争特性变化的人微笑，而不是向那些等待变化发生后才去适应的人微笑。"如果隐形陆军能够与现代陆军紧密结合，在陆军改革的道路上共同成长，相信隐形陆军一定能够助力未来陆军，实现能力倍增、弯道超车、跨越式发展。

从"赛博战"到"马赛克战"

杨存银

理论是行动的先导。加强作战概念创新、推动作战指导革新，历来是世界各国军队培塑军事优势的重要途径。近年来，美军先后提出"赛博战""马赛克战"等前沿作战理论，以期实现作战模式这一"生产关系"能够更加适应作战能力这一"生产力"的发展。通过对比分析这两种作战理论，世人可以一窥美军作战能力建设思路的变化，特别是认清"马赛克战"的制胜机理，从而有的放矢，找到有效制衡之策。

从威胁应对到战争设计
——主动塑造，牵引作战能力提升

"基于威胁"或"基于能力"是军队作战能力建设的两条基本途径。"基于威胁"体现需求牵引，聚焦解决近中期现实问题，是军队作战能力建设应遵循的基本规律；"基于能力"体现目标牵引，瞄准未来战略使命，以新作战理论支撑战略构想，是军队作战能力创新超越的必由之路。从"赛博战"向"马赛克战"的发展，体现了上述两种途径内在规律的差异和演进，也反映出美军近年来推进作战能力建设思路理念的变化。

概念发端新变化。网络空间，最初为解决人类的通信需求而生，后来逐渐演变为一个独立于陆、海、空、天之外的新作战域，由此衍生出以争夺网络空间制权为核心的"赛博战"。与之相比，"马赛克战"是美军为继续保持战略优势地位，直接瞄准竞争对手而主动开发设计的新作战概念，其形成过程体现了需求牵引与能力牵引的融合，战略性、主动性、牵引性更加突显。

技术运用新思路。"赛博战"强调，通过研发新一代技术支撑作战概念转化落地。"马赛克战"则跳出这一模式，不过分强调研发新一代装备技术，更加关注对军民通用技术的快速转化，对成熟技术的增量迭代。其基本思路是立足现有装备，按照类似网约车、众筹开发等服务类平台的运用理念，通过模块升级和智能化改造，将各类作战系统单元"马赛克化"为功能单一、灵活拼装、便于替换的"积木"或"像素"，构建形成动态协调、高度自主、无缝融合的作战体系，体现了新的技术驱动思路。

路径发展新设计。"赛博战"作为网电空间的伴生概念，网电空间发展到哪里，"赛博战"就跟进到哪里，总体上先考虑"客观"的物质条件，再进行"主观"的概念设计，在路径发展上具有较强的依附性。"马赛克战"则先由"主观"再到"客观"，通过开发可动态调整功能结构的兵力设计模型，使其能够适应不同作战需求及战场环境变化。

由此可见，"马赛克战"相比"赛博战"等以往作战概念，其目标更加明确、技术更加成熟、路径更加可靠，体现出美军主动塑造的思路转变。

从网络中心到决策中心

——群体智能，实现体系最优释能

　　人工智能技术是信息时代的关键变量，也是"马赛克战"体系发展的核心增量。"赛博战"强调"网络中心"，"马赛克战"则紧紧扭住人工智能技术这一核心，将制胜关键从"网络中心"调整为"决策中心"，将作战体系架构由系统级、平台级联合转变为功能级、要素级融合，谋求在网络充分聚能的前提下，以群体性智能技术实现体系最优释能，为智能化时代的战争制胜机理赋予新的内涵。

　　以"快"制"慢"，夺取认知先手。未来战争，战场形势瞬息万变，时间要素的权重不断上升，"快"对"慢"可以形成近似降维的作战打击效果。"马赛克战"通过运用数据信息技术和人工智能技术，提升己方"OODA"环的单环决策速度，拓展并行决策广度，降低组环决策粒度，加快体系作战进度，在整体上塑造始终快人一步的"先手棋"态势，旨在牢牢控制战场认知决策的主导权。

　　以"低"制"高"，积累成本优势。与追求高端武器平台的传统作战理念不同，"马赛克战"注重利用人工智能技术对现有武器平台及作战资源的挖潜增效。通过在众多中低端武器平台上加载运行智能算法和特定功能模块，使其达到媲美高端武器平台的作战性能，整体上提高了武器平台投入产出的效费比，进而积累形成成本优势。

　　以"散"制"聚"，谋求持续生存。"马赛克战"强调采用化整为零的去中心化思路和非对称制衡理念，使用开放系统架构，在各类有人/无人平台上分散配置侦察、定位、通信、打击等各类功能，实现力量的分布式部署。同时，依托智能算法提升各平台的自组织、自协同、自主攻击能力，实现形散神聚、火力集中。当部分作战平台被消灭、干扰或剥离后，整个作战体系仍然能正常运转，从而增强兵力集群的战场持续生存能力。

以"动"制"静"，提升体系弹性。"马赛克战"强调进一步突破各作战域壁垒。通过把不同作战域中固定的"杀伤链"变成可动态重构的"杀伤网"，将"OODA"大环拆解为小环，单环分化为多环。根据作战进程和作战需求的变化，依托智能组网实现作战力量的动中拆分、动中调用、动中组合。如此，一方面可增强作战体系的灵活性、适应性；另一方面还可对冲抵消复杂网络的节点聚集效应，使对手难以找到破击己方体系的关键节点。

"马赛克战"为智能化作战提供了一种可借鉴的参考原型。但同时，作为一种理想化的兵力设计和运用框架，"马赛克战"还需要与之紧密相关的技术、条令、政策等配套支持，距离完全实现还有很长的路要走，与传统作战体系共存的局面将长期存在。

从要素集成到体系重组
——动态结构，增强作战体系弹性

结构和关系往往决定着功能和性质。"赛博战"与"马赛克战"建构于信息时代共同的物质基础，遵循相同的演进范式，但体系构建的原理和效果有所不同。"赛博战"形成的体系结构静态可解构，而"马赛克战"则按照一定构建规则动态组合功能单元，形成具有自组织、自适应特征的弹性体系结构，类似一种"动态黑箱"，常规手段难以跟踪预测。而这一弹性结构常常会"涌现"出新的能力，为作战体系赋能增效。

网云融合发展，使作战时空更加动态可塑。网和云是信息化作战体系运行的基础环境，重塑了传统作战中情报、指控、打击、保障的流程要素，同时衍生出新的作战时空。"赛博战"主要聚焦网电空间，其作战时空相对静态。"马赛克战"则不局限于单一作战空间，在信息基础设施网随云动、云网一体的发展趋势下，可进一步深度铰链有形无形空间，作战时空边界更有弹性，作战资源配置更加灵活，作战体系结构更具动态。

数据跨域流转，使作战控制更加无缝协同。在指挥控制环节，"赛博战"关注的重点是联合作战指挥机构对作战单元的指挥控制，数据跨域交换流转主要集中在战区战场。"马赛克战"则进一步将联合作战的层级下沉至战术末端，通过数据在战术层面的自主跨域交换和无缝流转，实现各类数据孤岛按需集聚为数据集群，进而产生显著的"溢出"效应，让作战指挥控制环路动态、离散、敏捷、并行的特征更为明显，更加有利于实现各作战单元按需敏捷衔接、高效协同行动。

算法全维渗透，使体系运行更加自主高效。算法是人的意识在网络空间的映射，形成了由意图转化的编译代码和由知识转化的神经网络两种基本形态。在"赛博战"中，编译代码大量应用，神经网络只在局部应用。在"马赛克战"中，算法又扩展出塑造规则、提供引擎两项关键职能，运用的广度深度更加突出。塑造规则以编译代码为主，辅以神经网络，构造"马赛克战"体系的流程框架和运行逻辑，为其不确定性、适应性和能力"涌现"性奠定结构基础；提供引擎则主要将智能算法模型分发至边端要素运行，形成知识扩散效应，从而全面提升"马赛克战"体系的智能自主作战能力。

边端自主释能，使作战样式更加灵活多态。边端是各类有人/无人作战功能单元的抽象模型，也是体系能力"涌现"的直接来源。"赛博战"体系中，边端要素与上下级指控流程紧密耦合，处于精确受控状态。"马赛克战"体系中，边端要素的感知、交互、推理、决策能力大大提升，其"OODA"环不必回链至上级指挥机构，有利于支撑形成高低搭配、有人／无人结合的去中心化作战集群形态，可以赋予边端要素更多自组织权限，明显增强了战场对抗优势。

可见，如果称"赛博战"为精密的战争机器，"马赛克战"则可以视为一种能够激发作战能力动态生长的复杂"生态"，网云、数据、算法、边端所产生的新变化，促进形成了动态复杂的"体系结构"。这一结构又反向调控着要素、平台和系统，不断涌现出新的能力，为作战体系增能、演进发挥着重要作用。

从体系破击到复合对抗
——辨析优劣，寻求有效制衡之策

"马赛克战"一定程度上代表着未来联合作战形态发展的可能方向。应当充分研析把握"马赛克战"的制胜机理，将信息通信领域作为打破传统战争时空界限的新质新域加以塑造，打造网云赋能作战新概念，建强国防信息基础设施支撑保障能力，突出军事信息网络安全防御能力，增强战略战役指挥机构运行的保底支撑能力，不断完善网络信息体系。

另一方面，"马赛克战"理论的出现，使得打击夺控有限目标节点的传统作战手段，难以达成毁点断链的体系破击效果。但应当看到，任何体系都有其固有矛盾，"马赛克战"看似"无懈可击"的去中心化结构，仍可以找到有效破解的方法路径。比如，把握其体系复杂性特征，利用其关联关系依赖性，突出针对通信网络的功能抑制，构建网电复合攻击路径，实现对作战体系各单元的拆解孤立；把握其结构耗散性特征，利用其外部信息依赖性，突出针对信息数据的伪装误导，促使作战体系向信息封闭、信息过载等非正常状态转化；把握其群体自主性特征，利用其关键技术依赖性，突出针对智能算法的对抗降效，抑制各作战单元的智能内驱力；把握其功能非线性特征，利用其未知脆弱性，突出战场差异化打击评估，以更高的效率和更快的速度试探、发现作战体系失衡点，寻找体系破击的关键弱点。

"作战云"是朵什么样的云？

——对美军"作战云"概念的认识与解析

程明明

"云"是对网络、互联网的一种比喻说法，"云概念"则是近年来最火的高科技概念之一，其互联、高效、共享等特质，不但深刻影响和改变着我们的生活，也正在推动军事领域的重大变革。2013 年，美空军首次将"云概念"引入作战领域，提出"作战云"概念，并迅速得到美国防部、海军及其他军种的认可，逐渐成为美军应对 21 世纪下一场信息化战争的新方略。

缘何提出

——意在打造美军新的跨代优势

进入 21 世纪，美军先后以反恐和制止大规模杀伤性武器扩散等名义在阿富汗、伊拉克、利比亚和叙利亚发动多场战争，每次战争美国几乎都凭借强大的信息、火力优势，完全掌控战场局面，快速取得战争胜利。但美军高层对此有着清醒意识：以上几场战争美军并未遇到真正强大的对手，战争在美军掌握绝对制空权和制信息权的低对抗环境下进行，未来倘若丧失绝对的空天和信息优势，美军将很难保持对战场的控制。美军认为，若想在未来战争中保持持续的战场优势，面临着前所未有的"威胁和挑战"：

对手强大"反进入／区域拒止"能力的威胁。美军认为，其在历次局部战争中所仰仗的信息、火力优势，主要依托强大的天基信息系统、大型海上作战平台、联合指挥控制中心等获得，而在"对手反进入与区域拒止能力不断提升"的背景下，尤其是面对大量"精确制导远程巡航导弹和弹道导弹"威胁，这些传统的优势力量，以及美军依托这些优势力量所形成的作战样式"都将不可续存"，"对手可以通过对少数关键节点的攻击迅速瘫痪美军的作战力量体系"。

先进作战武器与落后作战方式的挑战。进入新世纪，在大量装备F-22 先进隐身战机后，美军又先后迎来 F-35 战机、DDG-1000 导弹驱逐舰、福特级航母等高度信息化武器装备。但综观美军的作战指挥与控制，还停留在 2003 年"自由伊拉克"行动时，高度依赖卫星、预警机等核心装备平台的"网络中心战"时代。美国前空军部长麦克·韦恩就惊呼："正如第一次世界大战使用 20 世纪的机械化部队却在以 19 世纪的方式作战，我们现在同样存在以 20 世纪的方式在 21 世纪作战的危险。"美军急需新的作战理论来激活新型信息化装备的作战潜能，"重拾美军与对手的跨代优势"。

作战力量保持与国防预算紧缩的挑战。在美国"金融危机""债务危机"和"国家安全需求不断增长"等多重因素影响下，美军各军兵种也陷入财政窘境。美空军前情报主管、第一副参谋长大卫·德普图拉在一份报告中指出，目前美军空中力量主要由老旧的 A-10、F-15/16、B-1、B-52 飞机和 B-2 以及少量的 F-22、F-35 组成，不足以应对 21 世纪对手的"反进入与区域拒止"能力，并呼吁要"改变方略"以应对"可用于国防的资源比重下降"的挑战。

美军自认为的这些"威胁和挑战"，正是其提出"作战云"概念的背景。

核心理念
——实现多种平台跨域联合作战

面对这些新的"威胁和挑战"，2013 年 1 月，美空军空中作战司令部司令迈克尔·奥斯蒂奇首次提出"作战云"概念方案。2014 年，大卫·德普图拉在其基础上，对"作战云"概念方案进行了全面阐述，指出："类似于云计算的方式，'作战云'是一种各军种的空中力量采用分散的空中作战形式，在不断进化的数据链、抗干扰通信系统和新的瞄准工具等支持下，实现空中、地面、海上和太空领域信息共享能力的跃升，进而最大程度地发挥隐身飞机、精确打击武器、先进指挥与控制系统以及有人与无人系统结合的优势，创造出规模化、模块化的灵活作战能力，并以此确保敌人对单一作战单元的攻击不会瘫痪美军的作战行动。"

同年，美国《航空周刊》发布了"作战云"构想图，描述了由在轨太空侦察 / 通信 / 导航卫星，空中预警机、F-15/16 战斗机，海上航空战斗群，与深入对方综合防空系统区的 F-22/35 隐身战机、RQ-180 无人侦察机、新型远程轰炸机（LRS-B）等多维作战单元，共同构建的"空中优势云"发展远景，更加清晰地展现了美军"作战云"概念全貌。

从以上美军对于"作战云"概念的阐释和描述，我们可以粗略探析美军"作战云"的特征和其应对"威胁和挑战"的基本思路：

战场信息跨域融合。"作战云"依托"不断进化的数据链、抗干扰通信系统"等先进的战场信息网络和"新的瞄准工具"等新型战场传感系统，在大数据和云计算等信息网络技术的支撑下，将广泛分布于太空、临近空间、空中、地面、海上和水下各域作战平台的战场情报信息一体融合，并实时无缝地在各域作战平台按需分发。"作战云"所形成的这种"信息共享能力"，既保证了美军对战场的按需高度透明，同时也避免了具备"反进入／区域拒止"能力的对手，对其天基信息系统、大型海上作战平台、联合指挥控制中心等关键信息节点"破一点、瘫一片"的局面。美军设想，在"作战云"体系中，任何一个和多个战场节点的缺失，都不会决定性地影响其战场统一态势信息的共享和分发。

群组力量分布作战。与传统作战各军兵种空中力量按平台属性分类编配、按行政手段组合的方式不同，"作战云"通过"不断进化的数据链、抗干扰通信系统"，将各军兵种的空中力量以"分散的空中作战形式"，根据实时任务需求，在线优化配置组合，形成"模块化"的群组力量。各群组力量在高度一体跨域融合的信息支撑下，通过"作战云"体系的高效调度和管控，分布实施作战。这种群组力量分布作战的模式，既继承了"网络中心战"获取信息的优势，又进一步发展了从信息向火力分配、目标毁伤转化的优势，大幅缩减了作战的"侦—控—打—评"周期链，全面提升了美军信息化装备的作战效能。

跨代平台协同增效。通过"作战云"的战场信息跨域融合能力，三代四代作战平台能够获得潜入敌纵深的五代隐身作战平台、无人作战平台的目标指示信息，实现对纵深战场的有效打击；五代隐身作战平台也能够获得三代四代作战平台的远程火力支援，弥补自身载弹量不足的劣势。"作战云"的这种跨代平台协同增效，被认为是美军应对"力量与财务困局"的重要手段。2014年9月，即将离任的迈克尔·奥斯蒂奇在美国空军协会年会上明确表示，美国空军没有足够的预算来组建一支全五代机队，要履行好空军的职能，最优先的任务是实现"四代与五代"的信息融合、协同作战。

发展现状
——正在由概念向实战行动转变

为尽快地将"作战云"概念方案转化到实用状态，在美国防部的统筹和牵引下，美军各军兵种都在结合自身军种职能和装备特色，推进自己的"作战云"项目建设和实验验证。

国防部稳步牵引"云"基础建设和概念完善。早在 2009 年，美国防部就提出了覆盖海上、空中、太空的数据共享概念，尝试将日益成熟的互联网技术应用到战术情报领域。2012 年 7 月，美国防部首席信息官签署了《国防部云计算战略》，以军队战略的形式推进这一进程，并持续稳步开展"云"相关的存储设施、计算平台和软件服务建设。目前，美国防部已将这一概念确定为"作战云"，并分别从各军兵种、工业部门和学术界抽调人员，共同着力塑造完善"作战云"概念方案，最终目标是要形成一个拱形数据网络，扩展升级现有"全球信息栅格"，实现海上战舰、作战飞机、空间卫星的实时数据共享。

各军兵种争相开展"作战云"项目建设。美空军是"作战云"概念的先行者，其认为实现"作战云"的关键是信息融合，并将"空中优势云"的重点放在 F-15/16 等四代机与 F-22/35 五代机的信息互通上。2014 年启动了"多域自适应系统（MAPS）计划"，企图将 F-15/16 的 Link16 数据链、F-22 的 IFDL 数据链、F-35 的 MADL 数据链有机融合，实现战场数据的实时交换。美海军也在通过 "海军综合火控与防空（NIFC-CA）计划"，实现其用空中 E-2D 预警机或海上"宙斯盾"

舰等作战平台，为 F/A-18E/F 和 F-35C 等舰载机及"标准"系列舰空导弹提供瞄准信息，甚至指挥未来第六代 F/A-XX 多用途战斗机发射武器的愿景。虽然由于军种利益，海军项目并不叫"作战云"，但其项目强调的多平台信息跨域融合具有典型的"云"特征。此外，美海军陆战队也启动实施了其"远征作战海上战术云"项目建设。

"作战云"作战模式检验验证已经全面展开。2014 年 9 月 23 日，美空军 F-22 首次率领联合空袭机群，对叙利亚境内的"伊斯兰国"极端组织目标实施空袭作战。任务完成后，时任美军空中作战司令部司令麦克·侯斯塔奇在接受《防务头条》采访时，表示"一般认为隐身是五代机的标志，其实不然，重点在于'融合'"，"'融合'使得 F-22 与其他平台根本不同"，"'融合'是五代机的根本特征"，"五代机在前方侦察探测目标，然后让四代机在防区外打击它，你必须拥有'作战云'，其拥有将数据来回传输的能力"。这次表态，也直接证明了美空军正在积极针对"作战云"作战模式开展实战性检验验证。

点评：跃上"云"端观风雷

侯永波

当我们在网上购物时，网站会根据以往的购物记录来判断我们的购买偏好，推送大量的商品信息；当我们在浏览新闻时，软件同样会根据我们的阅读习惯，"投其所好"地定向推送内容话题……这些现象都说明，我们已经来到了一个云计算时代。

"作战云"之所以进入我们的选题视野，不仅仅是因为它频繁地出现于美军最新的作战理论中，处处透露着对抗消解"体系破击战"的思维，更重要的是它代表着美军把云计算运用于军事领域的最新成果，反映出美军运用科技成果最大限度提高作战效能的一种思路。

　　像很多高新技术一样，云计算最早出现在民用商业领域。2006 年 8 月，谷歌首席执行官埃里克·施密特首次提出"云计算"概念。很快，美军就对这种新技术表现出浓厚兴趣。2008 年，美国防部与惠普公司合作建立了一个云计算基础设施。紧接着，美国空、海、陆等各军种都与商业公司签约设计相关云计算系统。美军对云计算技术的热情拥抱，有其在信息技术领域处于领先地位的大背景，但同时也反映了他们对最新前沿科技的敏锐嗅觉以及迅速的转化运用能力。

　　习主席在出席十二届全国人大五次会议解放军代表团全体会议时强调，"要主动发现、培育、运用可服务于国防和军队建设的前沿尖端技术，捕捉军事能力发展的潜在增长点"。显然，推进云计算领域的军民协同创新，我们是大有可为的。因为，相比美国等发达国家在云计算领域的发展，我国并不落后，国内一些公司已经有着较为成熟的运用经验。关键是如何结合我军实际，来实现云计算技术在军事领域的转化运用。

　　当然，我们发展运用云计算技术，须借鉴外军的经验，但绝非亦步亦趋克隆。美军的做法只是提供了运用的一种模式。在信息革命大潮云涌的时代，通过核心关键性技术突破是有可能实现"弯道超车"的。敢于击水中流，方显英雄本色。

即时聚优：现代战争制胜之钥

贺润生　程双平

一切战略战役战术，都可以看作是为创造决定性优势而进行的设计。即时聚优，强调抓住稍纵即逝的关键性战机窗口，依托智能泛在的网络信息体系，把多域作战效能在最短时间集中到关键域、关键点，对敌形成即时局部优势，以局部优势博求整体制衡。即时聚优是对集中优势兵力思想的继承发展，是对灵活机动自主作战思想的实践运用，是具有智能化特征的信息化局部战争制胜的基本途径。

关键是识别捕捉创造优势窗口

即时，意为立即、即刻，强调不是随时、全时，而是基于某一关键时刻或时节，即通常所说的战机。在千变万化、错综复杂的战场上，战机始终是稀缺品。特别是在发现即摧毁的秒杀战争时代，如何识别、捕捉和创造战机，成为即时聚优的基本前提。

研敌体系，寻找天然窗口。再强的敌人也有弱点。作战体系由多个作战系统构成，庞大而复杂，不可能每个系统都尽善尽美，其中任何一个软肋对于对手来说都隐藏着天然的机会。应深入研究敌作战体系构成、运行规律及关键节点，结合对敌作战思想、编制装备和实战情况的跟踪研究，分析查找其固有短板弱项，为寻找优势窗口提供依据。如，敌对网络信息体系依赖程度较高、兵力集结准备周期较长、战略基地点多面广防护脆弱、跨域机动部队作战能力下降等，都可能是天然的窗口。

造敌困境，捕捉动态窗口。为敌制造多重困境，使敌决策、行动出现混乱、迟滞甚至失误，往往能创造意想不到的战机，为即时聚优提供条件。主动陷敌于困境，既要依靠先进装备技术支撑，更要依靠灵活的战略战术。应充分运用谋略艺术，实施多域行动，欺骗迷惑敌人，使敌信息不明、真伪难辨，产生决策困境；用灵活的佯动、试探，诱敌早动、盲动，在敌仓促应对中发现其弱点，捕捉一切动态时机。

击敌之短，创造错位窗口。贯彻灵活机动、非对称作战原则，积极运用异质对抗、错位对抗行动，以己之长击敌之短，让敌瞬时失明、失灵、失能，造成感知、反应和行动错位，是战时主动创造优势窗口的重要手段。如，使用远程精确火力对敌重要目标实施饱和式攻击，主动出招实施外线作战，把敌拉到我优势领域实施"降维打击"等，多种手段可创造性地加以运用。

核心是多域动态自主聚能聚势

基于网络信息体系的联合作战，作战领域极大拓展、作战力量整体融合、作战行动多域联合，赋予集中优势以新的内涵和时代特征。即时聚优，核心是由以往单一领域兵力、火力集中，向全领域兵力、火力、信息力、认知力聚合转变，本质上是实现物理能、信息能、认知能的跨域融合聚集，最终形成局部的、瞬时的决定性优势。

多域联动聚。一域之优不代表全域之优，整体优势也不是多个领域优势的简单叠加。不同作战领域制胜机理虽有不同，但相互间普遍存有关联性、耦合性，具有彼此赋能增效功能。如，信息域的同步压制，可大大提高物理域各种打击平台作战效能；而物理域的硬摧毁又可彻底解决信息域干扰致盲问题。即时聚优，应通过多域的联动策应，将兵力、火力等实体力量的跨空间域机动集中，与电磁、网络、认知等无形力量的跨虚拟域能量集聚同步运用，使各领域力量跨域联手，实现多种优势在关键时刻叠加聚合，产生整体优势溢出效应，以形成多域对一域、全局对局部的压倒性优势。

依网动态聚。由于作战过程的复杂性，集中优势的时机、空间、目标都具有极大的不确定性，依靠既有兵力布势，或简单机械地把各种作战单元、作战要素聚集到一处，势必难以达成目的。即时聚优，应依托泛在互联、全域覆盖、无缝链接的网络信息体系，利用网络的渗透赋能作用，在动态条件下实现各领域力量、单元、要素的全域融合、全域协同，将不同领域、不同空间、不同方向的多种优势，以及寓于各领域的作战效能，根据作战需要临机、精准地聚合。

自主快速聚。即时聚优核心要求是快速聚优，快速聚优的根本解决方案是自主聚优。在大数据、移动互联网、人工智能技术的支撑下，不同领域作战力量、要素通过智能传感与网络体系，自主感知态势、分析研判情况、评估聚优时机；通过智能决策和任务规划系统，自主跨域集中、动态规划行动、确定聚优目标；通过智能调控和协同系统，自主发起攻击、协同完成动作、评估聚优效果。基于目标的自主聚优，极大简化、缩短了战场信息链路和打击链路，为实现即时聚优提供了条件。

目标是精准释能用优击要制敌

聚优的目的在于用优，即时聚优是自主联动的"快速蓄电"，精准用优则是重击要害的"高压放电"。通过重构多域融合的杀伤链路，瞄准敌体系关节、核心枢纽精准释能精确打击，毁瘫体系、快速制敌，是即时聚优的最终目标指向。

精构用优杀伤链路。在"OODA"作战循环中，从传感器到打击平台的杀伤链路起着关键作用，决定着释能用优的速度和精度。应改变以往不同领域感知、决策、打击、保障等链路相对分离、独立运行的模式，通过智能化网络信息体系，将单域、线条式的杀伤链，融合构建成多域、交错式的杀伤网。确保不论哪个域感知，都能有最近或最优域的力量快速响应、快速打击；即使某一域出现失能，也能有其他域的力量或行动及时补充，确保用优杀伤连续性。

精选用优打击目标。即时优势是相对优势，是"错位"优势，同时也是"时敏"优势，必须针对各域优势的特点、功能，精选敌作战体系关键节点等核心目标精准用优，才能达成一击制敌之目的。应着眼以强击弱、以优击要、以能击不能，以常规武器饱和式攻击、颠覆性武器非对称攻击，打敌网信节点瘫网断链、打敌前沿基地失能断供、打敌纵深部署破阵断援、打敌天基平台致盲失聪等，最大程度发挥作战效益。

精控用优击敌行动。依托基于"云—网—端"架构的指挥网链，精确控制用优行动，确保即时聚集的优势能量精准释放，将即时优势转化成多域行动优势。要使用模块化编组的精锐力量，实施分布式部署，在行动中依据用优需求，动态调整编成编组，实现用优力量精确匹配；依据任务，瞄准目标，即时选取最适合、最有效、最快速的一域或几域作战力量，自主规划任务与行动，实现多域优势的精确分配、靶向用力；实时评估行动效果，即时调整用优目标、力量、行动，实现自主响应、灵敏反馈，提高行动效益。

虚拟时代需要什么样的战争观

——对"虚拟战争观"的探索与思考

董子峰

数字化虚拟在拓展人类战争空间的同时，影响着人们对战争方式、制胜规律和安全状态的认知与判断，"虚拟战争观"悄然登场。无论是谁，假如固守传统战争观，看不到不确定性威胁，很可能在意外的时间、意外的地点同意外的敌人打一场意外的战争，付出沉重代价。

"虚拟战争观"的核心是对不确定性的把握，
使军事斗争充满智慧博弈的色彩

战争观是对战争的总体看法和根本态度，涉及战争的根源、本质、性质、目的、方式与手段、制胜规律、战争与和平的关系，等等。迄今为止，人们所熟悉的战争观，都可以归入现实战争观的范畴。因为它关注现实世界，遵循确定性原则，基于必然性、规律性、应对性思维框架，战略方向、主要对手、未来战场都是确定的，甚至作战样式也是确定的……一言蔽之，一切都是确定的。但问题是，自虚拟世界诞生之日起，战争就不再纯粹"现实"了——网络战、信息战横空出世，舆论战、心理战华丽转身，虚拟对抗先于现实空间展开，它们在重新诠释

"虚与实"历史定见的同时，使战争这头飘忽不定的怪兽更加扑朔迷离。海湾战争以来，从"9·11"事件、乌克兰危机到克里米亚事件，从阿富汗战争、利比亚战争到叙利亚内战，许多冲突和战争都有出乎人们预料的"意外"发生。之所以出现这种慢半拍的现象，很可能是我们的战争观出了问题。

什么是"虚拟战争观"？简单地说，就是基于不确定性原理，以偶然性、可能性、构建性思维为内核，不再锁定某个具体方向或对手。这是其一。其二，没有确定方向就是方向，没有预定样式就是样式，战场不再固定，并以此摆兵布阵、厉兵秣马，使战争准备覆盖所有方向、对手和类型。其三，虚拟与现实并重，战争行动前伸后延，诸如网络对抗、战略推演、联合军演、情报侦察与监视等，一切"战前之战"都纳入作战行动序列，从而打破战时与平时、作战与训练的界限，持续保持部队的临战状态。最后，把战争理解为智慧博弈，高度关注不确定性威胁的侵略性，并通过战争设计、虚拟推演和多样性路径规划，提升危机和战局控制能力，最终指向不战而胜。

虚拟时代战争的不确定性骤增，人们并非没有察觉。比如，美军提出的"混合战争"理论，强调未来战争的多模式、多种类、多样式特征，带有明显的不确定性味道。美国智库"新美国安全中心"曾发布报告称，无人智能武器将逐步取代精确制导武器成为战场主导装备并影响交战规则，使爆发冲突的可能性上升，冲突升级更具不确定性和不可控性。但与此同时，美军依然在寻找假想敌："9·11"事件后瞄准恐怖主义，乌克兰危机爆发以来又以俄罗斯为假想敌，抑或在中俄间纠结。抱着冷战思维不放，跨不过现实战争观的藩篱，打"意外"战争就在情理之中了。

"虚拟战争观"基于结构力制胜机理，
把体系作战推向胜于无形的新境界

千百年来，两军对垒人们只相信真刀真枪，靠实力说话。无论是制空权、制海权还是制陆权，尽管定义五花八门，无非是在特定的时间、空间里看谁力量强大，以至于限制敌方行动，确保己方行动自由。信息平台打破了这一定式，破天荒地出现了结构力、综合制权、结构优势等新制胜要素。这些看不见、摸不着的合成存在，改变了现代战争的制胜机理，催生虚拟决定现实、合成超越单一、无形胜于有形等新制胜规律。中国龙泉宝剑中有一种天铁剑，据传由陨石打造而成，锋利无比，削铁如泥，剑过之处不留痕迹。基于结构力的制胜机理就属于这种情形——胜于无形：当你手中的利剑达到极致时，反而兵不血刃，杀人于无形。

那么，何以胜于无形？一曰结构优势。作战要素在战场空间的分布结构及其关联性，决定了作战体系内部各要素之间、作战体系与作战体系之间的耦合强度。当出现强耦合时，就会产生"1+1＞2"的结构力，并涌现要素独立时所没有的作战功能。美军提出的分布式作战正是基于这一原理，平台不动信息动，就近加入战斗，反应时间最短，让作战效能最大化。更重要的是，单兵、平台和单元之间形成互联互通互操作互掩护，体系冗余度大为提高，整体作战能力受局部"战损"影响很小，相当于内藏了一个"战斗力稳定器"。二曰时间优势。随着现代战争接触方式、战场空间、投送速度、防御手段的发展变化，时间优势已经从"先敌发现、先敌攻击"变为"先敌攻击、先敌摧毁"。比如，在"导弹防御系统＋全球快速打击系统"模式下，攻方导弹必须先敌到达目标区域，并穿越敌防御体系先敌命中、先敌摧毁目标才行，否则就不算成功，甚至面临毁灭性反击。又如"窗口作战"，时空进一步压缩，时间精度提高了好几个数量级，在毫秒级、微秒级甚至纳秒级见分晓的"时间战"时代，许多"OODA"循环超越了人的反应速度，没有战争机器人的介入是很难完成的。三曰控制优势。"控制"思想源远流长，从古代"劲兵重地，控制万里"，到近现代控制石油、海峡、岛屿，再到当代控制全球公域、话语权、主导权，控制方式、方法和手段随战争形态演变而发生巨大变化。目前，控制的触角正在伸向人的思维空间，控制大脑、控制人心、控制行为，摧毁对手的战争意志，小战、巧战或不战而屈人之兵，或将成为未来战争的首选。而这正是虚拟大展身手的地方，也是新一轮智能化军事革命的基本指向。

"虚拟战争观"奉行结构安全至上，为安全评判和战争决策提供了新工具

所谓有利态势，从安全层面看，具体表现为面对危机时所拥有的选择权，反映军事主体对危机的控制与化解能力。选择权是相对于对手而言的，安全意味着一事当前，你比对手有更多的选项，始终居于主动和主导地位。也就是说，选择空间决定安全空间，结构安全才是真正的安全。

首先，结构安全意味着没有安全"短板"。安全不仅取决于自身结构，而且由双方的博弈结构、环境结构共同决定。安全服从"木桶原理"，一个国家的安全状态不是由它的"长板"决定的，而是由"短板"——那块最短木板决定。但凡主权、领土、岛屿和海洋权益争端，或民族分裂、国家认同等问题，都属于安全"短板"。这些看似是主权

范围内的事，无不会给一些大国介入提供借口和机会，最终成为影响安全的致命伤。

其次，结构安全意味着拥有结构优势。结构优势通常是在动态中表现出来的，事物发展到特定那一步，其四两拨千斤的结构力才会显现出来。只有少数天才军事家才有这种在大脑中上演整个进程，并提前看到结构优势在哪里、何时起作用的本事。解放战争时期，为了北平的和平解放，毛泽东运筹帷幄，把北平与张家口、绥远、天津、塘沽放在一起按一条线布局，"看一个、夹一个、吃一个"，并在完成布局后围而不打。傅作义开始没看懂，到了他的主力35军被吃掉、张家口失守也没看懂，直到东北野战军秘密入关、绥远退路被切断才恍然大悟，但为时已晚。

最后，结构安全意味着避免"皮洛士的胜利"。说一个国家安全态势好，是指经济、政治、军事、文化、科技、外交等综合实力各要素的运行，不仅在空间分布上对国家安全的贡献是正能量，而且在时间轴线上对实现国家长远目标形成正反馈，进入良性循环轨道。公元前3世纪，亚历山大的后裔、伊庇鲁斯国王皮洛士是一位能征善战的名将，他与罗马人、迦太基人打仗，赢得一系列战役，但他的军队却越打越弱，最后惨败于罗马军队，只身回到伊庇鲁斯。后人把这种"打赢每个战斗却输掉战争，打赢每次战争却输掉全局"的胜利，称为"皮洛士的胜利"。这样的胜利与其说胜利还不如说是陷阱：一个以局部胜利开始却以全局失败而告终的大陷阱。

微作战——异军突起的战争新锐

裴　文　张大鹏　李景钢

微作战，是指使用微小型化武器装备进行作战的简称，是基于科技高速发展的新产物，是一个国家和军队科技发展水平的重要体现。随着电子信息技术、纳米技术、人工智能技术等高技术的飞速发展，更加小型化、微型化、智能化的武器装备不断涌现，作战规模一改千百年来不断扩大的趋势，微作战成为可能，并且成为未来作战的一个重要发展趋势。我们要充分认识微作战的重要性，引领微作战的发展潮流，掌握微作战的主动权。

微作战成为作战发展新方向

在作战方式发展的新浪潮中，微作战以其特立独行、效费比高的独特形象示人，成为作战发展新方向，并对作战发展产生巨大影响。

未来智能化战争需求牵引微作战发展。军事智能化发展颠覆了传统认知，其战场感知智能化、自主决策智能化、攻击智能化无疑成为了胜战的关键，而微作战恰恰契合了军事智能化发展的脉络，成为智能化战争需求牵引下高速发展的新方向。智能化战争需要智能化的感知手段，微作战条件下的智能化微感知系统能够提供传统感知装备很难获得的战场情报和信息。据悉，加拿大多伦多大学和美国加州某公司通过模仿蜂鸟研制出的现代新型仿生扑翼机首次实现了空中盘旋，战时可伪装成蜂鸟，极不容易被发现，具备进入敌方场所秘密获取情报信息的能力。智能化战争还离不开智能化的攻击手段，微作战为此提供了丰富的选择，美国洛-马公司推出的"矢量鹰"多任务微型无人机，起飞总重量只有1.8公斤，长度约10厘米，可根据不同任务需求搭载不同载荷，完成破坏、干扰、爆破等不同作战任务。

微系统、微仿生、微无人等技术支撑微作战发展。作战形态的发展离不开技术的支撑，微作战离不开微系统、微仿生、微无人等技术发展的支撑和推动。微系统是在微光电、微机械、算法与架构等基础上，把传感、驱动、执行和信号处理等器件采用异构、异质方法集成而实现功能的装置。美国DARPA专门成立了微系统技术办公室，加紧研发以微电子、光电子、微机电和微能源技术为主的电子元器件，以光电、磁性为主的集成技术；以可编程架构、频谱利用算法、电子战为主的算法与架构技术；以及散热、安全、自分解、自修复等技术。军事仿生技术也正由宏观向微观发展，通过微仿生可研制微作战急需的新材料、新装备和新战法等，譬如将蝴蝶翅膀鳞粉光子效应应用于微小武器装备的隐身，将荷叶疏水的多级微纳结构用于微小水下作战系统的减阻自洁等。微无人技术是微小型化的无人作战技术，代表着信息化、智能化、微小型化发展前沿和融合的结晶。

军事效能革命为微作战提出新命题。军事效能是新军事变革中效率、效力的最佳释放，而微作战则是释能的"催化剂"。一方面，微作战相关技术经济附加值高，能产生较高的效费比。由于使用微纳技术，大大缩小了装备和零件的尺寸，还能大幅降低装备和零件的成本，比如，芯片级原子钟将比传统原子钟体积缩小100倍，生产成本反而大大下降；利用微纳技术制造的导弹加速度计和陀螺仪，体积大大缩小，价格却仅为原来的1/50。另一方面，微作战能够实现传统作战无法实现的作战效果，呈现出独特的作战结果。比如，美国DARPA开展的VAPR项目，旨在开发一种革命性的先进瞬态电子产品，除具备传统电子产品的基本功能和可靠性、耐用性外，其通过触发程序启停工作，为避免电子设备遗留在战场环境中为敌方利用。杜绝关键技术泄露，在完成军事任务后，这种瞬态电子产品会部分或完全分解到周围环境中。

微作战将深刻影响未来作战

智能时代的智能化战争，作战规模一改不断扩大的固有趋势，以微纳技术和微小型化装备运用为基本特征的微作战，对传统作战产生了颠覆性影响。

颠覆作战装备。微作战装备高度集成、微小型化，以先进的信息技术取代了机械技术，主要表现在体积重量极小、能源消耗极少、攻防速度极快、作战性能极高。德国弗劳恩霍夫研究所研制的毫米波雷达扫描仪，作用距离达数百米，而印制电路板尺寸微小，整部雷达大小与烟盒类似，这使军用雷达面貌发生革命性改变，随之将颠覆传统毫米波雷达的作战运用方式。麻省理工学院近日推出名为"Navion"的新型计算机芯片，可用于微型无人机导航，该芯片只有20平方毫米，功耗仅为24毫瓦，大约是灯泡耗能的千分之一，可以集成到指甲大小的纳米无人机中帮助导航，用微量能耗以171帧/秒的速度实时处理相机图片以及进行惯性测量。通过缩小、减重、集成等研发出的微作战装备比以往更具自身隐蔽性和攻防突然性，使其运用模式和规则等产生了颠覆性改变。

颠覆作战方式。微作战由于采用大量智能化、无人化、微小化作战装备，作战人员从前方转移至后方；有的装备甚至能够实现完全自主智能化作战，"人不在回路中"将成为新的作战方式。香港城市大学研究人员设计出一种微型机器人，有望在人体内运输细胞，其直径为 500 到 700 微米，成功实现了在复杂生物体内部通过磁场控制微型机器人运动的目的，这种机器人如用作武器对敌方有生力量实施攻击，可攻击敌人身体内各器官，譬如大脑、眼睛等，可快速使敌人失去战斗能力，而其作战极具隐蔽性、突然性。此外，美国哈佛大学开发出一款直径约为 2.5 厘米，名为 Kilobot 的机器人，依靠自身的振动实现自身移动，能够与其他同种类型的机器人组成一个"团队"，共同协作完成任务，为微作战中典型的"蜂群"作战提供更多选择。

颠覆军队组织形态。微作战改变了武器装备与军人之间的关系，进而颠覆军队的组织形态。首先，一线作战人员大幅减少。传统作战是以人和武器装备直接结合，在前线进行厮杀为主要形式，而微作战由于武器装备尺寸极小，作战相对隐蔽，武器装备操作人员可在远离战场的后方对其进行操作和辅助决策，这样的战争形态使得军队形态呈现更加松散的发展态势，前后方界限将更加模糊，按照传统标准，作战人员和保障人员更加难以界定和区分。其次，军队人员呈现更加专业化、高学历、高智力发展趋势，军队组织形态需要因势调整。微作战涉及众多高科技领域，材料学、工程力学、化学、空气动力学、电子学、网信科技等学科领域和光电子、微纳、人工智能、云计算、物联网、大数据、移动互联网、量子等均是微作战支撑学科，对军事人员科技素质要求不仅是"广"，还要求"深"，为此，大量高水平人才聚集到军队将成为"新情况"，必然对军队组织形态产生新的重大影响。

高度重视打好未来微作战

在军事发展日新月异的今天，我们应充分认识到微作战的重要性，紧前研究，以重大技术创新和自主创新带动布局规划，在微作战领域实现领跑。

加强微作战基础理论跟踪和应用创新研究。加强微作战基础理论研究。当前，欧美发达国家微作战理念超前，验证频繁，我们应重视微作战基础理论跟踪并努力研究揭示其本质，填补空白。同时，我们还存在一定重视研发而在应用创新研究和成果转化上尚显不足的情况，应遵循微作战的本质规律，充分发挥创新驱动发展作用，优先扶持基础理论、作战实验、编制人员、后装保障等领域提高创新水平，以人工智能、量子等重大技术创新夯实微作战的"底子"；以自主创新努力缩小关键领域差距，补好微作战"心、芯、新"的"里子"，把对手卡脖子、自己不托底的关键领域作为主攻方向，确保引领发展。

以军地结合为抓手大力提升微作战相关技术和装备发展。准确把握微作战发展方向，以军地结合为抓手，加强相关装备发展，形成管、产、学、研相融合的组织管理体系。推进微作战技术资源军地共享，加紧制定军民兼容的微作战武器装备标准和军地通用的技术体系，制定政策措施推进，以减少军民之间的隔阂，保证军用和民用之间的协调互动。加快破除微作战相关领域融合壁垒，探索新路径新模式，在微电子、人工智能等军地通用性强、技术运用成熟的行业先行试点，尽快形成可复制可推广的经验做法。

努力实现微作战超前规划和布局。适应未来微作战的要求，可赋予新质作战力量微作战演训和实验任务，采集相关数据，提供翔实数据，更好地为微作战规划布局和预先实践提供相关理论和实践支撑。可在院校创设微作战相关专业，在微作战理论研究、教学等方面加强探索和实践，为微作战提供智力支撑和人才培养条件。应深入做好未来战场建设需求论证，不断提高战场网络信息体系基础设施建设，加大以卫星通信为主的移动通信覆盖和带宽建设，满足未来微作战海量信息传输的需求。要加快构建微作战相关标准体系，制定完善相关应用标准。

如何打赢电磁时间战

逯　杰　谈何易

自从电子对抗诞生以来，作战双方运用电磁能量，在"空域""频域"内展开激烈交锋。当前，随着电子信息技术的发展，各种电子信息设备和系统密布于战场各维空间，收发着形形色色的电磁信号，形成了"空域"上层层重叠、"频域"上拥挤不堪的电磁环境。为了能够在日益复杂的电磁环境下夺取电磁斗争优势，作战双方开始将目光投向"时域"的利用，聚焦"时域"的电磁时间战正在登上战争前台。

以敏锐感知掌控电磁态势

随着电子信息技术的新一轮井喷，大量新型电子设备和信息系统投入实战运用，很多先进电子装备不用长时间保持开机工作状态，而是在极短时间内利用少数频率点，以猝发方式迅速完成各种信息活动，很难令对方侦察捕捉。在未来纷繁复杂的战场电磁态势下，如果不能及时发现并掌握此类装备的活动状态，己方将面临极大威胁。比如，已经被对方机载雷达锁定，还处于毫不知情状态。因此，在分秒必争的电磁时间战中，不但要对电磁态势的微弱变化保持敏感，还要迅速知悉是什么引起了变化。这就需要建立完备的侦察感知体系，具备超强的数据处理能力。

体系强则为人先。电子对抗侦察是实现电磁态势敏锐感知的"头道关口"。没有侦察平台手段、缺乏侦察力量布势，就难以具备敏锐感知的先决条件。应借助网络化情报传输系统，将各军兵种所属、分布于多个作战域的各类电子对抗侦察平台，构建形成"多维立体、远近衔接、全域覆盖"的侦察力量布势。正如隐身飞机不能吸收所有雷达波，无法在所有方向上都实现隐形，电磁辐射也不可能没有一点泄露。因此，电子对抗侦察可以多渠道关联实施，实现"一点发现、全员联动"，从各个角度和维度，密切关注可疑情况，不放过对方任何可能泄露的电磁辐射。通过信号情报共享机制，分发给各类信号识别设备，有效分选信号情报信息并作出正确判断，凭体系之强力，得对抗之先手。

数据力决定速度。掌控电磁态势的基础是情报数据，以及具有强大作战支持能力的数据库。平时，遍布于各维空间的电子侦察系统截获了大量的信号情报，数据量非常大，但传统的情报数据处理与融合方式无法做到有效的分选、融合、入库，已经不能满足未来联合作战对行动速率的要求。未来作战中，电子对抗侦察应该借助物联网、大数据、人工智能等信息技术，对海量情报数据进行快速汇集，深度分析后形成全面的电磁信号数据库。战时，面对杂乱的电磁环境，能够快速总结出变化特点，快速分析出所侦察到的电磁信号与对方哪种武器装备相关联，快速判断出对方使用该装备的作战企图及其对我联合作战的影响范围和威胁程度，从而实现对战场电磁态势的敏锐掌控，为妥善高效处置提供情报支持。

以快速响应夺取电磁优势

现代战争中，军事强国对"速胜"的关注超过了"力强"，普遍借助电子信息技术的灵活性和多样性，支撑其多维战场快速机动作战，大幅压缩对手的应对处置时间，处处陷对手于被动之中。面对电磁空间内已知与未知的各种情况，电子对抗的应对速度将是夺取电磁优势的关键，必须在决策行动周期、应对手段研发等方面全面提速，以速度优势赢得时间优势，从而实现"以快制慢"。

提速决策行动环。依托情报信息数据库，借助人工智能技术，在后台进行大量的分析、计算和仿真模拟评估，辅助指挥员进行筹划和指挥控制。通过后台的作战支持，迅速理清对方电子信息系统在其整个作战体系中的关联结构，找出关键信息节点，比如敌方战斗机和无人机空中编队中的通信中继节点。在此基础上，对作战方案和处置方案及其可能产生的效果进行计算仿真验证，迅速选出最有效、最能直接达成作战目的的方案，并迅速下达至末端作战平台。末端作战平台要提高专业装备的智能化程度。比如采用认知电子战技术，在单装和系统层级也能实现"闻风而动"，自动生成有效应对策略或干扰模式，供操作人员选择，甚至实现"人不在回路"的自主对抗。

打通需求转换链。应将后方的军工体系也纳入整个作战支持体系之中，加快技术研发至实战运用的转化速度。无论平时和战时，一旦发现对方在电磁领域采用了新技术、新战法，就应当将对抗需求第一时间传达相关军工企业，军工企业研发出的对抗手段也应当以最快速度固化到作战装备之中，形成新的作战能力。这种改进可能是软件升级，也可能是加装升级模块，甚至是投入新装备，但在时间上要有区分。可以将对抗需求按照轻重缓急分为一般、紧急和加急三个层次，一般对抗需求主要针对平时态势变化，在应对手段的响应时间上可相对较为宽裕；紧急和加急对抗需求，主要针对战时态势变化，对时效性要求较高，可根据情况规定相应时限。

以灵活协同塑造电磁胜势

未来联合作战中，电子对抗的胜利不代表最终的胜利，电子对抗无论多么"敏锐"和"快速"，都要以服务联合、支持联合的效果为评判标准，以对联合作战的"贡献度"来衡量。在争夺电磁斗争优势的过程中，对方不会束手就擒、坐以待毙，必然会采取各种措施来摆脱困境。电子对抗一方面要巩固在电磁空间内打开的"时间窗口"，另一方面要牵引兵力夺控与火力打击迅速达成作战目的。

以对抗控制频谱。在电磁空间内进行高效机动和协同，打出灵活的电磁频谱协同战。电子对抗领域内的侦、攻、防、控各主要行动要快速、精确、高效地协同，做到对手变我变，甚至是对手刚想变，我已事先预知并提前进行部署。同时，以电子对抗为牵引，在整个电磁频谱范围内与探测、通信、导航等用频活动相协调，充分调动和利用电磁频谱资源，保证己方电磁频谱资源的有序运用。总之就是让对方在电磁空间内无论如何也跳不出我方"电磁围栏"，而我方可在其中进退自如。

用电磁助力全域。在联合作战层面与兵力夺控、火力打击等行动全面展开精确动态的协同，打出灵活的电磁助力战。在联合作战的全过程中，电子对抗要基于网络信息体系，与其他作战行动实现自主协同，形成作战数据快速共享、行动流程快速融合、协同关系快速调整。只有这样，其他作战行动才能更加有效地利用电子对抗所创造的战机和条件，最大限度发挥电磁斗争优势，进而推动联合作战整体目的最终达成，使电子对抗真正成为己方的"效能倍增器"、对方的"行动绊脚石"。

篇 二

"智"胜未来战场

——智能化战争的制胜机理

智能化战争并不遥远

何 雷

近年来，世界主要国家高度重视军事智能化建设和应用，各种无人作战平台和智能化武器装备系统大量出现，不断列装部队，投入现代战场，促使智能化战争加速演变为继冷兵器战争、热兵器战争、机械化战争、信息化战争之后的第五代战争。面对快步走来的智能化战争，需要增强时不我待的紧迫感和勇于担当的责任感，紧紧把握发展机遇，积极应对严峻挑战，大力发展军用智能技术，努力提高我军智能化建设水平和作战能力，力争在军事高科技竞争中夺取战略主动，确保在未来战争中立于不败之地。

观念决定行动

积极应对未来智能化战争，首先要转变思想观念，克服智能化战争离我们还很遥远，对其必然性、紧迫性、重要性缺乏足够重视等模糊认识，以敏锐前瞻的眼光充分认清智能化战争虽然是未来的现实，但这个未来并不遥远，现实已显露端倪并迅速发展，正深刻改变着战争形态和作战样式。阿富汗战争、伊拉克战争、叙利亚战争和伊朗击落美军"全球鹰"无人侦察机等就是有力的例证。我们应当加快军事智能化发展的建设者、积极应对智能化战争的促进派，投身于发展军事智能化和研究智能化战争的实践中，为提高我军智能化无人作战能力做出应有贡献。

与此同时，应正确认识战争的本质，以正确的态度看待和应对未来战争的深刻变化。智能化战争是信息化战争崭新的高级阶段，基础是基于人工智能技术的无人化自主作战。人工智能和军用机器人等先进技术，使武器装备具有自主战场感知、自主作战决策、自主规划计划、自主采取行动、自主协同配合、自主评估效果等"自主能力"，成为脱离人直接操控或者遥控，又能与人密切协同行动，实现人的目的的"战争主体"，是对以往战争形态和作战观念的一种颠覆性变革。所谓的"无人"，主要是指战场一线无人，作战平台无人，凡是能够用机器代替人的战位和行动，都由机器充任和完成。人则"隐身"幕后，主要担任指挥员和参谋人员。因此，无论战争形态如何演变，人始终是智能化武器装备的发明者、制造者和运用者，是战争指导和作战力量不可替代的能动主体。

理论指导实践

科学的军事理论就是战斗力，一支强大的军队必须有科学理论作指导。在智能化战争尚未到来之际，理论研究先行一步，以抢占未来战争理论创新制高点，并指导军事智能化建设和训练作战实践，是应对智能化战争的客观要求和当务之急。2018年7月，美国国防部启动"人工智能探索计划"，要求在1年半内完成人工智能新概念的可行性研究。美、俄、以色列等国军队，注重智能化战争和无人化作战的理论研究与实践探索，不断推出"蜂群作战""族群作战"、人机协同、基于无人作战的分布式杀伤作战理论等。

　　智能化战争理论，既是创新的军事理论，又是对以往战争理论的继承发展，反映着未来战争的客观规律和制胜机理。我们应当以习近平强军思想为指导，贯彻新时代军事战略方针，深入开展具有智能化特征的信息化局部战争，特别是智能化战争理论研究。应系统研究智能化战争和无人化作战的概念内涵、本质特征、战争指导、作战样式、攻防行动、指挥控制、作战方法、协同保障和效果评估等特点规律，建立科学的理论体系，并将最新的相对成熟的理论和实践成果，吸收到新一代训练大纲和作战法规中，为平时训练和未来作战提供有针对性的指导依据。

装备奠定基础

　　智能化武器装备是智能化战争的物质基础和必备手段。近年来，世界主要国家高度重视研发智能化无人武器装备，无人飞行器、无人战车、无人舰艇、无人潜航器、无人微平台等不断问世。美军现有无人机7000多架，到2030年60%的地面作战平台将实现无人智能化。俄军现拥有2000多架无人机，到2025年智能化无人作战装备将占武器装备的30%以上。智能化无人作战装备不再像传统的武器装备那样是纯粹的"战争工具"，而成为具有不同程度自主能力的"战争主体"。智能化指挥信息系统将以"人脑＋智能系统"的方式协作运行，智能系统将辅助甚至部分替代人在指挥控制中的作用。掌握算法优势的一方将享有未战先胜之利，制认知权将成为敌对双方争夺的焦点。这些智能化无人装备系统，实现了与人在物理实体上的分离，使拥有大量智能化无人装备系统的军队，可以远离随时都有伤亡危险的一线战场，不仅可以大大降低己方人员伤亡，同时能够达到精准杀伤敌人、减少附带伤亡的目的，彻底改变以往"杀敌一千、自损八百"的粗放式作战方式，从而使几千年来战争指导者和作战指挥员共同追求的目标成为现实。

面对武器装备发展新趋势，应着眼智能化战争体系作战和智能化武器装备体系建设的双重需要，搞好顶层设计和整体统筹，编制智能化武器装备体系发展路线图、施工图和时间表，按计划、有重点、分步骤地研制高中低端、大中小型、远中近程，覆盖陆、海、空、天和网络等空间领域，作战与保障相配套的智能化无人作战装备体系，增强各军兵种和作战、保障等各种智能化武器装备的体系融合度。与此同时，应着眼无人和反无人、智能与反智能作战需要，注重研发反敌智能化无人作战的武器装备系统，确保能够有效地与敌进行智能化无人攻防对抗。

编成影响战力

战争史证明，新的武器装备大量出现，必将催生新质作战力量，改变部队编成编组，促进战斗力的生成和发挥。组建智能化部队，既是未雨绸缪，更是现实需求，宜早不宜迟。目前，美、俄等国军队都在着手组建军用机器人"军团"。美军早在 2003 年就组建了无人机中队。在伊拉克战争和阿富汗战争中，美军无人作战部队的机器人，代替作战人员承担了大量侦察、情报、监视、通信和空中打击等任务。俄军从 2015 年开始，在各军区和舰队组建战斗机器人连，并及时投入叙利亚战场，取得了不俗战果。

智能化的无人作战体系，是智能化战争的显著特点之一。只有大量的无人作战平台组成多种不同功能的无人系统，按照一定的指挥关系、协同动作、技术原理和运行机制有机融合到一起，才能够从侦察情报、决策计划、指挥控制、作战行动、各种保障和效果评估等整个作战链条构成无人化作战体系，从而形成强大的智能化作战力量。未来智能化战争要求，在战略、战役、战术不同层次和不同军兵种，组建不同类型、不同用途的智能化作战部队，并使各智能化部队之间、智能化部队与其他作战力量之间，构建起科学合理的体制编制，形成整体性、体系化的新型联合作战能力。

目的在于运用

加强军事智能化建设，根本目的在于把智能化建设成果运用到未来战争实践，转化为实际战斗力，取得最大作战效益。近年来，美军建立若干无人机培训基地，既对无人机作战性能进行试验检验，又培养无人机指挥、操控和勤务保障人员。美、俄等军事强国还注重把现代战场作为智能化作战的"实验场"，把最新的无人作战平台和系统用于实战，构建"机器＋人＋网络"的智能化作战体系，实践人机混合对抗和"机器与人""机器与机器"的对抗形式，探索"蜂群"攻击战、族群自主战、人机协同战、认知控制战、分布杀伤战、算法主导战等新的作战样式。

适应智能化发展形势，应采取边建边用、以用促建的方法，有计划地把军事智能化建设成果运用到平时训练演习和模拟实验等战争"预实践"中，以未来智能化战争和无人化作战需求为牵引，构设近似实战的实验条件和战场环境，采取计算机仿真、模拟论证、兵棋对抗等方法，在不同实验条件和战场环境中检验评估智能化建设成果。将智能化战争和无人化作战纳入训练大纲，作为训练演习的必训和必考内容，设置相应的科目、课题和训练问题，常态化展开进行。将相对成熟的智能化建设成果运用到边海防巡逻控守、陆海维权斗争、反恐护航等现实军事斗争和抢险救灾等非战争军事行动中，检验其战术技术性能和战场适应性，不断完善提高军事智能化建设水平和应对智能化战争的实战能力。

"机器战争纪元"帷幕正在拉开

庞宏亮

21 世纪的第二个十年，可以说是人工智能崛起并迅速扩张的十年。随着人工智能创新应用的全面展开，人类社会各个领域包括军事领域正遭遇前所未有的智能化浪潮冲击，旧的游戏规则日益被打破，新规则不断酝酿形成，信息化军事革命拉开了从数字化、网络化到智能化的时代大幕。能不能适应这一新形势已成为各国军队必须面对的重大战略课题。

技术革命突破坚冰
——智能化浪潮汹涌而至

与人工智能在 20 世纪 60 年代、80 年代昙花一现的两次热潮不同，新一轮人工智能的蓬勃发展是基于技术突破基础之上的技术革命。

关键技术实现突破。在发展的早期，对基本问题认识不足、发展目标过于超前、计算能力缺乏等问题，一直是人工智能难以实现重大突破的障碍。进入新世纪，以深度学习为代表的智能算法，以及大数据、云计算等关键技术的出现和综合运用，从根本上打破了人工智能发展的困境，人工智能由此得以快速崛起。以计算机视觉为例。2011 年前，尽管已努力数十年，但计算机视觉识别的错误率始终处于 26% 以上。而随着深度学习、大数据等技术的出现和应用，错误率开始急剧下降。至 2015 年，微软研发的"深度残差网络"已超越人类，其识别错误率仅为 3.57%，比人眼的 5.1% 还低 30%。可以说，关键技术突破和支撑性技术的出现或重大发展，已使人工智能发展的技术环境从量的累积突变到质的跃升，人工智能革命由此拉开帷幕。

创新应用全面展开。技术突破一旦形成，技术溢出将不可避免。人工智能技术的重大突破，已吸引各个领域争相引入。谷歌 2015 年正式启用的基于机器学习的全新人工智能算法——Rank Brain，已成为谷歌搜索排序时数百项指标中的第三大重要指标；人工智能、物联网、云计算与传统工业的融合，已催生一场智能制造革命，等等。目前，人工智能不但在传统的信息服务领域得到广泛应用、进入到一般实体经济领域，而且渗透到了高端、脑力密集型行业，如医疗业、新闻业、金融业等，人工智能的星星之火已渐成燎原之势。

智能化格局加速形成。以深度学习为代表的人工智能在一些领域的成功应用及广阔前景，引起了研究机构、产业界及大国的高度关注。各方已将其作为未来发展的"制高点"，加紧进行战略布局。在技术层面，以 2015 年为转折点，脸谱、谷歌、微软等世界科技巨头密集开源人工智能开发平台，人工智能研发自此进入到社会大众广泛参与的新阶段，其创新应用正酝酿爆发式发展；在产业层面，人工智能已成为世界科技巨头和资本追逐的重点，各大公司在人工智能人才、技术、投资等方面的争夺日趋白热化；在国家层面，2012 年以来，世界各主要国家纷纷出台重大战略，如美国的《先进制造业国家战略计划》、德国的"工业 4.0"、中国的《中国制造 2025》等，以智能机器人为重点，大力推动传统工业向智能制造转型升级。

战争需求强力牵引
——军事智能化向纵深推进

在智能化革命浪潮中，受战争需求强力牵引，军事领域的智能化快速发展，目前已进入到向纵深推进的新阶段。

智能化无人系统研发重点向主战武器装备迁移。进入 21 世纪，具有初级智能的无人机、地面机器人等无人系统，在战争和非战争军事行动中得到大量使用。但总体看，这些武器装备智能化程度较低、技战术性能有限，一般是执行侦察、监视、通信中继、排雷等作战保障任务，在低威胁空域飞行的武装无人机有时也会执行对地打击任务。近几年，人工智能等技术的快速发展，军事强国的强力推动，使智能化武器装备发展拓展至主战武器领域。特别是在无人作战飞机方面，2015 年，美国的 X-47B 验证机已完成在航空母舰上起降、自主空中加油等关键项目测试。从平台角度讲，它已具备发展成为执行侦察打击任务的无人作战飞机的必要条件，能在高威胁环境下执行任务，它运用于常规高强度作战只是时间问题。

智能化武器装备替换传统武器装备进程正式开启。2014 年，美国国防部决定，从 2016 年起逐步淘汰 U-2 高空侦察机，但保留"全球鹰"高空长航时无人侦察机。在两种机型各有优长情况下，美军这一决定非同寻常。这是智能化无人系统第一次打败重要的传统武器装备，标志着智能化无人系统取代现有主要武器装备的帷幕已拉开。2015 年，美国国防部又决定预生产采用可选有人／无人设计的 B-21 远程打击轰炸机，以替代 B-52 和 B-1 轰炸机，该项目的实施更是使新旧武器替代升级至空中打击层面。这一趋势将随着人工智能的进步而加剧，并将在未来覆盖包括主战武器在内的各类武器系统。

　　智能化无人系统战场运用引发军事领域连锁反应。目前，军事智能化革命仍处于初期的技术革命阶段，重点是武器装备智能化，但同时，智能化无人系统在战场上的优异表现，已倒逼军事领域更深层次，包括作战方式、体制编制等的调整变革。2007年，美空军整合多个"捕食者""死神"无人机中队，组建全球第一支成建制无人机作战部队——第432无人机联队。2013年，美国国防部为无人机操控员专门创设"杰出战争勋章"。这使没有真正上战场的军人也可以获得战斗勋章。2016年，美军无人系统作战方式开发再上新台阶，成功进行了多达103架微型无人机的自适应编队飞行测试。其他国家也有类似的举措。这些深层次探索已超越单纯的武器装备发展更新，智能化在军事领域已呈现出全面渗透态势。

战场面貌焕然改观

——智能化作战颠覆规则

　　智能化无人系统一经运用于实战，就展现出许多前所未有的作战特点，如突防能力强、连续工作时间超长、执行命令不打折扣等。这些优势导致智能武器的大量装备和运用，战场面貌在这一进程中不断被改变。

　　智能化武器成为重要作战力量。智能化无人系统在战争中的成功运用，极大地刺激和鼓舞了各国发展智能化力量的热情。2014年，美军各类无人机数量已达到1.13万架以上，各种地面机器人增长到约1.5万个。其中，无人机除承担大部分侦察、情报、监视等作战保障任务外，还担负约1/3的空中打击任务。而这些仅是个开始。事实上，人工智能在军事领域的创新应用，正革命性地逆转以人为核心的"人—武器"关系。人在基本战斗单元中的功用不断被替代，而智能化无人系统则越来越独立地担负起原来"人—武器"系统的使命。在这一大趋势支配下，智能化武器已经从作战力量的补充发展成不可或缺的重要力量，并开始向战场主力挺进，一个"机器战争纪元"正在到来。

智能化决策催生指挥决策新模式。千百年来，作战指挥决策主要依靠指挥官个人的经验、判断和直觉。信息网络技术的发展极大地丰富了战场信息，淡化了战争"迷雾"，但它并未改变传统的指挥决策模式。而大数据及其相关智能算法的出现，为从根本上改变这一模式提供了可能。其关键在于，运用智能化数据处理技术，可以想人之所未想，在大数据中发现复杂事物间相关关系，从质上突破人类分析联系事物的局限性，决策者据此可快速、准确地判断和预测战场形势发展变化，进而大幅提高决策质量。目前，使用大数据确保国家安全，如反恐、发现路边炸弹以及掌握敌军行动规律等，已成为世界军事发展的新趋势。在捕杀拉登行动中，美国的大数据公司帕兰提尔曾发挥重要作用，被称作"名副其实的杀手级应用"。借助基于大数据的智能辅助决策系统，以"人—机"协作为基本方式的新决策模式正悄然形成。

智能化作战方式逐渐浮出水面。智能化使武器装备具有了突破人体限制的优越性能，也为军事行动提供了新工具、新可能。为充分利用智能化优势，世界一些军事强国正着力探索各种智能化无人系统的运用方式，新的作战方式正加速成型。较具代表性的至少有以下三种：潜伏战，即预先将无人系统部署于敌重要目标、防区或重要通道/航道附近，使之处于长期（数月甚至数年）休眠状态，并在需要时激活，对海上、陆上、空中和太空目标实施突然攻击；群集战，使用大量具有较高自主协同能力的智能无人系统，以"群"的方式对目标实施侦察、干扰、突击、防御等作战行动，使对方的探测、跟踪、拦截、打击能力等各种行动能力迅速饱和，进而形成作战优势；全球快速打击战，即使用高超音速空间无人作战平台，对全球范围的敌全纵深战略目标或关键性目标实施快速（1小时内）、精确的贯顶式打击，该方式极具战略威慑性。

为未来智能化战争画个像

陆知胜

近年来，以人工智能技术为代表的颠覆性技术群，正加速推进战争形态由机械化、信息化向智能化方向演进，战争即将进入无人系统自主对抗、察打行动秒杀立决的阶段，战场上"无人、无形、无声"的特征日益凸显。一般认为，科学技术改变战争形态需要经历介入、支撑、主导三个发展阶段。从当前人工智能技术发展和军事应用程度，尤其是从叙利亚战争实践看，人工智能正处于介入阶段，并加速向支撑阶段发展。

智能化技术对作战方式产生革命性影响

如果说信息系统是辅助人作战，那么，智能系统则可能是代替人作战。以移动互联网、大数据、云计算、机器学习、仿生技术等为代表的智能化技术群对未来战争带来了基础性、长远性和颠覆性影响。

首先，有可能颠覆战斗力的表现形态：由人与武器直接结合逐渐向人与武器相对分离转变。沿着战争轨迹看，先进的技术经常会催生新的武器，并推动人与武器结合方式发生变化。不难发现，历史上每一次变革，都促使着人与武器的结合越来越紧密。但是，近年来，以无人作战系统为代表的智能化武器装备快速发展，将人的创造性和机器的精准性完美地结合起来，独立或相对独立地完成作战人员难以直接完成的作战任务。这就在一定程度上颠覆了人们对人与武器结合方式的传统认知，由人与武器直接结合逐渐向人与武器相对分离转变。

其次，颠覆指挥控制的方式：由信息系统辅助人逐渐向智能系统部分代替人转变。信息化作战，比较强调基于系统，强调围绕人的指挥控制活动，来提升系统支撑能力，信息系统辅助人的特点比较明显。未来，人工智能技术充分发展，智能化的指挥控制系统将具备比较强的自主指挥、自主控制能力，可相对独立自主地获取信息、判断态势、做出决策、处置情况。这将造成一种新的局面，在一定程度上颠覆了人们对指挥控制方式的传统认知，由信息系统辅助人逐渐向智能系统部分代替人转变。

再次，颠覆战场力量交战方式：由人—机结合的相互杀伤逐渐向无人系统的集群对抗转变。有什么样的武器装备，就有什么样的交战方式。信息化战争，并未从根本上改变机械化战争那种人—机结合相互杀伤的交战方式。未来，无人作战系统在战场上的广泛运用，在一线直接对抗的双方很可能是一系列的无人作战系统，而不是传统战场上人与人的相互厮杀。这也将造成一种新的局面，在一定程度上颠覆人们对战场力量交战方式的传统认知，由人—机结合的相互杀伤逐渐向无人系统的集群对抗转变。

智能化作战的主要特征
——智能自主

如果说信息化作战的制胜机理突出表现为信息主导，那么，智能化作战的制胜机理更多地表现为智能自主。

战场态势自主感知。是指以多维空间的侦察、感知等智能化技术手段为基础，自主获取敌、我、友兵力部署、武器装备和战场环境等情报信息。

作战设计自主交互。即根据指挥员意图，基于战场情报信息，计算提供多套作战方案或计划，供指挥员选择。包括进行战场态势判断、提出作战方案和验证作战方案。

作战任务自主规划。是指无人作战系统能够基于筹划阶段决心方案，自主生成作战行动总体计划和分支计划，基于实施阶段动态决心，自主调整作战计划或生成新的作战计划。包括全程动态自主生成作战计划和自动验证作战计划。

作战行动自主实施。是指无人作战系统在联合作战体系支撑下，自动侦测、识别目标信息，并根据目标的性质、位置、大小、状态等，自主展开精确攻防行动，实现作战效能精巧释放。包括自动接收任务与目标需求、自主计算与匹配作战要素、精巧释放体系作战效能。

作战协同自主联动。是指无人作战系统依托共享信息，围绕同一作战目标，自主同步地调整各自作战行动，达成行动上的协调一致和功能上的耦合放大，最终实现作战体系内不同作战要素、作战单元行动的同频共振。主要包括信息域的同步共享、认知域的同步交流和行动域的同步联动。

作战效果自主评估。无人作战单元可自主完成打击效果信息的采集汇聚、分级分类，进行基于大数据的分析比对，精准获取毁伤效果，依据效果作出下一轮打击决策。包括对打击目标实时状态进行嵌入式评估、对打击目标实时状态进行大数据分析，以及对技侦手段提供的毁伤信息进行分析判断。

智能化作战的典型方式
——人机协同

任何作战理念、作战形态的创新，最终都要落到作战行动上，并且通过行动来实现和检验其成效。通过系统研究，可初步构想智能化作战的四种典型方式。

以量增效的"蜂群式"作战。即集中使用大量低成本无人作战力量平台，以类似"蜂群"的组织方式实施作战行动。未来，可将昂贵的武器系统分解为数量众多、尺寸小巧、成本低廉、分布广泛的无人平台，采取集群饱和攻击的方式对作战目标实施高效打击，将数量优势转化为质量优势。

隐形预置的"木马式"作战。即运用无人作战力量，隐蔽机动至预设位置，根据作战需要激活并融入作战体系实施作战行动。主要有两步：第一步，隐蔽预置行动。利用特殊条件，使用运载工具（如火炮、飞行器等）以空中抛洒等方式，按照预选路线隐蔽机动至指定位置。第二步，适时激活协同作战。采取信息遥控、自我启动等方法由待机状态转为激活状态，按照预设程序或实时指令投入作战行动。

无人指挥的"自主式"作战。未来作战行动隐蔽、速度极快，靠指挥员难以应对，需要无人作战单元自主感知、判断、决策，以弥补指挥员短板。主要可分三个步骤：第一步，自主感知。根据作战需要自主获取战场情报信息，并共享于作战体系中。第二步，自主决策。依据实时战场信息，自主做出态势判断，形成与作战任务相匹配的作战方案。第三步，自主行动。无人作战单元按照既定方案进行作战，并将作战效果反馈至指挥控制中心。

毁点瘫体的"失能式"作战。即运用无人作战平台瞄准敌作战体系链路、节点、中枢等关键部位，精确毁点、瘫敌体系、降敌效能。主要有两种行动：第一，广泛精打全面毁瘫。利用无人作战力量广泛分布、自主作战的特点，对敌作战体系同步展开"点穴"行动，将敌作战体系由整体还原为个体、由有序状态退变为无序状态。第二，定向攻击强行切断。以智能武器装备运用车载式激光、电磁脉冲、微波等新机理武器，对敌作战体系重点目标、核心部位进行精准摧毁，瘫敌作战体系，毁敌作战功能，直接达成作战目标。

纵观人类战争史上的每一次革命，都在不同程度地打破作战人员身上的层层"枷锁"。然而，有形的"枷锁"往往容易消除，那些因观念陈旧而带来的"无形枷锁"却更能束缚变革的来临。在智能化作战即将来临之际，更加需要大胆创新、勇于突破、主动求变，积极认知新的战争形态，开创新的战争时代。

透视未来智能化战争的样子

王荣辉

战争形态的演变历程，告诉我们每一次科学技术的重大进步，都会推动战争形态的重大变革。以智能化技术为核心的高新技术群正加速进入军事领域，必将深刻改变人类认知、作战思维与作战方式，再一次掀起战争形态的重大变革。只有把握智能化战争演进脉搏，预判智能化战争的图景特征，透析智能化战争的内在本质，探索智能化战争的制胜机理，才能驾驭正在到来的智能化战争。

主观能动、永在回路的战争主体

当今世界，军队的智能化程度越来越高，智能化无人作战力量正在成长为未来智能化战争的重要力量，能够实现从战略到战术的无缝链接，形成多维一体、全域攻防、快速突击的整体合力。然而，作为战争主体的人因特有的主观能动性，依然牢牢掌握着战争的"开火权"，依然是智能化战争回路中的主体性和决定性因素。大数据、深度学习、智能芯片等技术归根结底是人类智慧的结晶，人的创造力、思维力和临机处置事态的能力是机器目前只能无限靠近而无法超越的。一是人的独特价值体现为战争决定者。毛主席认为："武器是战争的重要的因素，但不是决定的因素，决定的因素是人不是物。"随着人类文明的进步，战争更加凸显理性，但其发起时机、规模层次、样式烈度、结束时机等仍然需要人来精心掌控。智能武器虽具有自主侦察、定位、识别、打击等功能，但在战场上如何摆兵布阵、如何选定作战方向、如何聚集体系作战能力等，最终仍然依靠人定下决心。二是人的优势价值体现为战争设计者。人不再是战争的主要实施者，不再主要以战场前沿对抗力量的形式存在，而是更多地将作战思想以预存数据、逻辑算法、辅助软件的形式提前物化到智能武器中，将其作战意图交由智能武器来贯彻执行，以此达成预定作战目的。三是人的主要价值体现为战争指挥者。在"人在回路"的战争巨系统中，人作为"观察—判断—决策—行动"这一决策循环中最具主观能动的主体，始终居于核心主导地位。在组织、计划、控制、协调和谋略运用等艺术性强的活动中，人能够综合和权衡各种因素实施指挥。

泛在云联、自主适应的武器装备

设计装备就是设计战争。习主席指出，人与装备已经高度一体化，重视装备因素也就是重视人的因素。智能化武器装备是智能化战争形态的主要标识，与人在功能上深度结合，它是广泛依附在虚拟网端节点、共用一个"云端大脑"的各个智能单元组成的一个网络共同体。一是功能完备、随遇接入。组成武器系统的各功能单元，围绕"侦、控、打、评、保"各个环节，能够随遇接入云端，随需发挥效能，按照统一的目标、规则和接口，链接为一个有机整体，使武器系统达成"涌现"效应。二是物理分散、逻辑集中。每件智能武器都是一个作战单元，可以单一个体或者作战集群形式广泛存在和非线性部署，表面看似分散无章法，实则是基于效果、符合逻辑、形散神聚，为最终实现指挥官的作战意图服务。三是平台无人、自主适应。"平台无人、系统有人，前线无人、后方有人，行动无人、指控有人"是智能化作战系统的基本特征。虽然智能武器依然是依附于人、听命于人，但其具有所谓"有限主观能动性"，表现出一定的"会思考、能辨析、自适应"能力，能够在广域战场感知网络支撑下，在预定的作战规则约束下，自主搜索、识别和攻击目标，实现发现即摧毁。

人机协同、共生并行的作战方式

人类擅长归纳、推理、决策、指挥等艺术性要求高的活动，具有高度主动性、思想性、创造性，但受恶劣战场环境带来的生理和心理影响大，容易恐惧、疲劳、遗忘等。机器擅长搜索、存储、计算、优化等技术性要求高的活动，具有精准性、快速性、重复性，适于单调性、繁琐性、危险性的任务，但被动听命、依靠算法、部署复杂。二者优势互补、双向互动、协同作战、共同生存，将带来全新而独特的作战方式。一是认知控制战。以人的认知思维为作战目标，运用心智导控手段，通过对敌认知体系施加影响，实时分析敌方行为特征和作战决心，或者直接将己方意识以脑电编码形式"注入"敌首脑，控制对方首脑的思维意识，最终夺取"制智权"。二是无人集群战。无人平台一般设计巧、隐身好、体积小、重量轻，加之廉价优势，可对敌高价值目标实施饱和式攻击，使敌防不胜防。在预设的逻辑算法下，无人集群可根据战场形势及时改变群体位置和结构。即使某一个体被击毁，其他力量可迅速自组织形成新的结构，体现了"去中心化"思想，表现出动态聚合、集群增效、并行攻击等行动优势。三是潜行袭击战。围绕指定的机动突击任务，隐蔽进入目标附近，遂行侦察、打击、清除行动。如目标不适合直接打击，可将信息适时传回指挥部，引导其他力量精确打击，实现"打引一体"，也可继续潜伏值守，在完成毁伤评估后撤离。四是隐形闪击战。智能武器具有隐形、可广泛分布、长时间埋伏的优势，可预先部署在广域全维战场，根据需求适时激活，使其伺机发动突然袭击，达成出其不意、攻其不备之效。

算法为先、数质并重的制胜机理

算法作为用系统的方法描述解决问题的策略机制，是提高智能优势的关键和前提。同时，伴随战争形态的发展，机械化战争大规模兵团作战对作战要素数量优势的要求，以及信息化战争基于网络信息体系作战对作战要素质量的要求，发展为智能化战争人机协同作战对智能武器数量质量并重的要求。一是智能优势主导行动优势。什么样的战争形态孕育什么样的制胜机理。冷兵器、热兵器、机械化、信息化战争形态制胜的关键因素，分别是体能、热能、机械能和信息能，而智能化战争的制胜关键因素则是"智能"。智能优势实质是信息优势、认知优势、决策优势和行动优势的高度统一，夺控的关键是在算法对抗上取得优势。二是控脑瘫体成为制胜关键。战争的对抗性首要指向削弱敌方的作战优势。信息化战争通过"击节断链"获取信息优势，智能化战争通过"控脑瘫体"获得智能优势，即通过击毁敌方的"大脑"或者改变其脑干功能为我服务，使敌在四肢完好、耳聪目明的情况下，因不能思考决策而致失效，实现整体智能上的我强敌弱，达成不战而屈人之兵。三是人机协同提升作战效益。智能使装备因素的地位上升为"人类伙伴"，人与装备高度融合，人的优势与智能机器的优势深度结合和互补，虚拟与现实空间平行一体、有人与无人系统协同作战，使作战体系运用的技术性和艺术性高度合一，从而使作战体系效益最大化。四是智能自主创造战场主动。作战的主动权因为智能武器系统的智能自主而牢牢掌握在拥有智能优势的一方。不论是在战争准备还是战争实施阶段，不论是在战略、战役、战术哪个层次，高度智能自主的一方因能先敌发现、先敌决策、先敌打击、先敌摧毁，总能牢牢控制战场的主动权，获得战争制胜的先机。

智能化战争，不变在哪里

傅婉娟　文　哲　春　雷

当今世界，人工智能发展取得突破性进展，并加速向军事领域转移，对战争形态产生冲击甚至颠覆性影响，智能化战争呼之欲出。我们需要理性审视智能化战争，认清智能化战争的"变"与"不变"，以此探寻智能化战争的制胜之道。深刻认识把握智能化战争不变的特质，从而进一步增强国防和军队建设的平衡性、稳定性和迭代性。

"战争是政治的继续"的战争本质属性没有变

战争作为一种特定的复杂社会现象，尽管在不同的历史时期会呈现出不同的战争形态和边界，并形成不同的战争认知，但战争是政治继续的本质属性不会改变。毛泽东强调指出，战争本身就是政治性质的行动，从古以来没有不带政治性的战争。智能化战争颠覆了传统的作战样式、作战手段，武器装备的打击范围拓展到人类的认知空间，战场空间从物理空间拓展到认知、网络等无形空间，能够更直观地表达"意志强加于对手"的特点，更加强调在战略、战役、战术层面夺取国家的意志、组织的观念、人的心理与思维等主导权，攻心夺志的制胜作用更加凸显，政治移植、信仰打击、精神控制、心理瓦解、文化渗透等攻心夺志手段也更加多元，围绕战争展开的政治斗争更加复杂多变，民心向背、社会舆论、公众心理对战争的制约力更加显著。智能化战争是人工智能时代政治斗争的最高形式，军事归根到底是政治的延续，军事上的胜利必须服务保证政治的需要。

"霸权主义和强权政治是主因"的战争产生根源没有变

对战争根源的认识，是判断战争性质、把握战争制胜因素、分析战争作用的重要前提。战争根源于私有制和阶级斗争，政治是孕育战争的母体，对抗性的经济利益冲突是战争的根源。冷战结束后，引发战争和冲突的直接诱因纷繁复杂，但其祸根依然是霸权主义国家的霸权主义政策。人类进入信息化时代以来，和以往赤裸裸靠武力争夺殖民地、划分势力范围的方式不同，当代霸权主义主要通过垄断国际政治经济规则的制定权，维护不公正不合理的国际政治经济秩序来攫取全球财富。纵观近几场局部战争，有的是霸权主义为维护其全球霸权或地区霸权而直接发动的战争；有的在直接动因上虽然表现为民族矛盾、宗教纠纷、领土争端等，但都有着深刻的霸权主义背景，发动战争往往成为霸权主义国家推行其强权政策的工具，是其霸权战略链条上的一个重要环节；新出现的恐怖主义，则是霸权主义土壤上繁殖出来的战争怪胎。当代国际社会正进入加速演变和深度调整的时期，国际竞争的"丛林法则"并没有改变，世界仍很不太平，战争的达摩克利斯之剑依然悬在人类头上，霸权主义、强权政治仍然是当代战争的主要根源，非战争、亚战争形态的军事斗争将是军事领域的惯常形式，一定的局部战争也将是可能发生的。

"强胜弱败、优胜劣汰"的战争基本规律没有变

强胜弱败、优胜劣汰是战争对抗的客观规律。创造作战优势是战争不变追求。在决定时机和决定地点拥有压倒优势，是取得军事胜利的规律。历史上以弱胜强、以劣胜优的战例，也是对这一规律的创造性运用。尊重、遵循客观规律，按照客观规律尽可能地强化己方实力，营造聚弱成强的态势，造成整体弱势条件下的局部优势，通过累积局部优势达成整体上的优劣转换，最终取得整体上的优势和胜利。在智能化战场，各类作战人员、装备、设施、环境要素在智能化战场态势支撑下，形成巨型复杂自适应对抗体系，"云聚"成为新的作战力量凝聚机理，统一的聚能平台成为谋求全维优势的基础，智能优势成为决胜性优势。未来战争集中兵力的思想将在智能技术的推动下螺旋式上升，跨域非对称优势在智能化战争中将更有战略意义和决胜作用。提前设计战争、超前筹划战争，基于敌情我情塑造非对称优势，加紧在重要领域形成聚集优势，加强战略制衡力量建设，全面提升国家应对各类威胁风险的能力，成为智能化战争胜兵先胜而后求战的必然。战争准备更加充分、战争谋略更胜一筹、战争组织更加有力、力量运用更加得当的军队，才能取得最后的胜利。

"人是战争胜负的决定性因素"的战争胜负规则没有变

战争的胜负由多种因素决定，在战争的实际进程中，集中地表现为人与武器的关系，其中"武器是战争的重要因素，但不是决定的因素，决定的因素是人而不是物"。作战力量始终是交战双方最直接、最重要

的工具，也是最核心的制胜条件，人永远是作战力量中最活跃的因素，同时也是作战力量中最具决定性的因素。智能化时代，武器的拟人化和人的武器化成为不可阻挡的趋势，无人作战系统将与有人系统深度融合为有机共生体。"有人—无人"作战系统中，人始终处于主导地位，起决定性作用。人的作战思想更多地以软件和数据的形式被提前物化到智能武器中，战争中由智能武器来贯彻人的作战意图，达成预定作战目的。人在未来战争中，仍然是战争的谋划者、组织者和实施者。自主系统、脑科学等智能技术更大的价值是介入战争，发挥协助指挥和控制的作用。智能化武器自主作战的背后依然是人的作战方法、指挥方式与意志品质的较量，人依然是战争胜负的决定因素，善战者必须要充分而科学地发挥人的能动作用，不可陷入为武器装备所控的被动局面，真正做到致人而不致于人。

"力争主动、力避被动"的战略指导原则没有变

战争具有规律性，战争规律是客观的。战争指导规律是对战争规律的主观反映和综合应用，在一定客观物质基础上，充分发挥主观能动性实行正确的战争指导，是把胜利的可能变为胜利的现实的关键。"善战者，致人而不致于人。"古今中外，概莫能外。力争主动、力避被动，不被敌人牵着鼻子走，并尽一切努力迫使敌人失去主动、居于被动，始终是战争双方博弈的焦点。智能化战争时空特性将发生重大变化，各种作战行动可以全天候、全天时、多方向并行发起，战争中的"秒杀"现象更加突出，但作战力量瘫敌体系的作用点没有变，追求和创造作战优势的本质没有变，掌握战争主动权、扬我之长、击敌之短的战争指导法则没有变。未来战场将成为大面积"无人之境"，要夺取战争主动权，

必须采取突然、多维融合的行动，在进攻与防御之间实现敏捷、弹性的态势转换，进攻与防御优势将会超越过去的相对静态，进入不断演化的动态反转，因此未来战争的艺术就是检验作战双方在持续不断的突发状态中是否具备耐力和有序性，取决于作战体系和战争支撑体系的先进性，要想掌握战争主动权，不仅需要拥有强大的军事实力，而且还要掌握高超的谋略艺术。

具有强大毁伤能力的战略武器的战略威慑作用没有变

人类战争发展史一再表明，军队始终是时代科技的集合体，谁夺取了科技优势，出其不意地首先使用某一新型武器装备或某一新型作战力量，就易获得作战上的显著优势。先进武器装备是军队现代化的重要标志，是军事斗争准备的重要基础，是国家安全和民族复兴的重要支撑，是国际战略博弈的重要砝码。智能化战争中，传统战略武器如核武器等因其巨大可靠的摧毁能力继续成为有关国家实施战略威慑的王牌，具有不可替代的地位作用。而基于新概念新机理新技术而产生的战略武器，具有新质作战能力。如无人智能化作战装备数量爆发式增长、体系日趋完备、效能更加突出，人可以非现场、非直观、非接触地实施作战行动；网络武器的巨大破坏力威慑力日益凸显，在万物互联日趋成为现实的情况下，网络武器的破坏力将更加巨大。这些新质战略武器将进一步强化战略武器的战略威慑和实战威慑作用。

一体化国家战略体系和能力的战略支撑作用没有变

战争力量作为一种力量体系概念，由物质力量和精神力量组成。战争力量不是单一因素起作用，也不是各种因素的简单相加，而是相互联系、相互促进、相互制约形成的整体能力。当今时代，随着政治、经济、文化、军事等因素互相交融、互相影响趋势越发明显，国家竞争是一体化国家战略体系和能力的综合比拼。所谓一体化国家战略体系和能力，是指运用国家资源达成国家战略目标的体系和能力，是国家经济能力、军事能力、科技能力、组织动员能力、制度变革能力、战略谋划能力以及民族凝聚力等的有机融合，是国家战略意愿和战略能力的统一，综合表现为一种国家资源转化能力和战略谋划能力，集中体现为先进的一体化多能化慑战能力。智能化条件下的国家对抗，谁能够最大限度地实现国家整体实力的系统整合，谁就能够赢得对抗优势。国家地位的确定、国家利益的获取乃至战争的胜利，往往取决于一体化国家战略体系和能力的强弱。从某种程度上说战争的胜利，是国家意志、国家资源、国家凝聚力、动员转化能力等高度融合的胜利、国家战略能力的胜利。

智能化战争，变化在哪里

许春雷　杨　汶　胡剑文

近年来，随着人工智能技术的加速发展和军事应用，现代战争形态正在悄然发生改变，智能化战争已初现端倪。智能无人系统与机器人有可能主宰未来战场，物联网、智联网与脑联网将成为战争基石，物理域、信息域、认知域、社会域深度融合，将迎来智能泛在、万物互联、人机共融、全域协同、控网夺智的智能化战争。

改变战争形态，战争谱图趋向泛化

战争形态随着人类社会形态发展进步而不断呈现由简单到复杂、由单一到多样的演进趋势，相继历经冷兵器战争向热兵器战争、机械化战争、热核化战争、信息化战争等形态的依次转变。当前，随着以人工智能、大数据、脑科学、神经科学、生物基因、微纳材料、新能源技术为代表的颠覆性技术的加速发展，从科技创新到物质生产再到战争实践的演进链条被全面打通，利用人工智能技术能够全时、全域对作战中全部力量的各种行动信息，进行实时收集、实时计算、实时推送，使人类能够突破思维的逻辑极限、感官的生理极限和存在的物理极限，人类军事对抗的疆域势必从自然空间、技术空间、社会空间到认知空间，形成物理域、信息域、认知域三大作战维度，战争边界向深地、深海、深空、深网、深脑领域延伸，呈现出极深、极远、极微、极智与无人、无形、无声、无边的特点，战争形态正加速由信息化向智能化转变，即由"数字化＋网络化"的初级阶段，向"智能化＋类人化"的高级阶段加速演进。智能化战争将泛化对抗争夺，军事与非军事领域一体化特征更加明显，作战领域极限拓展，平时与战时边界日趋模糊、前沿与后方界限不再分明，智能渗透到未来战争全要素全过程，将重绘战争边界，传统的战场和战线难以再现。

改变战场主角，作战力量发生质变

作战力量是人、武器装备及作战方式构成的力量体系的整体描述，代表着军事技术和作战方式的发展趋势，本质上是先进军事技术与新型作战思想联姻的产物。随着智能化技术的快速发展，智能化水平的不断提升，武器平台和作战体系不仅能够被动、机械地执行人的指令，而且能够在深度理解和深度预测的基础上，通过机器擅长的算、存、查等进行超级放大，从而在一定意义上能够自主、能动地执行特定任务。可以说，武器平台和作战体系也可以在某种程度上主动地发挥出人的意识作用，甚至可根据特定程序自主地、创造性地完成作战任务，智能技术赋能改变最基础的作战要素，作战力量组成发生结构性变化，人逐渐退出对抗一线，智能化装备将大量、成建制地走上战场，传统意义上"人对人"的战争将变为"机器对人"或"机器对决"的战争。人与武器装备的区别变得模糊，甚至难以区分是人在发挥作用还是机器在发挥作用，人们惊呼"人与武器装备将成为伙伴关系"。智能化武器装备正逐渐成为战场"主角"，在群体智能技术的支撑下，各智能作战单元能够根据不同作战任务需求和战场态势变化，通过泛在网络，随遇接入，自主适应，弹性编组，动态调整，组成人机混合或自主无人作战集群，具备多样化作战能力，实施群体自主协同作战，人在作战中更多地是充当"计划员""管理员""指挥员"的角色。一些新型作战力量从分散化、配属化的组织形态向增加比重、融合成军、独立成军方向发展，军事力量体系将发生革命性重塑。

改变作战样式，颠覆传统战斗形式

恩格斯指出："人类以什么样的方式生产，就以什么样的方式作战。"智能技术向作战领域的快速渗透，必将颠覆战斗力的表现形式。智能化战争在大数据、超级计算、智能通讯、脑科学等新理论、新技术推动下，将以"意想不到"的新方式和"无所不能"的新面貌，颠覆人们固有的认知。信息化战争具有信息战、精确战、网络战等典型作战样式，随着人工智能技术的加持，战争越来越呈现出自主化、无人化、低成本、灵巧式、高超速等特征，以自主集群消耗战、自主潜伏突袭战、自主跨域机动战、自主认知控制战为基本作战类型的自主并行作战，将成为智能化战争的典型作战样式。利用自主集群的"低成本""大规模""高分散""自适应"等特点，实施分散作战、饱和攻击、协同防御，使敌"防不住""攻不下"。利用自主武器"能休眠""长待机""可激活"等特性，在敌开进地域、重要航路、核心设施、关键设备、要害部位、重要系统等提前预置，先期设伏，休眠待机，适时激活，猝然发起突击，令敌难以防范。利用自主装备打击力、机动性、隐蔽性强等特点，实施大范围、长距离跨域机动作战，让敌无处藏身。未来智能化战争中，单独采取自主集群消耗战、自主潜伏突袭战、自主跨域机动战、自主认知控制战中的某一种作战样式并非没有可能，但四种基本样式交叉混合运用、针对作战全要素全系统的自主并行作战将成为常态。因此，智能化战争是人机智能一体的作战，是从武器平台、指控体系、作战终端、战场环境等全方位、全领域进行升级、换代、重塑的战争形态，呈现出人机协同、智能主导、云脑作战、全域对抗的特征。

改变制胜机理，突破传统交战规则

战争是一个由多种因素构成的极其复杂的系统，交战规则涉及战争性质、目的、主体、手段、时空条件，以及战争形态、战争行动、战争指导等诸多方面的因素。信息化战争中，制信息权是战争综合制权的核心，制胜的关键在于夺取制信息权。人工智能技术进入战争领域后，战场争夺的焦点逐渐由信息优势向智能优势转移，制胜的关键开始向夺取制智能权转变。尽管战争历来都是"智"的比拼，但智能化战争中，"智"的权重较以往战争更大——人的部分智能"移植"到了武器上，人与武器系统结合越来越紧密，并趋于高度一体化。随着人工智能技术能够全时、全域、全维对作战力量的各种行动进行动态感知、推理决策、评估预测，作战样式由"体系作战"向"开源作战"演进，跨域非常规、非对称较量成为博弈新常态，战争进入系统自主对抗、察打行动秒杀立决的阶段，以无人化为突出标志的作战样式重新改写交战规则，重塑保障流程。制智权成为作战重心，作战行动在有形和无形战场全域展开，战场全息透明，消灭敌人、保存自己的战争基本目标也随着颠覆性技术的发展表现为从"基于毁伤"转变为"基于失能"。战争行动中，作战双方将围绕智能化感知、智能化认知、智能化决策、智能化行动等环节，展开激烈对抗，争夺认知速度和质量优势。占据智能优势的一方，将在战争中取得压倒性优势。而失去智能优势的一方将极其被动，即使具备传统的能量优势和信息优势，也会因为人机协同失调、自主决策失灵、组织指挥失控、智能装备失能、作战行动失序，导致整体作战效能大幅降低。战争杀伤机理由化学能、动能转变为定向能、生物能，传统的暴力行动将向隐打击、软杀伤、控意识等方式演变，无声杀伤成为主流。凭借己方的信息优势和决策优势，在去中心化的战场中切断和迟滞对手的信息与决策回路，瘫敌作战体系，达成物理上摧毁敌人与心理上控制敌人之效。

改变指挥决策，孵化全新指控方式

智能化战争中，人工智能深度介入指挥决策全流程，实现人机融合、智能决策，共同应对战争复杂性和不确定性。一是指挥决策从计算机辅助式变为人机融合的"指挥大脑"模式。信息时代的指挥信息系统是辅助指挥决策人员的重要支撑，已成为作战力量效能的倍增器。其主要功能是信息收集、查询管理、传递处理、辅助决策等，对指挥员的作战指挥有很强的辅助性，是一种人脑的外部工具。而未来智能化作战的指挥系统将在现在的指挥信息系统上得到升华，其突出的特点就是智能化，是一种综合集成模式的智能系统，将成为人脑的外延，并与人脑融为一体形成一体化的"指挥大脑"。人机协同决策成为智能化战争中主要的指挥决策方式，通过人机协同决策，弥补时空差和机脑差，确保指挥决策优势。二是指挥体制从固定层级模式变为柔性集成模式。未来指挥体制将发生重大变化，各种作战力量将会根据具体任务使命动态联合，其指挥机构集成为虚拟的"指挥大脑"与"智能云"，整个作战过程中，各作战力量将具有高度自主性，自协同高效地完成作战任务，智能化作战指挥体制具有高度弹性的去中心化结构，传统严格层级的指挥体制将会被打破。各作战单元实现动态自适应式指挥控制协同，指挥控制效能将会极大提高。三是加剧了指控对抗的烈度。智能化战争中，人工智能技术优势意味着指挥决策优势，指挥决策优势将决定行动优势和战争胜势。因此，围绕智能化指挥决策展开的高强度对抗，必将贯彻战争活动始终，"指控战"成为一种作战样式。

智能化战争不会让人走开

徐 立

当前，对智能化战争的研究方兴未艾。一些观点认为，智能化战争将以无人化为核心表现形式，无人机、无人潜航器、机器人士兵等无人装备将成为战争主角，战争形态也将从"人机协同作战"的联袂主演，最终发展到"机器对机器大战"的独角戏。人似乎成了智能化战争的旁观者，大有"智能化战争让人走开"的意味和态势。曾一直是战争主体的人，在智能化战争中的地位和作用究竟是什么，这是研究智能化战争应当首先解决的问题。

马克思主义战争观认为，武器是战争的重要因素，但不是决定的因素，决定的因素是人而不是武器。虽然在高级阶段的智能化战争中，人不再直接操控武器，但以下因素仍然决定了人是战争的主体和关键的制胜力量。

首先，战争是政治的继续，战争的发动、战争进程的掌控，必须由人视政治需要作出决定。战场之外的博弈对战争进程有着决定性的影响，如外交谈判的结果、国际舆论的焦点、国内民众支持度等，均取决于政治家、军事家的决策，是任何智能化的机器都无法替代的。

其次，战争筹划和指挥只能由各级指挥员来实施。军事指挥既是科学，也是艺术，但更多地体现为艺术。世界上任何一场取得胜利的战斗、战役，都是指挥员打破常规和定式，创造性用兵的结果。我军成长壮大的历史也一再证明，正确的军事战略指导、机动灵活的战略战术，是以弱克强、以少胜多，使我军不断从胜利走向胜利的制胜法宝，也是智能化机器所无法模仿和创造的。比如，战中对敌我作战力量的对比分析、作战态势的实时掌控、总体毁伤效果的实时评估、敌军指挥员作战心理分析，以及对下一步作战行动的预判等等，智能化机器只能提供辅助决策信息和建议案，必须由各级指挥员亲自决策、下定作战决心，并下达作战命令。

第三，武器装备智能化水平高低最终取决于人类。人工智能源自人类智能，目前制约智能化发展的一大因素，就是对人类智能的科学认识尚肤浅，对人类大脑的认知、记忆、思维、决策和行动机理等的认识还很不够。《乌镇指数：全球人工智能发展报告2016》指出，历年来人工智能的机器学习、自然语言处理、计算机视觉、机器人四类细分领域涉及生物学研究的比例均最低。由于不重视脑科学对人工智能基础性和决定性的影响，直接导致当前人工智能只能停留在对大脑功能肤浅认识和初级模仿阶段，一旦对人类智能的认识有了重大突破，人工智能也必将脱胎换骨，进入跨越式发展阶段。

第四，控制智能化武器装备和作战平台的只能是人。虽然最终的智能化武器可以没有人类现场操控，但智能化武器装备何时投入战斗、何时转换进攻方向、如何把控战争节奏、何时撤出战斗等等，最终只能由人来作出决定，这是智能化武器装备设计时必须把握的基本原则，即阿西莫夫机器人三定律之一：机器人必须服从人类的命令。一旦智能化的武器装备脱离了人的控制，那将是整个人类而不仅仅是敌人的灾难，这也决定了不论智能化武器装备这个"风筝"飞多高，永远只能是人类控制与机器自主控制功能并存，机器自主功能只能在人类限定的范围内有效，人类必须拥有足够结实的风筝线并时刻牢牢抓住它。

第五，破解、控制敌人智能化武器装备的只能是人。军事历史发展证明，任何武器装备都有其"阿喀琉斯之踵"，最终都会被战胜。历史上从来没有、未来也不会出现完美无缺、无懈可击的武器装备，智能化武器装备也不例外，而克敌制胜的法宝就是拥有无穷智慧的人类。例如，无人机看似先进，但完全可以被特定频率的电波所干扰、诱捕或控制。其他智能化武器装备也是如此，而寻找并研究破解、控制、击毁智能化武器装备的方法、技术、装备，则是人类聪明才智的用武之地。

因此，应把"人机同步发展"作为军事智能化发展的一个基本原则，智能化既要化"物"也要化"人"。作为智能化战争时代的军人，必须掌握智能化武器装备的工作原理和薄弱环节，熟悉并掌握智能化武器装备的"思维方式"和"常规动作"，以及可能出现的非常态的"异常思维"和变态的"超常动作"，了解其技战术指标及性能，特别是人机协同作战阶段，不仅要求军人能够与机器协调行动，而且在认知能力和智力上能够和机器无障碍交流，这不仅要依靠智能化的知识储备，也要依赖智能化装备的"读脑术""强脑术"。科学研究表明，正常人大脑使用率只有3%—5%，这说明，人类智能仍有巨大的提升和释放空间。研究智能化战争，也应当同步研究如何提高人类智能。

面对智能化战争，我们应当未雨绸缪，尽早建立与智能化战争相适应的智能化部队，研究智能化战争的克敌制胜之道，建立完善智能化战争理论；维修、保养、改进智能化武器装备；研究破译敌方武器装备操控密钥的方法、技术、装备；研究攻击敌军智能化武器装备的有效手段，改写其作战规则和作战对象，使其临阵倒戈，或是利用高能激光、高功率微波直接击毁敌通信网络和武器装备，彰显智能化战争的制胜之道。

　　总之，智能化战争中人仍然是战争的主体，是战争胜负的决定性因素。研究智能化战争的一项重要任务就是找准智能化战争中人的定位。否则，就容易陷入"见物不见人""唯武器论""唯技术论"的唯心主义泥沼。

智能化时代，人与武器关系如何变化

闫晓峰　　德　如　　吴永亮

人与武器是战争中两大基本要素，二者的本质属性及相互关系直接影响战争胜负和战争形态的发展演变。总的看，无论多么强大的武器，始终是人手中的"工具"，在人的使用下发挥威力。智能化时代，随着武器装备智能化水平的提高，人与武器的关系将发生微妙变化，如何处理好人与武器的关系，确保在人类的掌控下释放武器的最大威力和效能，是我们应该予以关注的现实问题。

传统战争形态下，武器的智能化程度严格限制在"物"的水平。在人工智能技术飞速发展的大趋势下，人与武器的关系基础发生极大改变，武器开始具有智能特征并成为战争中不可或缺的重要部分，人与武器的关系和边界将大幅重构。据资料介绍，一些外国军队已经开始制订"机器人部队组建计划"，准备将机器人部队作为新的兵种纳入作战力量体系。因此，很有必要对智能化时代人与武器的关系进行审视和分析，根据不同关系模式采取针对性的有效措施，确保智能化战争中人与武器相互促进、协调发展。

主次辅助
——人处于绝对主导地位

人与武器的主次辅助关系，是指人居于主导地位，武器为人提供辅助服务。人仍然承担绝大多数指挥控制职能，武器更多地负责重复性、规则性任务。这种关系模式中，武器智能化水平尚未突破"物"的界限，人是绝对的主导者，属于弱人工智能的初级发展阶段。在根本属性上，人与武器的关系没有发生本质变化，人是主体，起着决定作用；武器是客体，处于被动服从的地位。虽然武器各方面性能持续增强，但仍然被人当作纯粹的工具使用，武器的潜在学习能力没有得到释放。如之前谷歌发布的量子计算机，声称可以在 200 秒内完成目前世界最快计算机需要工作 1 万年的任务，虽然计算能力更强、应用范围更广，但智能水平没有显著提升，作为"物"的属性没有改变，仍然处在服从服务于人的位置。

针对这种关系模式，应注重挖掘现有武器潜力，并加强人工智能技术研究。该模式下人的作用和地位进一步强化，仍然牢牢占据主导地位，武器的智能水平没有取得实质性进化发展，缺乏知识积累或深度学习等经验能力的优化。根据相关专家推测，短时间内人工智能技术很可能无法取得重大突破，今后相当长一段时期内人类大概率会一直处于这种模式下。因此，需要积极拓展武器装备的应用领域，提高武器装备的精准、敏捷、多能等特性，推动武器装备体系化发展，最大限度把现有武器技术成果转化为战斗力。同时，加快人工智能技术原创性研究，突破人工智能可解释性、通用性等关键瓶颈，制定出台严宽相济的人工智能发展规范，防止过分严格的制度标准阻碍技术创新。

平等互补
——武器脱离"物"的范畴

人与武器的平等互补关系是指二者在作战中的分工各有侧重，通过相互配合、协同工作，最终实现取长补短。人类主要承担战略判断、艺术创造、模糊推理等任务，武器主要承担技术性分析、自动化处理、数据化管理、智能化决策辅助等任务。这种关系模式中，武器的智能化水平得到长足发展，但只聚焦于人类不擅长的领域，从而和人类形成优势互补。在根本属性上，人与武器是平等关系，武器已经基本脱离传统"物"的范畴，是具有不同类型智能的"智慧体"，虽然不具备人类智能的创造性和艺术性功能，但已初步具有智能化信息处理和分析能力，只是与人类智能分属不同的智能领域，这与传统武器有本质区别。

针对这种关系模式，应注重组织体制和编成模式创新。该模式下，人与机器各自天然优势能够得到充分发挥，既可激发人的创造性思维和大局掌控能力，又可使武器智能得到开发利用和不断演进。例如武器装备能够在大数据、物联网的支撑下为人类提供高精度的图像识别和高算力的运筹策划等分析辅助工作，人与武器发挥各自优长、相互配合，这是未来战争中理想的关系模式。因此，应着眼建立深度挖掘人机优势互补的制度机制，进一步规范完善人工智能发展战略，突出人工智能的特定领域优势；创新军事力量组织体制，重新评估武器作为"智慧体"在军队组织中的定位和作用，为可能出现的机器人军团、大型智能自主作战平台等进行组织设计；优化人与武器的编成模式，突破传统上由人直接指挥控制武器的方式，探索人与武器的任务分配、功能界限、权责划分、协作方式等一系列相互关系，更好地释放新型人机编成模式的组织势能。

失衡错位
——武器地位作用变强势

人与武器的失衡错位关系是指，武器智能化水平持续提高，进而产生挤压人类价值、替代人类地位的倾向，人的作用地位相对弱势，武器的作用地位更加重要。产生这种关系的原因主要是：当武器智能化逐步朝着"反事实推理"的强人工智能方向发展，通过持续人机交互和战争实践复杂环境的深度学习，武器在与真实对手不断博弈的过程中不断修正算法、优化实战模拟程序，自主能力迭代高速发展，特别是在可解释性、可靠性、通用性等方面获得重大突破，最终实现对人类战争能力的全面赶超。

针对这种关系模式，应注重人与武器关系的调节和技术路径设计。当武器朝着更加强势的方向发展时，不仅能够发挥其传统优势，在模糊推理、多重博弈等人类优势领域的能力也日益加强，这将产生难以估量的后果。一方面，人类得以从繁重的体力和脑力劳动中解脱；另一方面，人类天生优势也逐步削弱，可能导致人与武器的关系失调，甚至增加武器反制人类的可能性。因此，需要全面深入考虑武器智能化高度发展带来的深刻影响，明确人与武器的应用界限，将人工智能技术限制在人类不具优势的领域；科学设计人工智能技术发展路径，避免无限制追求武器智能化发展，谨慎对待人工智能的推广应用，全面评估智能化武器实战化的消极影响，提前做好武器侵入人类主导领域的应对措施。

分离对立

——警惕武器摆脱人控制

人与武器的分离对立关系是指，武器具有一定自主决策和行动能力，不再完全受人类控制，人与武器关系协调失灵。造成这种关系的原因有两种：一是技术性原因，由于人工智能技术突破瓶颈，带来武器高度智能化，武器具备摆脱人类控制的能力；二是制度性原因，由于武器研发、使用、管理不规范，战争法规制定不科学等，使武器应用缺乏限制而对人类发展造成严重后果。人与武器的分离对立是一种危险关系，当武器智能化高度发达时，同时具有机器智能和人类智能的综合优势，一旦失去控制就会对人类构成巨大威胁。在根本属性上，武器实现独立自主，成为与人类地位平等且对立的"智慧体"。这种情况下智能化武器可能产生严重反噬，其正向价值远远低于负向价值，带来的不仅仅是国家危机而是人类危机。

针对这种关系模式，应注重法规约束和道德规范。出于预防目的，2019年欧盟委员会发布了人工智能道德准则，从人类的能动性和监管，技术的健全性和安全性，隐私和数据管理，透明性，多样性、非歧视性和公平性，环境和社会福祉，问责制等7个方面，对未来人工智能发展提出了要求；美国国家标准与技术研究院也发布了关于如何制定人工智能技术和道德标准的指导意见，概述了合理使用人工智能的举措和指导未来技术标准的基本原则。因此，为应对可能产生的威胁，需要制定足够严格的人工智能行业标准和法律法规，既防止技术损害人类利益，同时又足够灵活，可鼓励创新并促进技术发展；研究人工智能武器系统质量与安全性评估的技术和机制，制定人工智能武器安全使用指南，科学设定人工智能武器"门槛"和"禁区"；坚持基于现有关于战争和人权的法律制度，理清人工智能武器道德准则清单，形成完整的人工智能伦理规范。

为新型作战体系画个像

杨耀辉

当前，战争形态正加速向信息化、智能化演变，网络无处不在，信息无所不有，武器具备智能，机器可以思考……大大改变了传统上靠指挥关系缔结、相对固定搭配、成员庞杂冗余的作战体系，催生出依网络而建、由信息主导、可智能自愈的新型作战体系，使未来作战呈现出许多新特点。认识作战体系新面貌，了解其内在结构，把握其作战效能释放规律，是打赢战争的必备之功。

内在支撑：促使信息增值的升级版"泛在网络"

自战争登上历史舞台以来，打造一个适合战场需要的作战体系，就是军事家致力追求的目标。冷兵器时代，作战体系的构建思路是"从中军帐到先锋官"的视觉听觉可达，支撑手段是烽火、锣鼓、旗语等简易信号的直通链路，其脆弱性在于通信距离短、容量小、可靠性低；热兵器时代，火药的运用改变了战场面貌，作战体系的构建思路调整为"从指挥所到前沿阵地"的火力指令送达，目的转变为追求各种火力的集中；信息时代，栅格化信息网把人员、作战平台等广域互联起来，信息力从后台走上前台，但作战体系的内在支撑仍然表现为一种"混沌"状态，体系构建的思路处于火力、机动力和信息力随时变换主导地位的动态变化之中。

到了智能时代，移动宽带、嵌入式芯片、机器视觉等技术的深入应用，使信息网络突破了传统上计算机与计算机的连接，推动作战人员、信息系统、武器装备和战场设施的联网交链，实现从互联网到物联网再到"人—机—物"泛在网络的转变。这种泛在网络已经不再是纯粹的通信手段，而逐渐演化成为作战人员认知趋同、物理实体互联互控、智能机器群体集智、参战力量编组成团等跨界融合"新体系"的基础支撑。

在这个新型作战体系中，泛在网络"拉平"了指挥链路，将各个作战成员接入网络，缩短了感知、判断、决策和行动之间的距离，打破了传统作战体系中金字塔型的信息集权，使各个层级的"信息平等"成为现实，各个成员对信息的利用效益明显提升。泛在网络"云化"了计算资源，使计算能力能够根据需要全体系分配，改变了传统上"算力"限于指挥所的模式，使体系成员可以灵活地获取"云"脑支持，更大限度地释放计算资源的潜力，推动"妙算"走向体系各成员而非局限于体系中心节点。泛在网络"聚变"了信息内容，战场信息入网后经多方印证而去伪存真，再在交战规则、知识模型、决策策略等引导下，与指挥人员、作战人员、保障人员的认知进行融合，完成从"信号→数据→知识→智慧"的价值链增值转换，上升到对作战指挥真正有用的层面，为"侦控打评"进程注入速度、精度等赋能因子。在泛在网络的支撑下，信息以信号、知识和指令的形式穿行于物理域、认知域和社会域，实现了信息的个体向群体、离散向融合、表象向深层等增值提升。

外在表现：极简规则之下即时组合的"智能体"

低智个体群聚起来也能展现高智的一面。海里巡游的鱼群、空中迁徙的鸟群、地下穴居的蚁群，均看不出有什么"头领"带领，但都会形成方向明晰、协同动作的群体。是什么使它们有了"自组织"的外在表现？有专家进行的模拟实验证明，这些群体形成的内因是它们必须"抱团"才能应对来自外部的强大威胁，而运行机理非常简单：一是实时感知邻近成员并和它们保持基本一致的行进方向；二是避免与邻近成员相碰撞；三是跟上群体速度不要落单。

不同于鱼群、鸟群、蚁群的低智能自适应，作战体系具有强大的组织、控制和协同能力，只是在不同的条件下有不同的外在表现。冷兵器时代的作战体系以方阵著称，如秦帝国车马阵、古罗马方阵、马其顿方阵等；热兵器以及机械化时代的作战体系以集群呈现，如炮群、坦克群、作战飞机群、航空母舰编队等。近年来，人工智能技术迅速在军事上应用，不仅为单个武器装备嵌入智能因子，甚至为作战体系烙上智能的标签，使作战体系表现出能够自主适应战场环境的"智能体"新形态。

新型作战体系的"智能体"表现，源自多个方面。首先，是网络在线化的即时反应。个体实时感知邻近的体系成员状态，这是低智个体展现群体高智的重要条件。近年来，虽然人工智能技术在相关领域形成重大突破，但迄今为止，计算机可以模拟25000个人类神经元运行过程的现状，与一个普通成年人拥有1000亿个神经元的量级相比，依然可以说"尚处于原始社会水平"。要使作战体系所有成员都具备人类一样的高度智能，目前的条件是无法实现的。因此，人、武器装备等的网络在线化，是作战体系"智能体"运转的先决条件，只有当体系中人的智能、网络智能和机器智能高度融合，形成对战场态势的快速、准确、超前认知，并依托网络实现体系个体"连接"关系的可知、可控、可调整，以及线上指令和线下活动的一体联动，才能真正实现个体智能不高而整体智能强大。其次，是极简规则下的组织协同。人类能够主宰地球正是因为高度的组织性。作战体系不同于自然界的低智群体，其"智能体"式的高效运转，不是自我中心、自由搭配和自在行动，要靠相关规则来驱动。但是，规则不是越复杂越好，而是越简单越好；因为复杂的规则，可能会导致体系的涌现效应迟迟不能出现。新型作战体系的运行，以信息效能最大化为第一准则，这是由信息是体系的内核所决定的，也是信息力上升为战斗力倍乘因子的必然。而交战规则、网络规则和火力规则等，应基于信息效能最大化而展开。最后，是作战云"脑"中的智慧注入。作战云的强大计算能力，促进信息在武器平台、指控平台和作战人员之间快速流动，为体系各层级提供决策咨询等服务，甚至可以像"阿尔法狗"下围棋一样，在高速试错后为指挥员提出意想不到的"招法"，为整个作战体系注入更多的智慧因子，推动作战体系走向智能。

效能释放：战斗力因子在跨域融合中的"涌现"

释放最大战斗力，历来是作战体系追求的终极目标。然而，不同时期，战斗力的决定因素不同，也导致长期以来出现围绕某一战斗力决定因素进行体系运作的现象，体力、火力、机动力等都曾是体系战斗力释放的焦点。进入信息时代，当传统上战斗力因子的效用发挥逼近物理极限，还有什么可以为战斗力注入活跃因子？怎样才能寻求战斗力新的增长?

信息化战场上,信息随时注入、认知即时产生、网络瞬时调整、部队实时行动,在这个基于泛在网络而构建的新型作战"智能体"体系中,信息域的信息力成为新的战斗力融合因子,认知域的认知力成为新的战斗力增长源头,而信息力、认知力和火力、机动力的融合,则将传统上物理域的战斗力因子的效用推向另一个新的高度。这也再次印证了战斗力因子不是"有你无他"或"你方唱罢我登场"的相互排斥,而是相互融合渗透的基本规律。

正如刀剑穿透力和人类体力的融合成就了骑兵,火药杀伤力和机械机动力的融合成就了坦克一样,推动战斗力因子融合之后涌现新的战斗力,才是信息时代新型作战体系所展现出来的新面貌。在信息域,由于信息科技异军突起,新型作战体系中信息的准确性、及时性和可靠性产生了质的飞跃,信息在泛在网络的流动过程中几乎揭开了战场"迷雾"。这种无所不在的信息力,除了赋能指挥员的谋略,还赋能物理域的兵力兵器,成为新型作战体系中最为活跃的因素,为体系作战效能释放注入了正向涌现因子。在认知域,智能机器的大量运用,使作战体系的认知能力有了质的飞跃,人类在逻辑推理和突发事件临机决断上的优势,与智能机器在精确、高速、可试错、可反复上的优势相结合,使作战决策趋向极限地接近战场"真相",甚至能够预先推演和验证超时空战场态势、预设超时间作战进程,在体系作战效能生成中注入机器"云脑"和人类大脑相结合的涌现因子——认知力。在社会域,即作战体系的规模结构和力量编成上,由于网络的泛在和体系的智能,指挥关系可依附于信息链路的调整之中,兵力编组可随网络虚拟连接而建立,作战活动可在系统联动中同时进行,这改变了传统作战体系夹杂着许多冗余成员的状况,减少了体系运转的负荷和不必要的消耗,使信息力、认知力、火力、机动力等能在瞬间集聚起来，达成不同类型战斗力因子的非线性融合涌现。新型作战体系中，信息力的融合渗透，以及认知力的突飞猛进，使其效能释放呈现出不同战斗力因子在跨域融合中涌现的新面貌。

脆弱性与反脆弱性并存

——对智能化作战体系特点的认识

青格乐 李 翔

以人工智能为代表的智能化技术对现代战争产生了深刻影响，并催生作战体系发生新变革。美军提出 2035 年初步建成智能化作战体系，俄罗斯在叙利亚战场首开成建制无人作战先河。透过这些动态，我们发现在体系对抗的优势争夺中，敏锐认知战场中的不确定性，洞察并把握智能化作战体系的脆弱性与反脆弱性特征愈发重要；制胜的关键越来越表现为抑制对手反脆弱性的发挥，并同时提升己方反脆弱性能力。唯有敏锐洞察这一趋势和特性，才能成功打开未来战争胜利之门。

正视智能化作战体系脆弱性

从哲学上讲，任何事物都处于向对立面的转化之中，都是强与弱的辩证统一，因而都不是无懈可击的。系统论原理亦表明：系统既有 1+1>2 的功能，也存在 100-1=0 的脆弱。某些功能的相对强大与某些功能的相对脆弱相伴而生。巴列夫防线是以色列为抗击埃及军队进攻而修筑的坚固防御阵地体系，是第二次世界大战后建成的最大防线，却被埃军以高压水泵冲刷轻易攻破，打破了其不可逾越的神话。在作战中，通常认为后勤保障系统的重要性与脆弱性也是并存的。据统计，在阿富汗和伊拉克战场上，美军燃料运输遇袭近 3000 次，仅 2010 年一年就高达 1000 次以上，因后勤系统被攻击，美军整体战斗力被极大削弱。

随着战争形态的发展，信息对作战体系的支撑作用越来越明显，但同时，对网络信息系统的过分依赖也带来致命的脆弱。在中东，也门胡赛武装对决信息化程度较高的沙特正规军队，按理说沙特军队应当拥有压倒性优势，但由于未能充分发挥信息化装备的威力同时对信息化装备过于依赖，优势并不明显。倒是胡塞武装由于实施了机动灵活的战术，找到了沙特军队的弱点给予猛击，在对抗中反而经常处于上风。智能化作战中，无人机"蜂群"成为改变战争规则的颠覆性作战力量。其集群数量庞大，类型多样，每架无人机可以互补位置，因而拦截毁伤无人机集群十分困难，但一旦对其指挥通信实施干扰，则能够有效限制其作战效能。

智能化作战体系反脆弱性特征明显

通常情况下，机械体很强韧，但在压力下容易产生折损。有机体则不同，能够自我修复、自我改良。而有机体与机械体之间的区别是复杂系统与非复杂系统之间的区别。作战体系是各种作战系统按照一定的指挥关系、组织关系和运行机制构成的有机整体。智能化作战体系与机械化作战体系之间的区别在于是否具有反脆弱性，是否能自我修复、自我改良。智能化作战体系具有态势自主认知、自主决策、自主协同、自主行动等新特点，在作战中可以自我进化和升级，已成为具有自我组织、自我愈合能力的高级有机体。

智能化作战体系具有较强的生存力。利用大量无人化、小型化、低成本武器装备，实施空中"蜂群"、水中"鱼群"、陆上"狼群"的集群作战，将极大地增强生存优势。现代战场上，世界各国军队都在探索有人无人结合的战术运用方式。叙政府军在俄军战斗机器人的强力支援下，成功攻占极端组织"伊斯兰国"武装分子控制的拉塔基亚高地，几乎没有人员伤亡。美国陆军组建了有人无人混编陆航营，为战斗航空旅的攻击直升机营编配无人机排，也是为了发挥"人机一体"的抗毁能力。

智能化作战体系具有敏锐的感知力。智能化装备的广泛部署，提高了作战体系的态势感知能力。深度学习技术的应用，则有效提高了作战体系的智能认知能力，能够主动识别分析作战环境、作战对手、作战规则及作战体系之间的关联关系与制胜机理，实现"打一仗进一步"。在智能感知与认知的基础上，决策向智能终端分配转移，带来作战重心的前移，从而有利于优算决策、集群释能、无人自主行动，最终形成先敌而动的优势。

洞察并利用对手的脆弱性

战争实践表明，不确定性是战争的基本属性之一。智能化技术在军事领域的广泛运用，大大增加了战争突变的可能。任何时候，战争胜负的天平总是偏向利用对手脆弱性来把握战争不确定性的一方。毛泽东在《论持久战》中提出：自古无不犯错误的将军，敌人之有岔子可寻，正如我们自己也难免会出岔子，乘敌之隙的可能性是存在的。洞察并利用对手的脆弱性是争取主动、制胜敌人的关键之招。

洞察对手的脆弱点。研究表明，只要有5%至10%的集散节点失效，就足以搞垮整个体系。作战中，应善于找出对手作战体系的脆弱点，诸如击毁 10 辆坦克不如击毁一部雷达，击落 10 架战斗机不如击落 1 架预警机或干扰 1 颗卫星。采取"斩首行动""点穴行动"等积极、灵活的作战行动，精确打击敌人的力量体系、保障体系、战场体系中的关键点和薄弱点，达成打一点而动全局的效应。

抓住对手的恢复期。敌恢复期就是我实施有效打击的窗口期。如敌孤立无援或指挥中断时，就是其脆弱期。一战中的凡尔登大捷，就是法军的炮弹引爆德军秘密弹药库，法军迅速向缺乏炮火支援的德军猛攻，最终大胜。而伊拉克的"黑暗 24 小时"，是信息系统被破坏、指挥中断，造成战斗力跌入谷底的实例。

干扰对手的修复链。古希腊神话中宙斯之子赫拉克勒斯杀死九头蛇怪的方法是，对被砍下后的蛇头脖颈伤口进行灼烧，以此来阻碍蛇头再生，而后再给予致命一击。战争中，最大限度地制造混乱，增加不确定性，可以阻断对手作战系统恢复的进程。如近几场局部战争和武装冲突中，通过实施电子干扰和信息摧毁，力求使对方雷达迷盲、通信失灵、信息过载、指挥混乱，使对手无法在短时间内恢复正常能力。通过对敌重要交通枢纽持续打击，使其作战力量长时间处于难以整合的状态之中。

通过军事训练提升反脆弱性能力

对于作战体系反脆弱性能力的理解，不应该认为是遭受打击后能够快速恢复，而应是针对可能的不确定性打击实施的先期调节能力。通过军事训练来提升作战体系的反脆弱性能力，是除战争和冲突外，实现作战体系成长、进化和升级的最有效途径。

适度试错，敢于暴露问题。按照减法认识论，对认知最有力的贡献在于，知道什么是错的比知道什么是对的更有价值。通过控制成本的高频试错性训练，可以校准人员装备的边界数据和极限数据，验证作战概念和战法，以局部的错误尝试换取整体反脆弱性能力的提升。从近期发展需要来看，尽早暴露问题，不断完成体系自我重塑和升级，理应是训练的功能之一；从长远角度来看，人工智能亟待嵌入院校教学、部队演训之中，进行人机结合的协同训练，为走向未来的智能化战场积累可供机器学习的数据。

极限训练，提高训练效益。对于具有反脆弱性能力的系统来说，在一定限度之内，刺激越强，收益越大。举重运动员一次举起 100 公斤，要比分若干次举起几十公斤带来的益处多，显然更比一次举起 1 公斤、举 100 次更有效，这就是非线性效应。按照这个理论，有的放矢的极限训练要远好于高频次的中低强度训练。因此，要统筹控制好有限训练时间内的训练强度和节奏，避免训练在低水平徘徊。以算力为支撑的人工智能系统恰恰具有突破强度限制的优势，可昼夜连续实施嵌入式训练，进行人机协同训练模式的创新。人工智能的抗风险能力也可开发到极限，在训练中充分试验人类所无法突破的极限战场环境、极限难度、极限对抗等。

放开限制，激活训练体系。训练中，适度的风险是有必要的，甚至是可以从中获益的。资料显示，海湾战争前后，美军死于平时训练的人数是死于实战人数的 20 倍以上。这说明，适度放开风险限制的训练，对提升战斗力是有益的。增加训练的不确定性，创造更加自主的训练环境，可激活作战体系应对不确定性的能力。如空军演习中，适度放开飞行高度差，实施自由空战，则能有效释放对抗训练的活力。

制胜智能化战争有"律"可循

郝敬东　牛玉俊　段非易

习主席指出，要认真研究军事、研究战争、研究打仗，把握现代战争规律和战争指导规律。今天，战争的智能化特征日益凸显，智能化战争已经展现出早期形态的样貌。要想掌握未来智能化战争主动权，就应积极跟踪现代战争发展，紧贴现实军事斗争准备，前瞻认识智能化战争规律，深刻把握其指导规律，着力回答"是什么"、解决"怎么做"等问题，不断创新战争和战略指导。

回答"是什么"，前瞻认识智能化战争规律

毛泽东同志指出："战争的规律——这是任何指导战争的人不能不研究和不能不解决的问题。"今天，在智能化战争初显端倪之际，应前瞻认识智能化战争"是什么"，否则就不能解决"怎么做"，更不可能驾驭未来战争。

智能化战争规律是战争知行体系的重建。智能化战争规律，和冷兵器战争、热兵器战争、机械化战争、信息化战争的规律一样，是战争诸要素间内在的、本质的联系，不同之处在于它有新质的要素和新的要素间的构成模式，本质上是基于智能化革命所引发的战争知行体系的重

建。今天，认识智能化战争规律，要抓住智能化和自主化这个基础，抓住构建战争知行体系这个关键，抓住战争力量内涵发生改变这个实质。掌握这些规律，就能克服未来战争中的纷乱和不确定性，从中找出条理和确定性，这是应对智能化战争的客观要求。

智能化战争规律是战争指导规律的依据。毛泽东在《中国革命战争的战略问题》中，首先分析了中国革命战争的特点，揭示了战争规律，然后"由此产生我们的战略战术"，即战争指导规律；在《论持久战》中，他首先说明了"是什么"，再转到研究"怎么做"的问题上，体现了一种认识过程的逻辑顺序。今天，研究智能化战争仍应遵循这一顺序，既不能本末倒置，颠倒顺序；也不能增加、减少或更换环节。要在掌握智能自主这一根本规律的基础上，揭示自主感知、自主规划、自主实施、自主联动、自主评估等战争指导规律。

不懂得智能化战争规律，就不能指导战争。《孙膑兵法》指出："知道，胜""不知道，不胜"。道是战争规律，掌握它、行动符合它，就能取胜；反之，则败。毛泽东也强调："不知道战争的规律，就不知道如何指导战争，就不能打胜仗。"同样，掌握智能化战争规律，是正确指导智能化战争的前提。否则，就难免要被智能化战争的表面现象所迷惑。今天，要通过分析智能化技术群对战争的基础性、长远性和颠覆性影响，研究智能化战争是个什么样子？有哪些规律？应该怎么打？这些都是智能化战争指导必须回答的重大课题。

解决"怎么做"，揭示掌握智能化战争指导规律

智能化战争指导规律是运用智能化战争规律指导实践的中介，起到"桥"和"船"的作用。应在回答"是什么"的基础上解决"怎么做"

的问题，提出智能化战争的"游泳术"。

智能化战争指导规律是运用战争规律的规律。认识战争规律的目的在于应用。马克思指出："哲学家们只是用不同的方式解释世界，而问题在于改变世界。"同样，智能化战争本身迫使指挥员不发现规律则已，一旦发现，就会结合能动性，利用规律为打赢战争服务，这就必然导致智能化战争指导规律的产生。今天，战争是政治的继续仍是智能化战争规律，由此得出智能化战争必须服从服务于政治的指导规律；兵民是胜利之本仍是智能化战争规律，由此得出最广泛地动员民众的指导规律，等等。这些智能化战争指导规律是战争规律派生出来的，是"智能化战争大海中的游泳术"。

充分发挥人在智能化战争中的能动作用。恩格斯说过："赢得战斗胜利的是人而不是枪。"智能化战争指导规律是实践规律、使用规律。它不是对智能化战争规律的简单"移用""照搬"，而是加上人的主观能动性，才能转化为战争指导规律。今天，掌握人工智能的军事人才，不仅是智能化武器的操控者，更是人工智能的创造者。人在智能化人机系统中仍处于主体地位，是智能化战争胜负的决定性因素。指挥员应在掌握智能化战争规律的基础上，充分发挥能动性，坚持"技术＋谋略"的作战理论生成模式，才能由回答"是什么"向解决"怎么做"转变。

智能化战争指导规律是不断发展的。战争是一条"变色龙"。智能化战争本身也会经历萌芽、发展、成熟等不同阶段，这就必然带来智能化战争指导规律的发展。战争指导者须动态地考察智能化战争，敏锐捕捉智能化战争孕育的新质要素，正确分析新质要素之间关系的变化，不断对智能化战争进行再认识。要紧跟战争形态向智能化加速迈进的历史进程，把握智能化战争发展方向和时代脉搏，把对智能化战争指导规律的研究推向新境界，在未来战场占据战略主动和先机。

紧盯"主动权",不断创新智能化战争和战略指导

兵无常势,水无常形。在智能化战争已然来临之际,要在遵循智能化战争规律和指导规律的基础上,紧贴现实军事斗争准备,加强对手研究、敌情研究,主动设计"在什么时间""在什么地点"和谁打仗",创新战争和战略指导,牢牢掌握未来战争的战略主动权。

你打你的,我打我的。战争指导艺术的最高境界,就是你打你的、我打我的。"各打各的"要求指挥员在未来智能化战争中,无论处于怎样复杂、困难的环境,首先要立足自身实际,独立自主地使用自己的力量。特别是拥有高技术装备之敌,可能造成暂时的局部的敌之主动、我之被动的局面,这时要通过政治、经济、外交等综合手段,以总体有利态势弥补武器上的劣势,迅速扭转这一局面,恢复主动地位。如果被战略对手牵着鼻子走,就可能吃大亏。

把握时机,因时用兵。《六韬》指出:"用之在于机。"约米尼强调:"全部战争艺术就在于善于待机而动。"一方面,时不至,不可强动。要持重时机,时机未到,应有极大耐心,防止战略盲动。另一方面,时不再来,机不可失。要善于把握时机,一旦遇上有利时机,就要坚决利用,防止畏首畏尾。需要指出的是,要辩证地看待时机成熟问题。未来智能化战争瞬息万变,要求快速决策,而面对不确定性因素,又必须慎重决策。有时及早定下决心,比明天下达更完善的决心也许更有效。因此,要敢于冒一点风险,不然则会坐视成功机会的丧失。

各域有别,因地运筹。克劳塞维茨指出:"战争不像长满庄稼的田地,而像长满大树的土地。收割庄稼时不需要考虑每棵庄稼的形状,收割得好坏取决于镰刀的好坏;而用斧头砍伐大树时,就必须注意到每棵

大树的形状和方向。"战略空间不同，战争就不同，战争指导也不一样。当前，战场空间不断由陆海空等传统空间向太空、网络等新型空间拓展，战争指导者应根据多域性、立体性、网络性等特点，探索新的智能化战争规律和指导规律。

瞄准对手，因敌制胜。《孙子兵法》指出："践墨随敌，以决战事。"约米尼也说过："不管是谁，如果不了解敌人，怎能知道自己应该如何行动呢？"着眼未来，聪明的战略家应根据轻重、缓急程度，把作战对象区分为主要作战对象和一般作战对象、现实作战对象和潜在作战对象，全面客观地了解不同作战对象的战略意图、兵力部署、作战构想等，提出能充分发挥己方战力优长的新的智能化战争指导规律，实施正确的战争行动。

总之，智能化战争规律是认识过程中的规律，解决"是什么"；指导规律是实践过程中的规律，解决"怎么做"。二者辩证统一，不可分割，构成了认识和指导智能化战争的完整链条。"战胜不复，而应形于无穷。"今天，战争和战略指导者应基于客观情况，深入探索和灵活运用智能化战争规律和战争指导规律，与时俱进创新战争和战略指导。

"智胜"机理：一个亟待研究的课题

刘光明

当前，由人工智能引领的新一轮科技革命和产业变革方兴未艾，"人工智能就像先前的导弹、卫星一样，无论你是否有所准备都将登上人类战争的历史舞台"，智能化战争已经大步走来。打赢未来可能发生的智能化战争，核心是厘清智能化战争制胜机理。

厘清智能化战争制胜机理独特内涵

厘清智能化战争制胜机理，首先要把"机理"一词的内涵界定准确。笔者认为，"机"可理解为奥秘、门道，"理"可解读为道理、理由。所谓智能化战争制胜机理，即打赢智能化战争的门道（路径）和道理。为进一步厘清这一内涵，需要准确把握三对概念的区别与联系。

从机理与规律的关系把握独特内涵。规律是事物内在的本质的必然的联系，战争制胜规律是与战争制胜有关各种因素的本质联系和发展的必然趋势。战争作为复杂巨系统，制胜也具有复杂性，众多的制胜规律往往在战场上同时起作用。如果对具体战例作具体分析会发现，每一次胜负较量必定有某个规律起决定性作用，其他规律则起着辅助的但也是不可缺少的作用。战争制胜机理则是战争制胜因素在一定条件下触发制胜规律、发挥制胜作用的链路及其道理。制胜机理依赖制胜规律，体现了制胜规律发挥作用时的途径和依据，但单凭制胜规律本身不能成为制胜机理。用相对简单的话来概括，即制胜规律是制胜机理的基础，制胜机理是制胜规律的应用之道。

从机理与机制的关系把握独特内涵。机制是事物内部的构造、功能和相互关系，作战制胜机制是作战体系各要素互动形成合力、实现制胜的内在机制，如集效聚优、并行联动都是机制，是对有关制胜机理的运用方法和实现方式，且这些方式方法体现一定的规则，带有某种制度化的特征。在信息化战争中，对情报侦察、指挥控制、火力打击和综合保障等作战要素进行综合集成，对陆、海、空等作战单元进行优化重组，会形成多种多样的制胜机制。这些制胜机制大都包含这样的制胜机理，即：事件转化为信息、信息转化为态势、态势转化为认知、认知转化为决策、决策转化为行动的信息制胜链路，等等。由此可见，制胜机理是内在的"道"，更为抽象，而制胜机制是运用道的"术"，更为具体。

从机理与理论的关系把握独特内涵。认识、把握和灵活运用战争制胜规律和机理，需要从理论和战略策略上作出正确的指导。睿智的军事理论家，总是在发现新的制胜规律和机理后，作出理论上的加工和创造，由此形成新的军事指导理论。可见，军事理论创新的核心在于揭示和厘清新的战争制胜规律和机理，进而概括出新的战争指导。世界军事史上，马汉的"海权"理论、杜黑的"制空权"理论、富勒的"机械化战争"理论、图哈切夫斯基的"大纵深作战"理论、格雷厄姆的"高边疆"理论等，都揭示了相应的战争制胜规律和机理，引领了军事潮流，改变了战争面貌。可以说，战争制胜机理是军事理论创新的基础和源泉，军事指导理论是战争制胜机理的灵动运用和理论升华。

辩证把握智能化战争制胜机理多重意蕴

智能化战争的制胜机理包括战争制胜的一般机理，同时又体现着算法博弈的鲜明特点；在战略、战役、战术等层面都有相应的制胜机理，同时也都与算法博弈紧密联系。由于受多种因素制约，每一场战争具体的制胜机理都可能有所不同。这里，仅列举几类带有一定普遍性的制胜机理。

以"强"打"弱"的"智胜"机理。"强胜弱败"是带有一定普遍性的战争制胜规律。即使是那些以弱胜强的战例，往往也须在局部和特定时段形成对敌的力量优势才能真正取胜。依据"强胜弱败"规律，以强打弱便成为带有通用性的战争制胜机理。这里的"强"，是整体战斗力的强。在机械化战争时代，整体战斗力的强大主要体现为兵力和火力优势。在信息化战争时代，军队能打胜仗有赖于信息力优势。而在智能化战争时代，智力优势对战斗力的贡献率远高于其他要素。在智能化战争对抗中，人的智能广泛渗透到作战领域、移植到武器系统，智能水平更高更强的一方，能够更好地开发和运用以强打弱的"智胜"机理，甚至据此设计战争、主导战局发展，取得最终胜利。

以"高"打"低"的"智胜"机理。这里的"高""低"，主要指"代差""维度差"。通常情况下，运用更高级战争形态和作战样式的一方能够打赢尚在运用较低维度战争形态和作战样式的一方。比如，普遍使用火枪的部队几乎都能胜过使用大刀长矛的部队。如果说"高"胜"低"败是制胜规律，那么以"高"打"低"的那些门道及理由便成为制胜机理。在智能化战争进程中，针对对方作战体系的弱点进行打击，使其"智能"降低或失效，实施"降维打击"，便是以"高"打

"低""智胜"机理的具体运用。还要看到，智能化战争时代很可能存在由低到高的多个发展阶段，尽可能让自己处于高级阶段，攻击对手使其处于低维度的阶段，也是以"高"打"低""智胜"机理的运用。

以"快"打"慢"的"智胜"机理。随着科学技术的强劲推动，战争中"快"的内涵在不断刷新。在第一次世界大战期间，坦克机动速度每小时只能达到4—8英里，到二战期间装甲集群已能实施闪击战。近些年我们认为超级计算机已经很快了，但量子计算机处理"高斯玻色取样"的速度比最快的超级计算机快一百万亿倍，量子算法比经典算法实现了指数级的加速，人工智能将实现质的飞跃。未来智能化战争在算法的支撑下，预警时间提前，决策时间缩短，作战行动向前延伸，"观察—判断—决策—行动"周期大幅压缩，"瞬时摧毁"升级为"即时摧毁"，真正进入发现即摧毁的"秒杀"时代。

以"巧"打"拙"的"智胜"机理。在一些经典战例中，我们往往能够看到指挥员运用灵活机动的战略战术，变被动为主动，化劣势为优势，体现了"巧"能胜"拙"的制胜规律和以"巧"打"拙"的制胜机理。智能化战争中的"巧"，依托算法优势，开始从指挥员的大脑中走出来，被赋予拥有"智能"的武器系统。当智能化战争发展到一定阶段，全域多维、各种类型的智能化作战平台能够快速耦合作战力量，根据任务需求构建作战体系，自主实施协同作战，任务结束迅速回归待战状态，呈现智能自主趋势。未来智能化战争将向极地、深海、太空等领域拓展，以"巧"打"拙"的"智胜"机理也会相应拓展，开发出更多更新的"智胜"路径。

前瞻探索和开发智能化战争制胜机理

当今世界，科技革命和军事革命相互影响，战争形态在加速演变，战争制胜机理也在不断更新。在智能化战争大幕缓缓开启的背景下，必须紧盯智能化战争制胜机理的发展趋势，变被动为主动，变跟进为引领，前瞻探索和开发智能化战争制胜机理，牢牢掌控打赢智能化战争的主动权。

开发新的制胜机理。历史和现实表明，先进的科学技术一旦被运用于军事，将使战争制胜机理发生深刻变化，从而使现有的作战指导、条令法规和部队编制随之改变。在人工智能飞速进步的今天，军事智能的发展不可限量，未来智能化战争具体的制胜机理也必然超出现有的预料。应积极探索现有先进技术可能运用于智能化战争的潜能，探索其可能的制胜机理。全面分析对手无人化作战体系的薄弱节点和我之优势，从目标靶点反推制胜机理，提出军事创新需求，精准研发战略性、前沿性、颠覆性技术，推动战争"游戏规则"向于我有利的方向转变。

验证新的制胜机理。智能化战争制胜机理的研究成果究竟管不管用，需要用实践来检验。在相对和平时期，应加强实战化军事训练和针对性作战实验的检验，在检验中发现问题、修正认识，使新的制胜机理尽可能科学、周密。在时机和条件成熟时，推动新的智能化战争制胜机理成为军事训练全方位变革、整体性提升的依据，坚持以战领训、以训促战，做到按智能化战争实战要求训练，实现作战和训练一体化。要以我为主，适度借鉴外军，破除定性分析多、定量分析少的局限，大力构建完善智能化战争实验室，打通从制胜机理到作战概念再到实验平台的创新链路，推动去粗取精、去伪存真，提高智能化战争制胜机理研究成果的科学性、权威性。

升华新的制胜机理。新的战争制胜机理是推进军事理论创新的深层依据。当我们发现了新的以"强"打"弱"、以"高"打"低"、以"快"打"慢"、以"巧"打"拙"等具体的"智胜"机理后，就可以契合这一机理提出核心作战概念、作战原则和战争指导等，经过系统加工形成关于智能化战争的新的军事理论。有人说，"丰富的想象力和深刻的洞察力，远比百分之百的准确性更为重要"。要适度鼓励战争设计上的"异想天开"，引导有创见的研究人员在深刻理解军事智能"技术创意"及其衍生而来的制胜机理的基础上，提出新的"战争创意"。要基于智能化战争制胜机理的研究，深化军事理论创新，加快形成具有时代性、引领性、独特性的军事理论体系。

认清智能化战争的制胜要素

王　洋　左文涛

大数据、人工智能、区块链等技术的快速发展和在军事领域的探索运用，使战争加速从信息化向智能化演进。随着智能化战争逐步走上历史舞台，战争的制胜领域已经从机械化战争的物理域、信息化战争的信息域向智能化战争的认知域过渡。研究智能化战争的制胜要素，抢占智能化战争的理论高地，才能真正扼住制胜未来的"咽喉"。

"算"是智能化战争的制胜核心，需要着力提高精算快算能力

战争是一门计算的科学。战前计算越精细，作战进程越可控。智能化战争以技术为基础、数据为支撑，"算"的本质特征更加鲜明、核心地位更加凸显。占据"算"的优势，才能抢夺智能化战争的胜势。

优化算法把握关键。人工智能中的算法，是一系列解决问题的清晰指令，是用系统的方法描述解决问题的策略机制和明确步骤。智能化战争中，算法优势主导信息优势、认知优势、决策优势和行动优势，是奠定智能优势的关键和前提。以"量子搜寻算法"为例，其计算速度是经典算法的 1 亿倍，破译现有密码体系只需不到 4 分钟，而经典计算则需1000 年。

提升算力建强平台。算力，即计算能力。算法是生"智"的核心，算力是产"智"的平台。智能化战争中，信息将呈现指数级暴涨，只有以强大的算力作保证，才能把算法和信息用于作战流程，努力使强大的计算能力在智能化战争中发挥"倍增器"的作用。美国于 2016 年研发出"阿尔法"智能软件，其反应速度比人类快 250 倍，在模拟空战中，操控三代机击败了有预警机支持、由飞行员驾驶的四代机。

扩充数据夯实基础。信息是作战的基础。进入智能化时代，数据成为信息的表现形式，与算法、算力共同构成人工智能发展的内在动力。自然语言理解、图像图形认知、自主学习、虚拟现实等技术，都建立在数据的基础之上。大数据已经是智能化时代最重要的资源，数据优势将是获取一切优势的充分条件。应加强数据甄别，对真假相生、虚实相伴的战场信息进行分析判断，尽力揭开"迷雾"、查清实情，确保数据可信、可靠、可用。

"联"是智能化战争的制胜基础，需要着力优化智联智通效果

力量是决定战争胜负的重要因素。力大者强，力聚者胜。无论哪个时代，作战目的的确定、作战手段的选择、作战环境的构设，无一不受力量聚合的影响。智能化战争中的"联"，是在力量叠加、信息互联的基础上，通过智能化作战平台的功能耦合和结构涌现，进而实现智能共享，达到"聚能"和"增能"的目的。

着眼"任势"科学编组力量。早在春秋时期，孙子就提出"善战者，求之于势，不责于人"，认为力量运用的精髓在于"任势"。智能化战争中，作战任务复杂多样，作战领域极度拓展，武器装备高度密集，对力量编成提出了更高要求。应把握联合集群化的发展方向、全域分布

式的作战样式、指挥智能化等关键要求，以作战单元功能耦合、弹性编组、自主适应为目标，采取大中小微相结合、有人与无人相结合、隐身与非隐身相结合等方式，将作战平台编成小型作战群或能够同时在多维空间作战的一体化的小型联合体，着力产生群体主动协同的多样化作战能力。

着眼"同欲"深度融合力量。"积力之所举，则无不胜也；众智之所为，则无不成也。"通过"神聚"实现"力聚"，是赢得战争胜利的不变法则。万物互联，是智能化时代的显著特征，也是智能化战争的重要特点。根据梅特卡夫效应，在智能化作战系统的节点数量确定的情况下，节点之间自主组合融合度更高、功能耦合度更好，结构涌现力就更强，整体作战效能将呈指数型增长。由此可见，联是智能化战争的基础，要着眼神联、智通、力聚，推进作战思想融、作战信息融、作战筹划融、作战行动融和指挥保障融，实现模块化、积木式、即插即用的力量编组。

着眼"全胜"发展优势力量。"以全争于天下"是中华传统军事思想的智慧结晶。战果之"全"源于力量之"优"。智能化战争时代，新质作战力量、优势武器装备、颠覆性技术为降低作战损耗提供了可能。美国国防高级研究计划局已编设"颠覆性技术办公室"，启动了无人作战系统等尖端项目。俄罗斯成立"未来研究基金会"，着力寻找新兴前沿技术突破口。

"快"是智能化战争的制胜关键，需要着力打造先发先决优势

"兵之情主速"。智能化战争的信息传输速度、决策速度和行动速度同步加快，战争从信息化时代的"秒杀"进入"毫秒杀""微秒杀""纳

秒杀"，争夺时间优势、提高反应速度成为必然要求。

在指挥模式上突出高效率。高超的指挥艺术和高效的指挥流程是战争胜利的必要条件。智能化战争中，智能武器系统看得见、听得懂、能学习、会思考，指挥控制的反应时间大幅缩短，指挥效率对作战进程和结局有着决定性影响。针对作战空间广、参战军兵种多的实际，应运用大数据、云计算、物联网等技术，构建一点对多点的网络架构，减少指挥层级，及时了解、掌控各个点位，联通诸军兵种各级指挥机构、作战部队和武器平台，实时掌握战场态势、判断作战情况、定下作战决心、调整部队行动，使作战指挥控制更加高效。

在打击力量上突出强优势。多胜少、优胜劣，是战争的客观规律。智能化战争中，仍然要坚持"集中优势兵力，各个歼灭敌人"的宝贵经验，锁定目标后，统筹开展认知战、网络战、电子战和火力战，用好太空、网络、电磁和智能弹药等新质无人作战力量，网电软杀伤、特种硬摧毁、信火精打击、认知强干扰协同配合，以集火猛攻、"牛刀杀鸡"的猛烈态势，对敌形成压倒性优势，迫使敌方忙中出错、乱中出局。

在目标选择上突出高价值。孙子提出"先夺其所爱，则听矣"等思想，强调选准敌人薄弱之处，集中兵力、快速出击、有效打击。人工智能是把双刃剑，在提高作战效能的同时，也存在潜在弱点。例如，算法和网络一旦受到攻击、出现致命错误或遭反向控制，将丧失作战能力；智能化武器装备离开能源，再先进也无法发挥作用。开展智能化作战，应当把握这些要害，瞄着敌人的软肋和死穴，集中力量打击敌战场感知、智能指挥、综合保障等关键目标，特别要着力切断敌方能源通道，使敌作战体系失灵、失控、失效，从而达到快速肢解的目的。

"智"是智能化战争的制胜根本，需要着力抢占创新创造高点

人是战争胜负的决定因素。人工智能技术的应用再广泛，智能化武器装备再先进，也改变不了人是战争形态演化的促进者、武器装备的制造者、军事行动的设计者、作战系统的使用者、作战方法的创造者、战争进程的调控者。通过对人的认知体系施加影响，夺取人和作战系统的"制智权"，是打赢智能化战争的关键。

以激发主观效能"生智"。战争的本质是人与人的对抗。人工智能的优势在于"计算"，其反应速度快、运算能力强、存储空间大，具有很多人脑无法类比的条件；人脑的优势在于"算计"，无论战争形态如何演化，人的创造力、思维力和临机处置能力是机器目前只能无限靠近而无法超越的。技术决定战术，但技术绝不会凭空地自主地变成克敌制胜的战术，而总是要通过人的主观能动性才能发挥作用。因此，必须大力培养人工智能研究人才和智能化作战指挥、参谋、技术人才，加大精神鼓励和物质保障力度，使人才的智慧竞相迸发，为设计和打赢智能化战争提供智力基础。

以加强技术研发"造智"。创新是人工智能发展的动力。当前，定好路线图，选好突破口，推进核心技术特别是支柱性技术研究，努力实现从跟跑、并跑到领跑的转换。应打通人工智能到军事智能的"最后一公里"，围绕智能化战争的感知、决策、控制、打击、保障等关键需求，发展智能化侦察感知、指挥控制、武器装备、作战保障等系统，发挥其"心理"素质更强、作战时间更长、机动距离更远、作战成本更低等优势，以先进的武器装备承载、运用、拓展人的智慧。

以优化人机协同"用智"。智能化时代，军事智能是人进行作战的

最大外部资源。军事智能可以相对独立地获取信息、判断态势、做出决策、处置情况，但智能化作战系统只是辅助人的工具，也必须处于人的控制之下，这是智能化作战的核心，也是战争伦理的内在要求。因此，人机协同始终是智能化作战的典型方式。应紧盯我方现实和潜在对手的思维习惯、军事理论、作战特点等情况，开发界面更友好、服务更精准、反应更快捷的智能辅助系统，把人的思想性、创造性、灵活性和机器的速度快、精度高、不疲劳更好地结合起来，实现虚拟与现实空间平行一体、有人与无人系统协同作战，使作战体系效益最大化。

在变与不变中探寻智能化战争制胜之道

杨文哲

当今世界，人工智能发展取得突破性重大进展，并加速向军事领域转移，对战争形态产生冲击甚至颠覆性影响。面对日趋激烈的大国战略竞争和权益博弈，我们应以发展的眼光，在对战争制胜规律"变"与"不变"的思辨中，理性审视、正确认知智能化，选准未来军事竞争的战略制高点和主攻方向，科学探寻智能化战争的制胜之道。

智能化战争将重绘战争边界，
但战争制胜的标准仍然是达成政治收益，故能为胜败之政

智能化战争疆域向新领域拓展。恩格斯指出："人类以什么样的方式生产，就以什么样的方式作战"，智能技术向作战领域的快速渗透，必将颠覆战斗力的表现形式。智能化战争在大数据、超级计算、智能通讯、脑科学等新理论、新技术推动下，将以"意想不到"的新方式和"无所不能"的新面貌，颠覆人们固有的认知。认知领域成为交战双方继陆、海、空、天、电、网之后的又一较量空间，人类军事对抗的疆域势必从自然空间、技术空间、社会空间到认知空间，形成物理域、信息域、认知域三大作战纬度，战争边界向深地、深海、深空、深网、深脑

领域延伸，呈现出极深、极远、极微、极智与无人、无形、无声、无边的特点。智能化战争将泛化对抗争夺，军事与非军事领域一体化特征更加明显，作战领域极限拓展，平时与战时边界日趋模糊、前沿与后方界限不再分明，智能渗透到未来战争全要素全过程，重绘战争边界，传统的战场和战线难以再现，战争"频谱图"趋向宽泛化。

达成政治收益是战争不变的制胜标准。战争作为一种特定的复杂社会现象，尽管在不同的历史时期会呈现出不同的战争形态和边界，并形成不同的战争认知，但战争是政治继续的本质属性不会改变，衡量战争胜利的标准始终是实现政治利益最大化。智能化战争颠覆了传统的作战样式、作战手段，武器装备的打击范围拓展到人类的认知空间，战场空间从物理空间拓展到认知、社会、网络等无形空间，能够更直观地表达"意志强加于对手"的特点，更加强调在战略、战役、战术层面夺取国家的意志、组织的观念、人的心理与思维等主导权。智能化战争攻心夺志的制胜作用更加凸显，政治移植、信仰打击、精神控制、心理瓦解、文化渗透等攻心夺志手段也更加多元，争夺与反争夺在有形与无形战场的较量更为激烈。围绕战争展开的政治斗争更加复杂多变，民心向背、社会舆论、公众心理对战争的制约力更加显著，军事服从政治体现得更加明显，智能化战争的政治色彩更浓。军事归根到底是政治的延续，军事上的胜利必须保证政治的领先。在我军历史上，毛泽东历来反对单纯军事观点，坚持军事与政治的高度统一。美军在伊拉克和阿富汗战争中，实验了大量的先进武器，并取得了作战的胜利，但从战争制胜的标准来看，赢得作战却输掉了战争，陷于道义泥潭，远未达成战争制胜目的。作战制胜不等同于战争制胜，要真正赢得智能化战争的胜利，必须占据正义制高点，才能最终主宰战争的胜败。

智能化战争将重构作战力量，
但战争制胜的关键因素仍然是人，致人而不致于人

智能化战争作战力量发生质变。作战力量是人、武器装备及作战方式构成的力量体系的整体描述，代表着军事技术和作战方式的发展趋势，本质上是先进军事技术与新型作战思想联姻的产物。智能化战争是人机智能一体的作战，是从武器平台、指控体系、作战终端、战场环境等全方位、全领域进行升级、换代、重塑的战争形态，呈现出人机协同、智能主导、云脑作战、全域对抗的特征。智能技术赋能改变最基础的作战要素，作战样式、时间、地域、空间等作战要素瞬息万变，作战力量组成发生结构性变化，人逐渐退出对抗一线，智能化装备将大量、成建制地走上战场，传统意义上"人对人"的战争将变为"机器对人"或"机器对决"的战争。传统支援力量向主体作战力量转变，网络从业人员、科技精英、心理、宗教、法律等专家和非国家行为体等多种民间力量，会以不同的方式参与到战争中来，从后台走向前台。一些新型作战力量从分散化、配属化的组织形态向增加比重、融合成军、独立成军方向发展，从配角变为主角，军事力量体系发生革命性重塑。

人依然是战争制胜的决定性因素。毛泽东在《论持久战》中指出："武器是战争的重要因素，但不是决定的因素，决定的因素是人不是物。"作战力量始终是交战双方最直接、最重要的工具，也是最核心的制胜条件，人永远是作战力量中最活跃的因素，同时也是作战力量中最具决定性的因素。智能化时代，武器的拟人化和人的武器化成为不可阻挡的趋势，无人作战系统将与有人系统深度融合为有机共生体，人与武器之间的传统界限趋于模糊，重建人与武器的关系。武器

系统具备更大程度的自主性和能动性，从而使人在战争中的活动方式发生深刻变化。特别是"脑控技术"的发展，对武器的控制流程将由传统的"大脑—神经—手—武器"简化为"大脑—武器"，这不仅仅意味着武器装备的发展升级，而且标志着人与武器的融合已达到新的层面。脑机接口、外骨骼系统、可穿戴设备、人体植入等人机结合技术手段将全面提升认知、生理等人的内在能力，打造出"超级士兵"。人的作战思想更多地以软件和数据的形式被提前物化到智能武器中，战争中由智能武器来贯彻人的作战意图，达成预定作战目的。人在未来战争中的决定作用，仍然是战争的谋划者、组织者和实施者。自主系统、脑科学等智能技术更大的价值是介入战争，发挥协助指挥和控制的作用。智能化武器自主作战的背后依然是人的作战方法、指挥方式与意志品质的较量，人依然是战争胜负的决定因素，善战者必须要充分而科学地发挥人的能动作用，不可陷入为武器装备所控的被动局面，真正做到致人而不致于人。

智能化战争将重建交战规则，
但战争制胜的基础仍然是创造作战优势，胜兵先胜而后求战

智能化战争颠覆传统交战规则。战争是一个由多种因素构成的极其复杂的系统，交战规则涉及战争性质、目的、主体、手段、时空条件，以及战争形态、战争行动、战争指导等诸多方面的因素。随着人工智能技术能够全时、全域、全维对作战力量的各种行动进行动态感知、推理决策、评估预测，作战样式由"体系作战"向"开源作战"演进，跨域非常规、非对称较量成为对垒新常态，战争进入系统自主对抗、察打行动秒杀立决的阶段，以无人化为突出标志的作战样

式重新改写交战规则，重塑保障流程。制智权代替制空间权成为作战重心，作战行动在有形和无形战场全域展开，战场全息透明，消灭敌人、保存自己的战争基本目标也随着颠覆性技术的发展表现为从"基于毁伤"转变为"基于失能"。战争杀伤机理由化学能、动能转变为定向能、生物能，传统的暴力行动将向隐打击、软杀伤、控意识等方式演变，无声杀伤成为主流。"知""战"能力向一体化方向演进，通过物理域、信息域与认知域的共同行动，实时精准地掌控参战力量，凭借己方的信息优势和决策优势，在去中心化的战场中切断和迟滞对手的信息与决策回路，瘫敌作战体系，达成物理上摧毁敌人与心理上控制敌人之效。

创造作战优势是战争不变的制胜基础。在决定时机和决定地点拥有压倒优势，是取得军事胜利的规律。智能化战争时空特性将发生重大变化，各种作战行动可以全天候、全天时、多方向并行发起，战争中的"秒杀"现象更加突出，但作战力量瘫敌体系的作用点没有变，创造作战优势的本质没有变，掌握战争主动权、扬我之长、击敌之短的战争制胜法则没有变。未来战场将成为大面积"无人之境"，要夺取战争主动权，必须采取突然、多维融合的行动，在进攻与防御之间实现敏捷、弹性的态势转换，进攻与防御优势将会超越过去的相对静态，进入不断演化的动态反转，因此未来战争的艺术就是检验作战双方在持续不断的突发状态中是否具备耐力和有序性，取决于作战体系和战争支撑体系的先进性。各类作战人员、装备、设施、环境要素在智能化的战场态势支撑下，形成巨型复杂自适应对抗体系，"云聚"成为新的作战力量凝聚机理，统一的聚能平台成为谋求全维优势的基础，智能优势成为决胜性优势。未来战争集中兵力的思想将在智能技术的推动下螺旋式上升，跨域非对称优势在智能化战争将更有战略意义和决胜作用。提前设计战争、超前筹划战争，基于敌情我情塑造非对称优势，加紧在重要领域形成聚集优势，加强战略制衡力量建设，全面提升国家应对各类威胁风险的能力，成为智能化战争胜兵先胜而后求战的必然。

认知域下智能化战争制胜机理

董治强

　　战争形态嬗变总是与产业革命相伴相生。近年来，智能化浪潮汹涌而来，并在军事领域广泛深入应用，使人类社会迎来智能化战争。智能化战争根植于智能社会，以"人机智能融合"为主要特征，智能的赋能使认知在作战中的地位更加凸显，认知主导制胜将成为战争制胜的重要机理。

战争发展的历史自然地把认知推向主导地位

　　信息时代战争同时发生在物理域、信息域和认知域之间。需要指出，物理域、信息域和认知域都不是信息时代战争的专属领域，一切战争甚至一切历史，都源于三者的共同作用，它们在战争历史长河中此起彼伏，交替成为作战制胜的主导要素。

　　能量主导打速度、打力量。当战争形态发生嬗变，物理域的机动力、杀伤力和防护力的跃升，经常成为作战制胜的关键。冷兵器战争的铁器、战马，热兵器战争的火枪、火炮，机械化战争的舰船、坦克、飞机都是如此，概括起来就是能量主导。能量主导打速度、打力量，谁的主战平台更好、更快、更强，往往谁就更容易取胜。但武器效能不能无限发展，如今平台机动力已经囿于人的生理极限而遭遇瓶颈；核武器又告诉我们，不管火力发展有无上限，使用必将严格受限。

信息主导打精度、打整体。信息域重点关注信息的传输和共享。信息化战争的发展，使作战双方的对抗"逐渐从强度、物质和能量问题转变为结构、组织、信息和控制问题"，信息取代能量成为作战制胜的关键。信息主导就是打精度、打整体，谁的武器平台打击精度更高，谁的作战体系信息共享能力更强，谁就更容易取胜。但信息优势到决策优势的关联也并非线性，随着信息量的持续提升，决策优势的形成还要诉诸于认知域的智力支撑。

认知主导打智能、打设计。认知域包括感知、判断和决策等，自古以来便为兵家之所必争。《孙子兵法》等古代兵经有"庙算先胜""上兵伐谋"等丰富的智胜思想，战争史上依靠谋略取胜的战例更是不胜枚举。认知主导打智能、打设计。尤其是当战争形态趋于成熟，势均力敌的对手之间的对抗，总会以认知为主导。如果说过去能量和信息的发展水平，对指挥员筹划设计作战还有很大制约。那么今天两者的极大发展，则为他们有效达成意图提供了条件。想到即能做到，正在使作战制胜的主导要素自然地向认知转移，智能水平更高、设计能力更强的一方，往往就能主导战局发展。

智能化将给认知主导赋予特殊时代内涵

智能化不是要让机器智能超越、取代或淘汰人，而是用它辅助、解放和增强人，通过人机智能融合，实现人的自我超越。它使千百年来一直利用认知改造世界、改变战争的人类，首次有能力改造认知本身，这种改造不再是知识的积累，而是能力的跃升；不再是少数精英的专利，而是整个社会的特征。当它广泛渗透到作战领域，战争形态便跨入智能化战争，认知主导也就有了新的内涵。

认知空间拓展。当今时代，人的因素、武器因素结合得越来越紧密。最典型的例子就是无人机、智能化。"智能化"主要指自主系统，即模拟、物化人的智能，并移植到机器中。机器智能赋能将使自主系统轻松突破人的生理极限，以人类无法企及的速度，进入人类无法承受的环境，并凭借一定的"现场智能"，完成人类不能或不愿完成的任务。它未必能真正提升人的认知，但却一定会在空间上延伸人的认知，使作战空间向深空、深海、深地等极限领域拓展。

认知效率提升。认知制胜的战例不可胜数，但个中原因不外有二。要么靠感性认知，即情报。信息匮乏年代，决策水平与信息量成正相关，信息量由小到大，决策质量几乎线性提升，所谓"知彼知己，胜乃不殆；知天知地，胜乃不穷"。要么靠理性认知，即判断和谋略。克劳塞维茨说："战争中行动所依据的情况有 3/4 好像隐藏在云雾里一样，是或多或少不真实的。"优秀指挥员总是能够凭借经验和推理，揭示出"迷雾"背后的信息，所谓"众人所知，已成已著也；我之所见，未形未萌也"。但当信息从匮乏走向过载甚至"爆炸"，决策质量与信息量间的函数曲线也开始下滑，利用繁杂信息形成准确判断变得难上加难。此时，智能化似乎如约而至，计算智能未必可在逻辑能力上逾越人类，但其强大的处理速度，却恰好使信息过载带来的决策困境迎刃而解。

认知互连共享。作战是武装集团间的暴力对抗，无论决策还是行动，都需要作战人员之间进行及时有效地交流。信息主导的优势是信息共享，但由于认知的主观性，人们对信息的理解往往见仁见智，甚至大相径庭，相同信息并不意味相向而行。随着机器智能、脑机接口等技术的发展，它们的"硅脑"将凭借明显优于人脑的可链接性，推动网络形态由物联网向脑联网演进，作战交互将随之由信息共享迈向态势共享、决策共享，作战体系将真正实现并向发力。

认知主导将在智能化战争中得到广泛应用

即时优势制胜，就是"在向敌发力的那一时刻，在战争决定点的对抗，具有能战胜对方的综合能力和有利态势"，它是战争的根本制胜机理。夺取和保持即时优势的主导要素因战争形态变化而不同，在智能化战争中是认知主导。

依靠认知夺控时间优势，先知先决、先发制人达到新水平。时间是唯一不可还原的作战要素，先发制人是亘古不变的制胜机理，智能化战争对时间优势的夺控将更趋激烈。首先要先敌感知。2017年美军提出"算法战"概念，就是要利用智能分析技术，从海量数据中快速提取高价值情报。而未来智能的普及，将前推情报的智能感知，从源头上确保先敌发现。其次要先敌决策。人机融合的混合智能，上下联动的网络智能，将助力实现分布式的作战同步筹划，编成内各个层级可实现作战方案一体生成。最后要先敌行动。部队可根据联动决策的具体进程，紧前展开作战准备，一旦作战方案生成，可立即转入作战。

依靠认知塑造兵力优势，无人集群、族群作战将成为典型新战法。以多胜少是"即时优势制胜"在作战力量运用上的具体化，智能化战争的以多胜少，主要是利用认知物化，即机器智能，塑造兵力优势，实施无人集群或族群作战。首先，智能和增材制造技术的发展，使自主系统实现成本跳水，可在同等投入获取平台数量的对敌绝对优势。其次，自主系统走上战场，无论勇敢还是坚韧，即使最优秀的士兵也无法比肩，无人或有人—无人协同集群作战将兼具猛烈性、饱和性和经济性。此外，机器智能与仿生学结合形成的无人族群作战，将通过自我学习、自我协同、自我治愈甚至自我进化能力，表现出强大的体系化作战能力。

依靠认知拓展空间优势，跨域增效、全域融合将升至新境界。智能化不但会催生新的作战空间，同时带来联合作战在广度和深度上的拓展。具备一定认知能力的自主系统，可秘密机动至重点目标或重要通道附近的深空、深海空间，实施渗透潜伏作战，对敌形成新的跨域制衡优势。"守者韬声灭迹，幽比鬼神，在于地下，不可得而见之；攻者，势迅声烈，疾若雷电，如来天上，不可得而备也"，可对敌人形成新的非对称优势。利用智能感知对作战环境形成更精准认知，利用智能决策对作战资源实施更合理调配，利用智能网络为作战平台提供更灵活接入，实现作战力量弹性部署、全域联动、高效释能。

瞄准敌方认知攻心控脑，控制取代摧毁成为制胜新途径。较之传统的"不战而屈人之兵"，智能化战争的攻心控脑大有拓展。前者更多强调"道胜"，重视慑止对手；后者更多的是影响和控制对手。2017年12月，俄罗斯驻叙利亚基地遭受13架小型无人机"蜂群"攻击，俄以电子战手段控制其中6架，即为攻心控脑之雏形。一是虚造信息来影响。未来，以假乱真的声像合成，无孔不入的网络攻击，身临其境的虚拟现实，将为影响对手认知提供更多有效手段。二是篡改程序来影响。如利用"攻芯战"来篡改敌方指挥决策系统的算法。三是直接控制敌方决策。利用网络战、电磁战等方式对敌实施控"脑"攻击，以最小代价实现止战、胜战之目的。

智能化战争制胜支点在哪里

薛紫阳　杨燕南

战争制胜机理，是指赢得战争胜利的主要因素、发挥作用的方式及其相互联系、相互作用的内在机制、规律和原理。随着智能时代的到来，人工智能在军事领域越来越广泛的应用，推动战争形态向智能化战争转变，战争制胜机理也随之改变。

拥有数据优势是制胜基础

在智能化时代，众多"颠覆性技术"的核心根基就是数据，战争也将是"无数据不战争"。在智能化战争中，双方围绕认识数据、依靠数据、争夺数据和运用数据开打"数据战"，谁拥有"数据权"，谁就掌握了战争的主动权。争夺数据、掌握数据、分析数据，并将数据运用于战争之中，是智能化战争的制胜之要。

数据资源就是战斗力。在智能化战争中，兵马未动，数据先行。谁掌握了数据谁就掌握了取得战争胜利的资源，也就掌控了战争的主动和胜利的筹码。认识和运用数据的能力，是衡量作战能力的重要指标，直接影响战争的胜负。获得数据、分析数据和运用数据既是衡量部队作战能力的标尺，也是提升部队战斗力的新引擎。数据是对客观世界最直接的记载，以数字的形式出现，是原始资料，如武器装备的性能参数、兵力规模、保障数量、目标参量等，这些数据经过处理能够成为作战所需要的信息和情报。在数据引领的信息时代，数据已成为智能化战争的血液。

大数据催生数据化战场。某种程度上讲谁把控了数据资源，就把握了战争的"制胜空间"。数据改变了对战争的逻辑认知，过去是从个别推论整体、从小概率事件中推理必然性，而现在是从大概率中推导个别特征、从相关性中找出具体事物的内在规律。只有洞察相关数据才能把握全局，只有聚集同类数据才能把握趋势，只有融合全源数据才能洞悉关联。而这一切都归于对数据化战场的把控。

大数据改变作战样式。数据作为最重要的战略资源，如何辨别数据的真假优劣，如何围绕海量数据开展争夺与反争夺、欺骗与反欺骗、攻击与反攻击，成为打赢智能化战争的关键问题。当数据成为战争争夺的焦点，必然带来围绕数据的竞赛和博弈，从而推动作战样式改变。目前，数据收集之争愈演愈烈，大国纷纷开展国防大数据项目研究，以便为军事决策提供更多具有实际价值的情报。以数据的"非对称"，形成算法的"非对称"，进而实现战法的"非对称"。

数据催生智能化装备系统。数据技术使作战平台升级为高度智能化和自主化的系统，数据使指挥控制系统、空中作战平台、精确制导弹药等完成由信息化向智能化过渡。比如，现代"蜂群技术"就是大数据支撑下的人工智能运用。数据已经成为解析战争的"望远镜""显微镜""透视镜"，打赢智能化战争必须具备数据头脑、数据意识、数据思维。

掌握算法优势是制胜关键

　　智能化战争的特征之一就是一切战斗计划、战役计划和战争计划都需转向计算机生成上来，其本质就是算法生成战法。拥有算法优势就拥有智能化优势，就可以实现信息优势、认知优势、决策优势和行动优势的高度统一。

　　算法优势主导信息优势。算法是用系统的方法描述解决问题的策略机制，是提高智能优势的关键和前提。算法技术主要包括深度学习、超级计算、类脑智能等技术。采用智能传感与组网技术，可广泛快速部署各类智能感知节点，可面向任务实施主动协同探测，从而构建透明可见的数字化作战环境。从当前的发展趋势来看，战争算法优势主导信息优势，蕴含着改写现代战争游戏规则的巨大潜力，这双"无形之手"将塑造未来智能化战争新图景。

　　算法优势主导认知优势。在智能化战争中，大数据通过高性能、高效率的算法处理后，能够将海量数据快速转换为有用的情报，从而获得认知优势。算法作为人工智能的"大脑"，成为智能感知战场并由此用于决策、指挥和协同的关键。占有算法优势的一方，能驱散因数据得不到及时处理而产生的"战场迷雾"和"信息迷雾"，使得认知更为深刻，从而夺取战争主动权。未来谁拥有算法优势，谁的认知能力就强，学习速度就快，质量效果就优。

　　算法优势主导决策优势。算法以其高速、精确的计算，能够代替人的苦思冥想和反复探索，从而加速知识迭代。在海量数据和超算能力支持下，人工智能的判断和预测结果将更加准确。通过算法构建作战模型规则，以精算、细算、深算和专家推理方式，可辅助指挥员在战略、战役、战术等多级筹划规划和临机处置中实现快速决策。随着大数据、云计算、量子计算等颠覆性技术的发展及其在军事领域的应用，未来作战决策周期将变成近实时。在智能化战争中，掌握超强算法的一方能够针对作战对手变化，快速提出灵活多样的作战方案与应对之策，不断打乱对手既定企图和部署，从而夺取战争主导权。

算法优势主导行动优势。在智能化战争时代，算法决定战法，算法优势主导战争优势。在优势算法的支撑下，人工智能的反应速度是人类的千百倍。"算法战"预示着未来战争的变革，谁能抢占智能算法制高点，谁就能抢占先机，未战先胜。在智能化战场上，算法远比炮弹重要，战争算法成为制胜智能化战争的关键因素，是未来智能型军队必须抢占的战略制高点。智能化战争计算无所不在，掌握算法优势的一方，能够快速准确预测战场态势，创新作战方法，达成"未战而先胜"之利。

搞好多域融合是制胜枢纽

多域融合是以作战体系的云态化为基础，各类作战人员、装备、设施、环境要素在云态化的战场态势支撑下，战场空间从传统的三维空间，向极地、深海、太空和网电空间，乃至认知域、信息域等多维域拓展，多域融合形成巨型复杂自适应对抗体系，"云聚"融合"网聚"成为智能化作战新机理。

跨域融合、集成释能。在智能化战争条件下，多种新型远战平台、智能化新概念武器的大量涌现，使未来作战面貌呈现出空地海天一体、全球即时性打击、跨域战略慑控等特点。以跨领域、分布式、网络化的"云杀伤"协同作战系统为支撑，通过多种作战能力跨域聚合，实现作战指挥跨域贯通，作战信息跨域共享，作战兵器跨域穿行，作战行动跨域响应，作战功能跨域互补。跨域融合是主域主控与跨域支援的紧密配合，实施跨域协同支援。集成释能是联合作战由一体化联合作战过渡到跨域联合作战，实现多种作战能力的跨域聚合、整体释能。

人机融合、以快制慢。如果说武器是人身体延伸的话，智能则是人大脑的延伸。智能化战争时代，将出现把人的智能赋予机器进而实施作战的模式，人将更进一步退出一线对抗作战，人与武器结合方式将以崭新形态出现。无人作战武器与人类智能深度融合为有机共生体，把人的创造性、思想性和机器的精准性、快速性完美结合起来。因此，在未来智能化战争中，交战方式将由"人机结合"的相互杀伤逐渐向"人机融合"的无人系统集群对抗转变。依托智能化作战系统，指挥员针对战场环境变化自适应调整选择行动方式，无人作战由单平台遥控作战向多平台集群自主方向发展，形成"指挥员—作战集群"的简易指挥链，彰显人机协同的快速灵活自主特征。

脑智融合、高效控制。智能化战争的作战体系将表现为高度智能化的"人＋网络＋机器"，智能化指挥控制系统将以"人脑＋智能系统"的协作方式运行，智能系统将辅助甚至部分替代人在指挥控制中的作用。智能化指挥控制系统将具备比较强的自主指挥、自主控制能力，可相对独立自主地获取信息、判断态势、做出决策、处置情况。依托战场态势感知系统，借助大数据、云计算、人工智能和建模仿真技术，能够对海量战场信息进行精准分析研判，实现作战指挥由"以人的经验为中心"向"以数据和模型为中心"的智能化决策方式转变，作战筹划更加科学高效。未来深度神经网络的超强自我进化和战略决策能力，将实现"人在回路外"的作战循环。

智心融合，攻心夺志。随着人工智能技术的发展，未来智能化武器的生物化和人的武器化将界线模糊，针对人本身的控制将成为焦点，"攻心夺志"依然是智能化战争最高作战目的，基于以人脑和意识认知实施控制为目标的"认知控制战"可能演化为重要作战样式。以人的认知思维为目标，运用多种手段对认知体系施加刺激、影响和控制，达成扰乱敌指挥决策系统、诱导敌作战力量、瓦解敌军心士气的效果。如基于读脑、脑控技术，运用心智导控手段，实时掌握对方指挥员战略意图、作战企图、作战方法等，甚至直接作用于对方人员大脑，或将己方意识以脑电编码形式"注入"，干扰或控制其意识、思维和心理，最终夺取"制智权"，实现对作战人员的深度控制。随着智能化作战平台大量应用于战场，信息系统辅助人类将逐渐向智能系统部分代替人类转变。制权争夺的重心将由"信息权"转向"智能权"，以精兵点杀谋取关键维域控制权将成为主导方式。

智能化战争："强者胜"的三个维度

杨军民　张三虎　周　正

战争制胜机理从来都是在科技进步的推动下悄然发生变化。从热兵器时代的火力制胜，到机械化时代的机动力制胜，再到信息化时代的信息力制胜，实际上都是在开辟战斗力生成新维度的过程中，对原有战斗力因子形成"降维"打击。智能化战争建立在火药化、机械化、信息化充分发展的基础之上，作战双方的火力、机动力、信息力迟早都会达到或接近同一个水平，连接力、计算力、认知力等新的战斗力因子，则成为左右战争胜负的新变量。

连接力强者胜

连接产生智能。最令人惊叹的莫过于人类脑细胞，数百亿个神经元并不存储信息，但在连接过程中不断传递信息并激发出新的信息。当前，军事领域正在利用连接来寻求智能化的延展。

连接力强者胜，反映的是群体智能的胜利。"蜂群"式作战平台、碎片状战力群组、分布式武器部署，将是智能化战争的作战景象，战场胜负的砝码在经历了"从数量到质量"的转换之后，又回到了"从质量到数量"上来。近年来，中东战场上出现的几千美元一架的低端无人机，在战场上的表现却并不是"凑数"的样子，集群式出现令一些大国军队极为头疼。这种规模化群体与传统战场上的个体叠加不同，它们依托泛在网络，用连接的方式形成一种群体智能效应，对传统中的高价值平台产生巨大冲击。2021年5月，美国国防部发布的《联合全域作战战略》中明确，联合全域指挥控制就是"连接一切、无处不在"。而美军先进战斗管理系统则试图把U-2、F-16、F-35、F-22、XQ-58、MQ-4C等有人、无人作战平台连接到一起。连接力强者胜，已经成为智能化战争的制胜关键。

连接力强者胜，推动的是"杀伤网"的构建。传统的杀伤链路，其连接呈"线性"，是顺序的、递进的、单行的，极易出现断链。智能化战争，在"连接一切"的背景下，全域空间内的作战资源进入同一作战体系，杀伤链条上的各个执行单元被分散在小型化、无人化、在线化作战平台上，形成此断彼通的"杀伤网"。连接力越强，进入作战体系的可选择资源就越多，杀伤链路上可选择的节点就越多，体系的韧性、弹性、应激性就越强。从杀伤链到"杀伤网"的升级，推动不同时间节点进入作战链路的平台灵活搭配，给对手呈现出一种随机网络式的复杂景象，而自身却能按作战任务需求，采取类似"网络打车服务"一样的资源高效动态连接方式，达成各类作战资源的快速建链，完成自我分配、自我组织、自我控制下的目标打击行动，在作战过程中呈现出能判断、有选择、会变通的智能化样子。

连接力强者胜，突显的是自适应作战体系。网络时代，每一次成功连接的背后都有一系列用户和用户之间的自适应交互，连接平台只是提供一个"桥梁"，并没有过多地介入到谁和谁的连接上。"连接一切"条件下的智能化作战平台构成的作战体系，其敏捷适应性将比网络时代更进一步。这种敏捷适应基于物理实体的数字化模型和运行状态的数字化表征，在特定系统的支持下，各类作战资源"在用""饱和""空闲"等状态即时感知，并完整映射到"基础网＋作战云＋数字孪生体"的虚拟空间，形成"全息"对照的战场态势，每一个作战平台都可以"全维"抽取关键信息、"全域"拼接作战场景、"全程"推演打击行动，并实时感知友邻平台的运行状态。在这样的全透明战场空间，任何个体要想避免被其他成员抛弃，必须主动向体系贡献自己的能力，从而自然地产生出一种自适应调整的体系能力。

计算力强者胜

很长一段时间里，计算多是粗略概算并服务于指挥员谋略，计算力一直是战斗力的配角。智能化战争中，智能机器的计算能力大大超越人类，人类的决策、行为和意识都受到机器计算的影响，计算力强者胜成为战争制胜的重要一面。

计算力强者胜，反映的是"算料"从"DB"到"BD"的质变。数据即"算料"，其实一直存在。早期的像会计账本之类，电算化时代是机读穿孔卡带，信息化时代升级成为诸如 Database 之类的数据库，即"DB"。到了智能化时代，万物互联加快了数据产生的速度，运用大数据 Big data 方法挖掘信息宝藏成为适应时代的必然选择，即"BD"。从"DB"到"BD"，两个字母位置的简单调换，反映的却是数据从量变到质变的重大跃迁。"DB"是对客观事实的记录、抽样和再现，"BD"则是对数据的关联关系分析并推理预测客观事实，已经接近甚至超出人类在因果关系分析上的技能。比如，谷歌公司曾运用大数据技术，分析了5000万条美国人检索最频繁的词汇，成功预测出美国冬季流感的传播。智能化战争中，数以万计的智能机器，必将产生数不胜数的数据，如何利用大数据手段提升"算料"处理能力，对敌方作战企图、战场走势等做出准确预测和判断，将是决定对抗胜负的重要一极。

计算力强者胜，推动的是算力的云边端供给模式。传统的中军帐、参谋部、指挥所都是"中心计算模式"，其弊端是计算结果滞后甚至偏离战场态势，问题的根源是算力不足。智能化战争中，每一个机器在做出行动时都要进行一系列的计算处理，仅一个"大脑"的中心计算模式已显得力不从心，"云＋边＋端"的新计算模式则应运而生。谁的云中心能够通过策略测算，从复杂场景中"窥出"真正的战场走势；谁的边缘计算中心能够快速将计算能力推送到作战前沿侧，为前端平台提供中等强度的近实时场景模拟推演；谁的智能作战平台能够在对抗活动中，快速规划出武器选择、打击窗口、攻击路线等，将成为左右战局发展走势的关键所在。近年来，美军大力发展类似 F-22 战机充当"战斗云"，提高无人系统的人工智能技术含量，推动自主作战平台的自协同能力提升等，都是对"云＋边＋端"计算模式的尝试。

计算力强者胜，突显的是算法的机器升级迭代。2019 年，星际争霸 II 人机对抗赛中两位人类顶尖选手以 1∶10 的比分惨败，使人们对机器"只会计算、不会算计"的印象发生颠覆性改变。显然，在神经网络、深度学习等技术的推动下，智能机器具备了超越人类的用大量数据拟合出新算法的能力。当智能武器代替人类成为战场上的主角，支撑它们观察战场、分析战场、适应战场能力的关键——算法，将左右战场胜负的走向。算法战，已经从人类大脑层面转换到机器类脑层面，谁的机器学习能力越强，谁的算法迭代升级就越快，谁的决策就越符合对抗态势，谁就将在智能化战争中占据算法战的顶端。

认知力强者胜

形成对战场的统一认知，是作战体系中各个参战单元形成合力的关键。信息化战争主要解决信息"从信号到数据再到知识"的价值转换过程，智能化战争则更注重在"知识到智慧"的过程中提质增效。

认知力强者胜，反映的是作战环节从"OODA"到"OD"的进阶。从本质上讲，平台中心战、网络中心战、决策中心战，"OODA"环路上观察、判断、决策、行动等链条没有变，但不同阶段的行动特点发生了很大变化。机械化战争时代，"OODA"环路按部就班，环环相扣，一步慢、步步慢，一招领先、步步主动；信息化战争时代，发现即摧毁，观察"O"和行动"A"融为一体；智能化战争时代，作战双方的观察能力达到同一水平，战场趋于双向全时透明，谁也不能从"OODA"的第一个"O"即观察上占有多少优势，只有在第二个"O"即判断上一决高下，作战对抗从"OODA"四个环节进阶到"OD"两个环节上。在智能化战争的对抗过程中，信息驱动是源头，统一认知是关键。有了统一的认知，各参战平台才能建立起指向同一作战企图下的任务分析、规划和安排，群体性决策、自适应编组、分布式行动等具有智能化特征的活动，才能真正被激发出来并最终涌现出体系作战能力。

认知力强者胜，推动的是作战指挥从艺术到智慧的转进。智能化战争中，"AI军师""智能参谋"进入作战指挥活动，带来的变化是指挥艺术里面添加了机器计算的成分。智能机器在算速和算法上的优长，使它们能通过海量数据关联分析，对战场态势进行呈现、分析和预测，辅助指挥员预判敌方企图、动向和威胁，从而促使作战指挥由基于"经验"的艺术流，向基于"经验＋算法"的智慧型转进，把认知对抗从人类大脑领域拓展到了"人脑＋机器脑"的新空间。美军 2020 年 8 月组织的"阿尔法空战"实验中，AI 战机 5∶0 击败人类飞行员，其背后的基础是 40 亿次仿真训练。智能化战争中，纯人脑的认知能力水平必将受到来自机器脑认知的强力挑战，而机器脑失去人脑的介入也会失去战争灵魂，"人脑＋机器脑"协作融合形成智慧型认知才是制胜之道。

认知力强者胜，突显的是作战策略从近忧到远虑的延展。智能化战争时代，极易产生"机器信赖症"，任由机器对战场上的作战行动进行控制。但战争的复杂性告诫我们，机器的判断永远代替不了人类。"阿尔法狗"智能围棋虽然设定了四个策略来赢得棋局，但它仍有无法逾越的短视局限，其从繁就简的策略设计中，会对非关键因子进行"剪枝"处理，而被"剪枝"的恰恰可能是战争偶然的诱因。智能化战争中，发挥智能机器的优势，要在建立起"'人机'交互、有人监督"的条件下，运用复杂系统中各分层之间相对独立的原理，对战局进行分层分域拆解，制定全局、局部和战术行动策略，形成一整套多级关联的规则库，让智能机器在指挥人员的监督下能够顺利地计算下去，在时间约束条件下快速得到一个基本满意的方案。一方面，避免机器陷入无休止的运算；另一方面，让机器在人类指引下对战局进行"远虑"，走向"谋全局而不是求一隅"的高度。

从作战体系升级谈"智胜"机理

袁望者　朱　丰

　　当前，新一代人工智能技术正在引发链式突破并迅速向军事领域拓展应用，推动作战体系由信息化向智能化加速跃升。新一代人工智能技术能够赋予作战体系自学习、自进化的能力，使得作战体系性质从无机系统向有机系统迈进。这种以往只有生物界有机体才具有的能力，成为未来智能化作战体系区别于传统作战体系的显著特征。

智能化作战体系进化不同于生物进化

　　智能化作战体系的进化，是指在体系工程、软件定义和新一代人工智能等技术的赋能支撑驱动下，作战体系通过自学习、自适应、自协同、自组织，随着时间的推移，其组织结构动态演进、作战功能逐步拓展、作战能力持续增强的能力、过程和现象。这种进化的特点概括起来，就是"主动进化、全局进化、无级进化和连续进化"。

　　"主动进化"，即人为设计引导控制下积极主动的人工进化。生物界的自然进化，是通过生物器官的用进废退和获得性遗传，使微小的变异逐渐长期积累而成的。这一过程，基因突变是随机的、不定向的，由物竞天择来不断淘汰不适应环境的类型，由自然选择主导着生物进化的方向，对于生物来说完全是一种被动进化。智能化作战体系作为一种特殊的人造工程系统，其进化的方向与目标、方式与途径，都是一开始就由人主动设计赋予的，因而是一种主动进化。

"全局进化"，即人、武器、人与武器的结合三者同步进化，个体与群体同步进化的全方位全要素进化。严格说来，传统作战体系也是有进化的。因为在训练和实战中，士兵作战技能越来越娴熟，指挥员指挥经验越来越丰富，都可视为一种进化。但传统作战体系中武器更新换代较慢、组织编制也相对固定，整体进化幅度小且速度慢，更多体现为人的局部进化。智能化作战体系进化则是要素全覆盖的全局进化，如通过虚拟现实、增强现实等技术，可使作战人员能力素质快速提升；通过智能算法的自学习，可持续提升装备性能；通过智能化的分布式作战管理和体系集成技术，可实现体系组织结构的动态演进和快速升级等。

"无级进化"，即代际进化和代内进化并存的平滑进化。传统作战体系中，装备发展是按代际或改进型号来进行的，升级时间较长，是一种阶跃式间断进步。当前，"载荷优先于平台、软件优先于硬件"的装备发展趋势日益明晰，装备划代的概念将逐渐模糊。未来作战体系进化方式，既有升级软件版本提升体系能力的代际进化，又有同一版本智能算法通过自学习方式提升体系能力的代内进化。通过软件与算法的快速迭代升级，使得作战体系在全寿命周期内，均可像汽车无级变速一样顺畅连续地进化。

"连续进化"，即平时进化和战时进化相衔接的不间断进化。平时，智能化作战体系可通过非战争军事行动、作战模拟仿真与试验、军事训练等，进行脱离实际交战的"离线进化"，以及在"灰色地带"与潜在对手进行侦察与反侦察、摩擦与反摩擦等大量"软接触"，不断积累数据并学习获取对抗"经验"而进化。战时，智能化作战体系可通过在大量的"刺激—观察—打击"作战循环中，获取爆发性增长的实战海量数据进行自适应快速学习，这种"在线进化"的针对性更强、进化质量更高、进化速度更快。

智能化作战体系具有多种进化模式

从复杂自适应系统角度看，智能化作战体系是一种人造的"活系统"或"超有机体"，一旦具备了进化的内驱力，就能产生自下而上、由内而外的进化方式和途径，形成多种多样的进化模式。从技术发展趋势看，未来至少有以下几种基本进化模式。

"经验共享、群体进化"模式。在边缘计算与云计算协同的工作环境中，智能化作战体系中的智能无人装备，在不同环境下执行不同类型的作战任务后，将习得的"经验"以数据的形式，通过网络上传至"作战云"中，而后将这些"经验"以在线升级的方式分享至其他个体，从而实现个体单独学习、群体共同受益的群体进化。这种进化理念已经在一些国外科研项目中得到体现。如国外科学家公布的"机器人大脑"计划，决定制造巨型"中央知识处理器"以支持世界各地的无数机器人。"机器人大脑"可以将互联网资源、计算机模拟以及机器人试验中得到的技能知识，逐步形成一套持续完善的技能知识库。世界各地的机器人可与之联网，直接按需获取技能，而不用从头学起。在军事领域，以往人的作战经验和指挥艺术过于抽象，因而只可意会不可言传、难以共享。运用这一进化模式，可以将作战经验和指挥艺术蕴含于作战数据之中，并以数据形式通过网络共享，为作战经验和指挥艺术的传承问题提供了解决方案。

"数字孪生、并行进化"模式。借助数字孪生技术，在虚拟的网络空间对实际作战体系进行智能化仿真模拟，建立"数字镜像"并对其不断迭代进化，最后再将进化结果适时映射到实际作战体系中，从而实现虚实联动的并行进化。

"左右互搏、对抗进化"模式。针对和平时期战争实践机会少、实战对抗数据特别是对手真实数据获取困难的问题，可运用深度学习、强化学习等手段，生成高逼真度的虚拟对手，并在试验环境下与虚拟对手反复对抗。通过这种战争预实践方式获取积累战争经验，以此不断改进完善作战体系，推进作战体系不断进化。例如，作为一种非常有潜力的深度学习模型，生成对抗网络采用博弈论中二人零和博弈思维，通过生成器和判别器的互相博弈，可把有限的小样本作战数据扩充为高可信度的大样本作战数据。再例如，运用强化学习，可反复进行基于基本作战规则的虚拟对抗，自动产生作战经验，自我创新升级战法，推进作战体系的进化。在这些"左右互搏"的虚拟对抗过程中，也增强了虚拟对手的潜力，反过来又促进了己方作战体系的进化，对解决对抗演练中"蓝军不强"等问题提供了新的解决方案。

智能化作战体系不断进化，将颠覆体系对抗观念

未来战争仍然是体系与体系的对抗，但对抗的主体由组织结构相对固化的传统作战体系，转变为可以自学习、自成长、自进化的智能化作战体系。这一重大转变对未来战争制胜机理、战场制权、作战体系构建、军事训练模式等方面，均将产生深刻影响。

催生了"体系进化快者胜"的战争制胜新机理。未来战争中，作战体系智能化程度高、进化能力强的一方，能够在激烈对抗中快速学习，不仅智能化装备在持续升级，组织结构也在不断动态优化调整，从而迅

速适应对手、适应环境、适应任务，表现出极强的弹性韧性，在体系对抗中始终占据优势。随着战争进程的推移，双方作战体系进化的速度差带来的整体能力差将越来越大。也就是说，战争时间越持久，强者更强、弱者愈弱，作战体系进化速度快的一方就越有利。在马太效应的作用下，最终结果将是体系进化快者胜。

催生了以体系进化自由为核心的制智权。未来战争中，制智权将上升为核心关键制权。夺取制智权的关键，是保持我作战体系进化并阻碍敌作战体系进化的自由。未来战争中，作战双方都将采取各种手段、创造适宜条件，努力加快自身作战体系进化，同时通过误导进化方向、增大进化阻力等方式方法，压制敌作战体系进化，在进化速度和质量上始终压敌一头，才能夺取和保持制智权。

催生了进化能力与初始能力并重的体系构建理念。传统作战体系的构建，强调一开始就要尽量建立一个能力压倒对手的强大作战体系。对于智能化作战体系而言，初始能力固然重要，但进化能力同样重要。应把是否具备自学习和自进化能力，作为衡量智能化作战体系优劣的重要指标。在作战体系构建之初，就要运用体系工程、软件定义和人工智能等技术，赋予作战体系各个要素和组织结构以类生命的"活力"，夯实自学习、自进化的技术基础。平时，应善于进行大量的战争预实践活动，创造作战体系快速进化的条件与环境。战时，应通过数字孪生、平行世界等手段和理念，充分获取并利用实战数据，克服进化阻力，引导控制作战体系向正确方向快速进化。

催生了人装同训、人机共进的军事训练模式。在传统作战体系中，只有人是存在训练价值和能力提升潜力的要素。在智能化作战体系中，由于智能化装备具有了一定的自学习、自进化能力，军事训练的对象将由人拓展为人和装备，训练方式由人训练人为主，转变为人训练人、人

训练装备、装备自训练等多种方式并存，形成了人装同训、人机共进的
智能化军事训练模式。

夺取"制智权"的支点在哪里

随着军事智能化的发展，未来战争出现新的制权高地——"制智权"，智能优势成为超越信息优势的进阶优势。夺取"制智权"，不能空谈概念，要有支撑其实现的具体对抗形式和行动样式。那么，未来战场"制智权"实现的支点在哪里呢？智能化的基石是机械化、依托是信息化，智能对抗不能否认传统物理域的实体对抗、能量域的火力对抗、信息域的信息对抗，但围绕智能化战争形态下人、机器而展开的智能优势争夺，必将在迥异于传统对抗的新战场、新领域催生新战法、新手段。

基于软件程序的算法对抗

驱动人工智能装备运转的核心是后台软件程序，内在实质是"算法＋数据"，在计算平台支撑下，算法通过变换、解析数据，"像人一样"思考和解决问题，可以说，算法是智能化装备的"大脑"。人工智能技术取得的每一次飞跃都与算法的革新与突破有决定性关系。人工智能领域的三大流派，符号主义主要采用规则推理算法，行为主义主要采用控制论算法建立感知动作模型，连接主义主要采用神经网络算法，其本质区别也是算法实现的思路不同。未来战场，智能化作战体系优劣取决于算法，置智能化作战系统于死地的关键在于算法，围绕算法的对抗将成为智能化战场斗争的焦点。

算法对抗，不是传统的针对算法物理层进行破坏，不是对信号层进行干扰，也不是对数据层进行窃取。未来算法对抗的基础是其自身的快速性、精确性、稳定性、进化性，对抗领域集中在算法的逻辑层、应用层。或通过剖析算法原理取得程序的控制权，修改程序功能、操纵程序运行，进而掌握武器系统的操控权和调兵遣将的指挥权；或针对算法逻辑漏洞欺骗诱导程序，使程序做出错误判断和决策。算法对抗已不是实验室神话，以色列使用"舒特"进入叙利亚防空系统，接管叙利亚防空雷达；伊朗先后捕获美军先进无人机；叙利亚战争俄军控制极端分子入侵的无人机等，都隐约折射出算法对抗的影子。未来战场，算法如果"陷落"，智能化武器装备就有可能失去控制，调转"枪口"，为敌所用。

基于脑机互联的认知对抗

无论是陆、海、空、天等有形作战域，还是电磁、网络等无形作战域，搏杀的空间都是物质的。但世界不仅是物质的、客观的，还是意识的、认知的，战争不仅在客观物质世界厮杀争夺，主观认知空间中的观念、决定、情绪、意志等斗争也毫不逊色。指挥人员认知的偏移、混乱、失误等变化，对物质空间的行为方式、行为结果具有直接的、决定性的影响。认知对抗古已有之，主要体现在策略方案高低上的指挥对抗，舆论造势与分化瓦解上的心理对抗，这些对抗还只是观念的、间接的、辅助的。随着以脑机互联为代表的人工智能技术群发展，在传统指挥对抗、心理对抗基础上，或将开辟出新的、独立的、与物质空间平行的认知空间战场。

脑机互联，允许意识通过脑电波，以有线或无线方式控制机器运行，但这也意味着机器可以通过脑电波向大脑反馈信息，给大脑建立认知映象。人物分离、脑机一体，用人脑远程控制无人作战装备，使后台人脑与前台机械合而为一，成为异构"再造人"，大大提高了无人作战装备的自主性、适应性、精确性。早在 2012 年，美国国防部高级研究计划局就实施了一项名为"阿凡达"的科研计划，旨在打造一支像电影《阿凡达》中那样用人脑远程控制的"生物机器军团"。然而，用脑机互联打造"生物机器军团"的同时，也让大脑皮层暴露在无线电波之下，给直接的认知对抗埋下隐忧。万物互联延伸至大脑，"物联网"进化成"脑联网"，"脑控"武器的同时，也面临着对手"控脑"的威胁，对抗双方不单单针对人的感官实施心理战，更针对大脑修改记忆、植入观念、扰乱思维、操控情绪、瘫痪意志，实施更为实际、更为直接、更为高效的认知对抗，实现"心灵控制"，达成"不战而屈人之兵"。

基于电磁能量的芯片对抗

智能化战场，作战力量既有自然人，也包括由人在后台指挥控制的机器人，或者在前台由人穿戴机械外骨骼直接控制的人机复合"电子人"，无人作战装备成为战场主要杀伤目标。而且，无人作战装备的体积越来越小、速度越来越快、发现越来越困难。比如现代战场智能化武器的代表——无人机，由于其小巧灵活，行动神出鬼没，传统的雷达和防空武器很难对付它，如何有效实施反无人机行动成为现代作战的突出难题。面对越来越"无人、无形、无声"的作战目标，在传统的制导跟踪、火力打击、实体对抗显得无能为力之时，利用电磁能量，针对无人作战平台的"心脏"——硅基芯片而展开的对抗将大显身手。

基于电磁能量的芯片对抗，不以直接杀伤摧毁智能化作战平台为手段，而是运用电磁能量，干扰、压制、阻断、烧伤嵌入智能化作战平台的电子芯片，使智能化作战平台的"大脑"和"神经"失去"供血机制"，继而失去反击和作战能力，变成"聋子""瞎子""傻子"，与废铁无异，建构在"万物互联、硅基觉醒"基础上的智能化作战体系也因此土崩瓦解。智能时代的芯片对抗手段，主要有电磁脉冲武器，将爆炸瞬间产生的巨大能量转换为电磁能量发射出去，杀伤破坏智能化装备电子芯片；激光武器，向目标定向发射激光束，利用激光产生的热能及在目标周围产生的次生电磁场，毁伤芯片；粒子束武器，以光速或近光速向目标集束发射质子、中子等定向粒子强流，在目标周围产生强大电磁场和射线，烧伤破坏芯片。这些手段的共同特点是速度快、精度高、距离远、受干扰小、行动转移迅速，能够有效对付无人作战平台，是传统电磁对抗、网络对抗在智能化战争形态下的新创造、新发展。未来，枪炮打出的不仅仅是子弹、炸弹，还有电磁流、光子流、粒子流。

基于自主武器的极限对抗

人工智能技术进步的过程，就是机器自主性不断提高的过程，从最初基于阈值的自动控制系统，到基于规则的自动化系统，再到面向任务的自主系统，武器系统也相应经历了人操作、人遥控、人监督的发展历程。高度自主武器系统不但能够自适应高度复杂的作战环境，而且还能够以远超人类的感知精度、运算速度进行"闪战"，有人操控武器系统在高度自主武器系统面前毫无还手之力。这使得机器人代理作战成为智能化作战的必然趋势。未来战场上，面对面厮杀的有可能是无人机、无人艇、无人火炮、无人坦克、仿生机器人等，人这时只负责启停武器，给武器赋予任务，或"躲"在安全地带的屏幕前注视机器人与机器人的碰撞。

高度自主的机器人战士，是钢铁之躯，他们不会生气、不知疲倦、不惧生死，能够日夜不停地适应各种复杂恶劣的作战环境。这些机器人可以穿越火线、通过染毒地带、蹚过雷区，人不能到达的领域、不想进入的区域，机器人战士却可以"上刀山，下火海"，开辟出崭新的极限作战空间。在高度自主甚至完全自主武器越来越多的战场上，空间范围将在多维度上向极限拓展，平面上的极地，高度上的临近空间、外层空间和深海，温度上的极热、极寒，生理上的极疲，心理上的极怒、极惧，以及传统空间中的高毒、高辐射等，成为机器人战士的"舞台"。美军在阿富汗、伊拉克等地区实施的反恐战争，扫雷、排爆、侦毒、监视、游猎等极限空间任务绝大部分是由机器人、无人机完成；以色列已使用武装机器人在加沙边界地带巡逻。自主武器系统不仅在宏观领域向极限空间拓展，在微观领域也在向厘米级、毫米级，甚至纳米级尺寸极限"攻城略地"，由纳米材料合成的杀人蜂、杀人蚁等微型机器人已不是传说，未来"智能沙粒""智能尘埃"等纳米机器人可以分析周围环境、识别化学构成、融合形成侦察图像。机器人代理作战，是智能化战争的发展方向，优势一方必是对极限空间自主适应性更强的一方，也是对极限空间能够有效抢占的一方。

智能化战争中的"有无之辩"

殷 涛 孙东亚

"有"与"无",是一对基本的哲学概念和辩证关系。战争,是人类社会最尖锐、最复杂的活动,其实践中普遍存在着有人与无人、有形与无形、有利与无利、有限与无限等一系列的对立统一关系。我国古代哲学家老子曰:"有无相生。"智能化战争时代,"有"与"无"的对立统一关系更加突显,找到其中蕴含的特点和规律,有助于我们"有之以为利,无之以为用"。

"有人"与"无人"
——人机结合的程度

战争是人类有组织的对抗活动,有人作战是战争的固有之意。不管战争形态如何演变,人始终是战斗力的核心要素。人与武器结合后就会形成一个人机系统,有着其特有的结构和功能。从有人作战到无人作战,体现的正是系统结构和功能的变化:人机结合的主要领域从物质域、能量域到信息域的逐步升级,人机结合的主导因素从人的体能、技能到智能的渐次取代。

体能因素主导人机物质接触式结合。冷兵器时代,战斗人员通过直接操控刀、矛、戈等来杀伤目标，能量转化的主要方式是人的体能到兵器动能的转化。人机结合主要是人与武器物质实体的接触式结合，结合的关键是人的体能，包括肢体力量、奔跑速度、爆发力、耐受力等。尽管操控弓弩等相对复杂的冷兵器，也需要一定技能，但起主导作用的还是人的体能。这时人的智能只是通过语音、文字、手势等在人与人之间传递，主要体现在谋略范畴，很难移植到武器上。

技能因素主导人机能量耦合式结合。热兵器和机械化战争时代，战斗人员通过操控火枪、火炮、坦克、舰船、飞机等武器或武器平台，发射子弹、炮弹、导弹等弹药杀伤目标，能量转化的主要方式是火药内能到弹丸动能的转化。人机结合主要是建立在物质实体之上的人的技能和武器性能的耦合式结合，结合的关键是提高人的技能和武器性能，以形成最大效能。这时，人的体能退居次要地位；人的智能除在人与人之间传递并使谋略运用有更广阔的空间外，开始部分移植到自动化或半自动化的武器装备上。

智能因素主导人机信息交互式结合。信息化智能化战争时代，无人车、无人机等进入战场，电子战、网络战等广泛运用，参战人员通过网络实现对体系内作战要素的指挥控制，进而利用实体或信息"弹药"杀伤目标，能量转化的主要方式是人类智能到人工智能的转化和智能控制下的内能到动能的转化。人机结合主要是人类智能与人工智能的信息交互式结合，结合的关键是提高人工智能水平以及有人无人协同水平，以发挥作战系统的整体效能。这时人的体能和技能均退居次要地位。

"有形"与"无形"
——形势判定的维度

《庄子·天地》曰："物成生理谓之形。"《史记·太史公自序》曰："形者生之具也。"可以说，万物皆有形。从物质本身来看，有形是绝对的，无形是相对的；从物质的体用来看，体是有形的，用是无形的。《孙子兵法》中论述的"形"与"势"，既包含兵力本身的有形与无形，也包含其体用的有形与无形。智能化时代，战争空间逐渐向信息域、认知域拓展，有形与无形并存，"形"与"势"的判断更加复杂，关键在于把握"形的积聚"和"势的运用"，审"形"而度"势"。

观形之强弱而定攻守之势。弱守强攻，是战斗的基本规律。《孙子兵法·形篇》曰："守则不足，攻则有余。"曹操云："吾所以守者，力不足也；所以攻者，力有余也。"约米尼也认为："凡是取攻势的方面，都是自以为有某种优势。"智能化时代，网电、太空等新型作战力量不断涌现，线式与非线式、对称与非对称、接触与非接触等作战样式交织，力量的强弱对比更趋复杂、更难判断，给攻守决策增加了难度，但弱守强攻的基本规律不会改变。

观形之隐显而定专分之势。隐真示假，是基本的战术原则。《孙子兵法·虚实篇》说明了其道理，"形人而我无形，则我专而敌分"。克劳塞维茨认为，"数量上的优势不论在战术上还是战略上都是最普遍的制胜因素"。兰彻斯特平方律则更加清晰地表明了这种数量优势。智能化时代，战场态势感知的技术和手段更加先进，隐身与反隐身的斗争更加激烈，我专而敌分的难度更大，但隐真示假的基本原则始终适用。

观形之正邪而定胜败之势。正义必将战胜邪恶。我国古代兴师讲求

"师出有名""兴正义之师"，正是这个道理。《孙子兵法·形篇》曰："善用兵者，修道而保法，故能为胜败之政"。这一论述已经超越"胜败之政"的军事层次，达到了"战争之源""用兵之本"的政治和哲学高度。智能化时代，战争越来越呈现军事战与外交战、贸易战等相互交织的混合形态，战争与和平的界限模糊化，正义与非正义的判断复杂化，但邪不胜正的历史规律不会改变。

<h2 style="text-align:center">"有利"与"无利"</h2>
——利害权衡的尺度

有利与无利的权衡是作战筹划决策不可回避的问题。《孙子兵法》中有"不尽知用兵之害者，则不能尽知用兵之利也""合于利而动，不合于利而止""智者之虑，必杂于利害"等论述。毛泽东同志指出，"束缚于眼前的利害，就是失败之道"。因此，作战要尽知利害、权衡利害，在利思害、在害思利，趋利避害、化害为利，以利而动、以害而止。智能化时代，存在利害对立关系的作战要素更加多元，利害关系的权衡更加复杂，但总是存在不以人的意志为转移的、普遍的利害因素或方面。

外线作战比内线作战有利。外线与内线通常是指战略层面，外线即处于战略进攻或对敌战略包围的态势，内线即处于战略防御或被敌战略包围的态势。一般容易把外线与内线等同于进攻与防御，而忽略包围与被包围。外线比内线有利，主要是空间上的包围之利。智能化时代，战场中心由平台拓展到网络，线式作战逐渐被非线式作战取代，但具体到一次作战行动仍然存在外线与内线之分，只是形态由平面拓展到立体、由有形拓展到无形，外线的包围之利将始终存在。

集中效能比集中兵力有利。集中无外乎两层含义，一是兵力的集中，就是将分散的部队调集到同一区域；二是效能的集中，就是把部队的火力、信息力等指向于同一目标。显而易见，兵力的集中只是方法和手段，未必总是有利的；效能的集中才是目的和关键，总是有利的。智能化时代，战争空间更加广阔、参战兵力更加多元，集中的内涵进一步拓展至认知力、决策力，加之武器装备的战斗效能也不断提升，集中兵力的风险进一步增大，集中效能的优势将进一步突显。

"有限"与"无限"
——界限超越的量度

战争进程总是趋于无限，同时又受到有限的战争物质基础的制约。这就是无限的战争进程趋势与有限的战争物质基础之间的矛盾。恩格斯指出，"一切真实的、详尽无遗的认识都只在于……从有限中找到无限，从暂时中找到永久"。智能化时代，虽然战争的物质基础更加雄厚，但有限与无限的矛盾始终存在，仍须立足有限、达成超限、趋向无限。

以有限力量规模达成超限优势。力量是战斗的物质基础，其优劣规定着战斗的样式，决定着战斗的进程。智能化条件下，以有限力量规模达成超限优势的途径主要有三种：一是精兵显优，灵活运用新型多元作战力量，实施非线式、非接触、非对称作战以及无人作战；二是集中聚优，集中兵力、火力、信息力、认知力乃至决策力，充分释放体系效能；三是先机占优，混合运用军事战与政治战、动能战与信息战，实施大胆的进攻或积极的防御。

以有限时空范围达成超限态势。时间和空间是战斗赖以存在的外部条件，本身是无限的，但战斗时间和战斗空间总是有限的。智能化条件下，以有限时空范围达成超限态势的方法主要有三种：一是快速用兵，提高行驶速度、进攻速度、瞄准速度和发射速度等，进而增强战斗行动的时效性；二是因机用兵，及时准确抓住战斗中有利于己、不利于彼的时机，出其不意、攻其不备；三是因地用兵，充分利用战场地形、气象和人文等条件。

以有限行动强度达成超限胜势。以有限行动强度达成超限胜势，需要打击、机动和防护三大要素共同作用。一是打击生势，做好有人作战与无人作战、近战火力与远战火力等的协同，提高射击精度、制导精度和命中精度等；二是机动造势，做好兵力机动和火力机动、机动和打击等的结合，占据空间优势；三是防护蓄势，做好物理域、信息域、认知域多域联防，突出网络防护、电磁脉冲防护等，减少效能损失。

探寻智能化战争的"底层逻辑"

刘知非　冯　斌

正如寻求世界底层逻辑的哲学，关注的是思维与存在、主体与客体、感性与理性的关系问题一样，我们应该从最底层思考智能化战争体系各基本要素之间的关系，厘清它们之间矛盾运动的深层机理。唯此，方能透过眼花缭乱的"西洋镜"，看清智能化战争本质，把握智能化战争发展方向。笔者认为，智能化战争最根本的矛盾关系是人机关系，围绕这一矛盾关系需重点处理好四对基本关系。

无人与有人关系
——人从前台退到后端

最能给战争打上智能化标签的是各种无人作战平台，包括无人机、无人战车、无人潜航器、无人值守传感器等。当前，一些发达国家军队现役无人机数量甚至已超过有人机，各类无人机更是在局部战争和武装冲突中出尽风头。那么，未来智能化战场真就不需要人了吗？事实上，无人机并非真的无人，无人战车并非真的不需要人控制，而是武器在前台、人员在后端，人的智能部分移植到了武器上。当前和未来对无人作战平台的指挥控制，都体现了前台自主行动、后端人工控制的关系模式。

在线控制模式。时下各种无人作战平台，基本上均为无线电遥控，后端有操作手在实时控制平台的起降、转弯、侦察、打击等，与一般遥控玩具、遥控航模的原理并无二致。只不过得到卫星导航系统、高分辨率成像系统、大功率长航时动力系统的支撑，遥控距离更远、操控动作更精细、功能更强大。

即时干涉模式。当前，战场上出现了少数智能化程度较高的反辐射无人机、巡飞弹，这些平台在行动前预先加载各种行动参数，发射后基本不用管。在执行任务过程中，能够根据环境条件变化，对机动路线、运动姿态自行调整，对行动目标、实施方法重新规划，对可能遇到的障碍和敌方的侦察、监视、干扰、打击自主规避应对。尽管如此，战场情况千变万化，后端操作手仍然要对平台行动全程进行监控，及时处理平台无法应对的突发情况。

离线规划模式。随着武器平台智能化程度的提升，其自主行动能力越来越强，直至能够实现"释放后不用管"，跳出"过程监控"的束缚，实现真正的无人化、自主化。即便如此，在平台实施行动前，仍需由人给其赋予任务、设计战法、规划路线等，这等于人的智能提前离线植入了装备。就目前技术发展前景看，离线规划模式通常还限于无人机领域，对于环境更加复杂、协调更加精细、任务更加多样的无人车、机器人等，在可以预见的未来仍离不开人的参与和控制。

机智与人智关系
——走人机混合增强智能之路

智能化战争呼唤智能化指挥。提到智能化指挥，最热门、最频繁出现的关键词莫过于"自主",自主感知、自主判断、自主决策等。有人认为,智能化指挥主体是由人与机器组成的二元主体;也有人认为,智能化指挥信息系统有一天能够代替人,甚至超越人进行指挥。这些过于乐观的想法,缺乏对机智与人智关系的清醒认识。

机器与人有难以逾越的智力鸿沟。当前,智能技术还处于"弱智能"阶段,只能在某一特定领域达到或超过人,比如目标识别、语音识别、机器下棋等。图灵测试从发明到现在,至今没有机器能真正通过。就算是单项智能,机器也只能在逻辑形式上、经验事实上作出判断,一旦涉及客观世界丰富的意义、涉及抽象的概念性事实,机器将一筹莫展。从现实情况看,从专用人工智能的"弱智能"到通用人工智能的"强智能",存在着难以逾越的奇点,跨越这个奇点目前看还遥遥无期。

指挥智能化是智能化战争的瓶颈。指挥智能化远比行动智能化复杂,以目前的"弱智能"水平,要想让机器代替人进行分析判断情况、理解上级意图、定下作战决心、摆兵布阵、处置突发情况,无异于天方夜谭。当前,在指挥信息系统上仍然看不到让指挥人员满意的自主决策、自主控制功能,绝大部分功能还停留在为指挥人员提供指挥情况、辅助指挥作业、支撑指挥活动上。

人机混合增强智能是智能化必然选择。尽管指挥智能化困难重重,但在某些功能领域,机器确实能够辅助分析、辅助决策、辅助计划、辅助处置,比如地形分析、行动规划、方案仿真、预案匹配等,而且比人做得更好。所以,理性的选择不是让机器在整体上像人,造出像人一样自主思考和处理问题的系统,而是把某一特定的智能化功能嵌入到系统中,作为系统整体功能的一部分,在某一特定领域协助人、延伸人、拓展人。在智能化指挥活动中,机器负责感知、计算、存储、检索,甚至对问题外围情况、局部情况、简单情况进行理解、判断、决策,而人负责对问题核心情况、整体情况、复杂情况进行理解、判断、决策，形成"1+1>2"的人机混合增强智能。

技胜与心胜关系
——人的主观能动性更加重要

抗美援朝战争，在中美实力如此悬殊之下，为什么我们能赢？一靠灵活机动的战略战术，二靠一不怕苦、二不怕死的战斗精神。这正是人的主观能动性在起作用，它是战场打赢的核心密码。

人工智能天然缺乏创造力。科技史表明，科学证明是有逻辑的，科学发现却是没有逻辑的，只能借助直觉与灵感，以天才般的悟性揭示世界奥秘。可正是这种看似非理性、无逻辑、没规律的创造力，却是人区别于其他一切生物和非生物的标志。当前，引爆人工智能热潮的"大数据＋深度学习"技术，看似智能在线，实则是机器对既定知识与规则的学习，机器无法做到创造性地应对新环境、新条件、新领域，也无法做到像指挥人员一样进行深刻洞察、巧妙决断、机智应变，无法创造性地运用作战思想与作战原则。"战胜不复，而应形于无穷"。人永远无法100％复制上一场战争，也永远无法100％预测下一场战争，没有创造力，在战场上将处处被动，更遑论取得胜利。

人工智能天然缺乏意志力。人之所以成为人，最核心的本质在于人能对自我进行认识、评价、教育、激励，由此迸发出巨大潜能，这一点人工智能很难达到。也就是说，人工智能既没有创造力，也没有情绪力、意志力和人格魅力。2021年，美国从阿富汗撤出最后一批士兵，持续20年的"反恐战争"落下帷幕。但是，高度技术化、智能化的美军并没有彻底打败衣衫褴褛的塔利班，后者反而越打越多、越打越大。

究其原因，塔利班依靠的是游击战、非传统作战，充分发挥了人的主观能动性。未来智能化战争，离不开机器的计算，更离不开人的算计，离不开积极主动的态度、指挥若定的冷静、视死如归的勇气、坚贞不渝的信念……毕竟，无论战争形态如何演变，人始终是战争制胜的决定因素，这一条永远不会变。

效益与风险关系
——正视智能化作战体系缺陷

技术是把双刃剑，尽管智能化在作战指挥与作战行动的精度、速度、距离、伤亡率等方面带来了极大效益，但看似一片繁荣的智能化表象下，却涌动着暗流、潜藏着风险。

战争伦理道德的窘迫性。几年前，国外发生过一起自动驾驶汽车致死事故，导致民众针对自动驾驶的大规模抗议，尽管自动驾驶每 1.3 亿英里才会发生 1 起致死事故，而人工驾驶却是 9400 万英里。可见，人能够忍受人所犯的错误，却不能忍受机器犯同样的甚至更轻的错误。智能化战场上，高度自主化的无人作战平台，机械地执行交战规则、交战指令，缺乏伦理道德上的约束和弹性，无法判断是非善恶，杀与不杀之间没有空白与缝隙，极易滑向杀戮的极端，使人类陷入伦理道德窘境。

作战体系固有的脆弱性。信息化作战体系所固有的脆弱性不但没有消失，反而随着智能化程度的上升而上升。智能化时代，一切皆信息化、数字化，数字部队、数字保障、数字战场，信息量级越来越大，给敌从信息域发起攻击留下突破口；一切皆网络化、在线化，从局域网、广域网、全域网到移动网、物联网，再到脑联网，万物互联给敌从网络域发起攻击留下突破口；一切皆集成化、云端化，网络信息体系普遍采用"云＋端"结构，信息、信息计算、信息服务以中央云、边缘云、云脑的形式组织，一旦遭到破坏，就会成为引发风暴的"蝴蝶翅膀"，造成体系崩塌，给敌从网络基础设施域发起攻击留下突破口。信息、网络、网络枢纽都是智能化作战体系的命门，哪一个受到威胁都不行。

复杂网络系统的不可靠性。单个元器件可靠性是 99%，10 个元器件级联可靠性就是 90%，100 个元器件级联可靠性则只有 36.6%。体系越复杂，要素就越多、要素间联系就越多、联系程度就越紧密，体系可靠性就会快速下降，这就是所谓的简单能救命、复杂能致命。智能化作战体系，不但平台复杂性大幅提升，由平台组成系统的复杂性大幅提升，而且由系统组成体系的复杂性也大幅提升，无论是单个要素，还是整个体系，可靠性都是严峻的挑战。一个软件上的报错，一台指挥终端的死机，一次指挥所的断电……都可能成为"黑天鹅"，也就更需要巨大的人力投入以保障系统的运行。

实践证明，越是智能化，越离不开人类的参与和控制。只有从根本上、机理上认识好、把握好、处理好无人与有人、机智与人智、技胜与心胜、效益与风险的关系，才能认清智能化战争的一些基本机理，也才能在军事智能化建设的道路上行稳致远。

"茧房效应"：智能化战场新迷雾

聂晓丽　王　哲

智能化战场上，指挥员处于一个从零信息到完全信息的环境之中。陷入绝对黑暗（零信息）或绝对光明（完全信息）的任何一极，都不意味着真正洞悉战场。而且，信息巨量的智能化战场相较信息匮乏的传统战场，诡诈与欺骗更加花样翻新。海量同质信息、滥用算法推荐所导致的"茧房效应"，使指挥员陷入信息包围之中，极易出现作战思维被固化、作战观念被塑造等不利后果。正确认识并有效破除"茧房效应"，成为摆在我们面前的一个重要现实问题。

"茧房效应"缘何产生

"茧房效应"这一概念出自美国学者桑斯坦的著作《信息乌托邦》。他认为，由于公众在信息传播中只关注自己选择的和使自己愉悦的领域，局部而非全方位的信息需求久而久之便导致自身陷入像蚕茧一般的"茧房"之中。在军事领域，随着军事信息化和智能化的发展，作战体系的碎裂破解、数据信息短时空的积聚、个性化推荐算法的滥用等，都在使指挥员陷入海量同质数据信息的紧密包围之中，如同跌入"茧房"之中而难以自拔。通过研究分析可知，"茧房效应"的产生有以下几点原因：

选择性接触的惯性。传播学理论认为，受众具有选择性接触的习惯。作战中，指挥员时间精力有限，倾向于将注意力放在自己想要了解、感兴趣的领域，乐于接触与自己原有态度、观点、立场相吻合的信息，而尽量避开与自己观点、价值观念相悖的部分。这种信息获取的"捷径"导致多元信息的摄取减少，久而久之便会陷入自我编织的"茧房"之中。深嵌在战争回路中的指挥员，其选择性接触的惯性是产生"茧房效应"的根本原因。

智能推荐算法的滥用。算法是一把"双刃剑"，特别是以精准推荐算法为主体的智能信息服务机制的广泛应用，在有效提升作战效能的同时，也无形中推动了"茧房效应"的产生。其一，推送同质信息，营造封闭环境。推荐算法现阶段仍处于弱人工智能阶段，尚无法判断信息的军事价值，仅凭借数量、热度等要素进行分类、整合和排序。这种作用原理的机械性和投机性，导致同质内容重复推送、无关信息频繁干扰，为作战人员营造了一个闭塞的信息环境。其二，投放个性内容，窄化战场视野。推荐算法会迎合作战人员的兴趣爱好，对信息进行筛选，实施个性化内容投放，使作战人员以为自己所看到的信息就是整个战场的主流信息。这种个性化投送内容所伪造的认知空间，进一步使作战人员的战场视野变得狭窄。其三，输出片面结果，限制认知空间。推荐算法所应用的数据列表受到规模和容量限制，难以全面捕捉战场全貌和作战全程，这种片面性极易导致计算结果出错。失真的推荐方案将严重干扰指挥员认知和决策。此外，推荐算法还可能被强敌利用，通过篡写代码内容、修改模型数据等途径操纵算法用途、误导运行过程、影响作用效果。

作战体系的固有弱点。以复杂网络结构为典型特征的智能化作战体系，其在结构、功能等方面具有内在的脆弱性。一方面，网络内聚特征显著。战争复杂系统理论表明，网络化作战体系中少数节点拥有极其多的连接，且结构疏密不一，使得一旦相同信息聚集在一起就形成同质信息，"茧房效应"便会顺势成型。另一方面，网络脆弱性体现明显。一旦遭遇节点被破袭、链路被污染，整个体系内部系统、单元间会失去联通，信息只能在小范围内流转，狭小的流转空间促成了"茧房效应"的形成。

"茧房效应"的负面影响

智能化作战中的"茧房效应"具有鲜明特点：一是信息同质难以发挥效能；二是形态隐蔽难以察觉；三是领域封闭难以突破。"茧房效应"具有以下负面影响：

陷入信息汪洋。在"茧房效应"的影响下，指挥员从信息洪流之中筛选和提炼高价值决策信息变得更加困难，失误概率有增无减。而且，囿于有限的信息流转范围以及同质信息内容，互相矛盾、残缺不全、格式互异的信息难以得到交叉印证，无效信息的泛滥会大幅压缩有效信息的存活空间，错误信息、欺骗信息、失真信息肆意横行，信息浓度、价值密度不断降低，严重干扰指挥员对战场态势的判断。此外，对海量战场信息的有效甄别和联动运用是一项巨大的挑战。如果不能有效地融合处理，信息资源越多，流动的无序与无效现象越加剧，甚至可能引发作战行动的混乱。长期禁锢在"信息茧房"中的指挥员，面临着手里握有堆积如山的数据，而实际上却无权威数据可用的窘境，陷入有数据无信息、有互联无共享、有力量无运用、有指挥无效能以及有意图难决策的尴尬局面和境地，迟滞了联合作战能力的生成。

　　形成认知孤岛。"茧房效应"具有壁垒作用，会严重阻碍不同作战域间的信息交换，加剧形成认知孤岛。一方面，智能算法出现以后，作战人员对信息的需求由主动检索变为被动接受，作战行动越发为技术所规划和控制。"茧房效应"通过单一和同质数据信息来营造封闭空间，使得被其包围的指挥员仿佛置身于透明的玻璃门之中，成为拥有眼睛的"瞎子"，长着双腿的"瘸子"，指挥员认知范围始终在原地打转。另一方面，被"茧房"所裹挟的指挥员，难以接触其他领域信息，战场"知情权"被剥夺。时间一长将导致指挥员思维模式固化、认知视野狭窄。错位的战场认知使得指挥员深陷"茧房"之中而难以自拔，只关注局部优势而忽略全局态势，战场态势研判不准、作战决策贻误战机，敌我之间的认知差距将进一步拉大。

　　丧失"智权"优势。归根结底，智能化战争依然是人与人之间的对抗，"智权"争夺始终是敌我争夺的焦点。"茧房效应"所造成的海量过载信息，使指挥员脑力活动大增并可能导致"思维宕机"；所形成的封闭认知空间促使作战人员决策速度和效率放缓，信火打击精度骤降；造成协同失效、互动减弱，导致作战人员产生消极厌战心理，作战意愿、行动和效能大幅降低。"制智权"的丧失，将使得决策行动僵化、战法样式单一，在传统物理域内摧毁的基础上，容易遭强敌脑力、认知和意志等跨域"软杀伤"和"降维打击"。

有效破除"茧房效应"

　　作为智能时代的一种新型战场迷雾，"茧房效应"的破除需要从"茧房"的形成因素入手，通过提升信息素养来铲除"茧房"形成的基础，优化智能算法来拓展破除"茧房"的途径，校正认知理念来巩固破除"茧房"的效果。

提升信息素养，铲除"茧房"形成的基础。牢牢把握人在战争回路中的主体地位、提升指挥员的信息素养，是破除"茧房效应"的根本途径。首先，主动调整行为模式。把握好信息获取时间、成本、收益之间的关系，克服"惰性""捷径"心理，通过积极的信息获取方式来降低"茧房效应"的负面影响。其次，丰富信息供应渠道。积极优化信息供应渠道、扩大信息供应途径，通过多渠道、全方位的全维多元化信息供应，增强信息的兼容性和异质性，瓦解形成"茧房效应"的物质基础。最后，积极创新思维路径。引导指挥员养成良好的网络信息搜索习惯，能够从海量战场信息中筛选出有益于智能化作战的高价值情报，避免被同类信息所包围、环绕和塑造。

优化智能算法，拓展破除"茧房"的途径。毋庸置疑，智能算法仍然是复杂战场环境中缓解信息供需矛盾的有效手段。但是，在运用智能算法时，应注意以下几点：一是依靠但不依赖算法。智能化作战需要先进算法技术的支持，但不能把作战制胜完全寄托于算法优势。算法的优化，既要分析众多作战单元之间的交互关联，还要考虑不同作战要素之间的因果关系纠缠。二是重视但不迷信数据。应谨慎看待现代科技感十足的高清屏幕展现出来的图表信息，因为数据的背后并不一定代表客观的结论。既要善于运用可视化的数据图表来支撑印证作战观点，更要善于用作战意图来检验论证可靠数据。三是善用但不滥用算法。对于以智能算法为主体的军事信息系统建设，不能简单照搬照抄地方互联网经验，而应该紧密结合作战需求和战场态势要求，从推送内容的个性与共性融合、流量与价值参数拓展、发布与评估适应匹配等方面全面优化军事智能算法，避免信息服务方案的单一化和同质化，帮助作战人员摆脱"茧房"束缚。

　　校正认知理念，巩固破除"茧房"的效果。打赢战争是技术与艺术、个性与共性、局部与全局、暂时与长远的综合考量。为突破"茧房效应"所营造的片面、局部和暂时性的封闭信息环境，一要优化人机交互模式。理性思考智能时代的人机协同关系，合理界定人机交互边界，把快、准、精的计算工作交给机器来"正确做事"，而由人来进行"做正确的事"。二要统筹技艺协同关系。增强战争设计的科学性毋庸置疑，但仍需要注重战争的艺术性。追求尖端技术无可厚非，但在未来战争中，制胜的关键因素依然是人，而技术始终只是触发战争发展的扳机、提升对抗效果的帮手。三要挖掘技术优势潜力。应结合战场客观实际发挥算法技术优势，精准分析指挥员性格习惯、解读指挥员作战诉求，进而为指挥员量身定制应对不同作战场景的个性化作战方案，高度融合战争的技术性与艺术性于一体来破除"茧房效应"。

篇　三

战争之水"浊"兮

——愈演愈烈的"混合战争"

混合战：前所未有的综合

王湘穗

在过去的十年中，混合战争概念在世界军事界引起强烈关注。据称，混合战争理论最早由美国军事专家弗兰克·霍夫曼提出。在他与合作者美国前国防部长马蒂斯看来，由于全球化影响和技术扩散等原因，传统的"大规模常规战争"和"小规模非常规战争"正逐步演变成一种战争界限更加模糊、作战样式更趋融合的混合战争："一种模糊的战争模式，模糊的参战方和技术运用。"混合战理论得到美国军方的高度重视，"混合冲突"概念已经被纳入美国国家军事战略，2015 年的《美国国家军事战略》将其列入需要美军重点应对的威胁样式。该报告明确指出，常规军队以非国家行为体身份展开的行动将成为未来战争的新模式，这种冲突将传统战斗行动同非常规战斗行动相结合，通过创造更大的不确定性来掌握主动权。

实际上，近些年来基于对多场战争的总结，美军提出过许多新的战争理论。然而，大多依然是基于某项技术、某种新的平台的应用，或是多军种联合如何产生新的作战方式、如何提升作战效能等。混合战理念与这些局限在军事领域内的思想创新不同，体现了美军对未来战争的突破性思考。在霍夫曼看来，混合战争广泛结合了常规能力、非常规战术和编成、恐怖主义行动和动乱等不同的战争模式，将作战力量、技术和战争形式混合成无数日渐复杂的组合。最终，导致战争界限变得模糊不清和无从分辨，混合战争因此发展成了各种力量和手段的无限组合。这一理论创新反映出美军战争思想发展的一个新趋向，即突破军事的界限，使更多领域、更多要素进入战争，以"前所未有的综合"去思考战争和实施作战。

有趣的是，中国军人在1999年出版的《超限战》，被美国军人列为是混合战思想的重要源头之一，甚至被说成是混合战争的东方版或亚洲版。因为超限战指出，未来的冲突会牵涉到技术、政治、经济、地区、文化、外交和军事之间的连接点，从而产生无休无止的可能性和复杂性。同样有趣的是，美国认定俄罗斯2014年在克里米亚以及此后在乌克兰东部地区的军事行动属于混合战争范畴，因此，美军必须调整战略，以应对俄罗斯所代表的这一现实威胁。除了美、中、俄军人提供的思想和实践来源，"9·11"以来美国的反恐实践也被看作是混合战的源头之一。混合战思想的广泛来源，使其具有了综合性的基因。

需要指出的是，美国的战争实践才是混合战思想的真正源头。美国军人头脑中的灵光乍现，大多基于当代战争的实践。同样，美军在军事思想领域创新中的步履蹒跚，也脱胎于美军特有的思维定式和技术惯性，他们总是寄希望于技术创新或颠覆性技术的出现，使美军能够永远保持与对手的技术代差。然而，现代战争的实践一再证明，技术解决不了战争目标合理性的问题，失去了恰当的目标，即使能够在战场上获胜，也会输掉战争。在我们看来，混合战争是日渐凸显的一种战争样式，其基本特点是打破领域的边界、组合使用多种手段以达成战争目标。它没有连续的部队战斗接触线，也突破了大纵深和立体式的交战，呈现军民交织、前后方交融的场景；弥漫性的对抗无时不在，也打破了赫尔曼·康恩式的战争台阶。这是需要在总体国家安全观指导下去应对的新型战争。

　　混合战的探索，对美军来说已经是超出常规的跳跃。然而，美军也就止步于多领域的组合，这可能是因为对美国军力优势难以自拔的沉迷。找到应对混合战争的办法，是今天需要面对的现实问题。因为在这个问题背后，很可能隐藏着未来战争的奥秘，成为驾驭未来战争的创新突破口。

是新瓶旧酒，还是别开生面

——浅析混合战争理论的特点

陈航辉　邓秀梅

进入 21 世纪以来，现代冲突的复杂性、多维性和不确定性急剧增加，一些传统战争理论不再适用，复合战争、第四代战争、非三位一体战争等新型战争理论不断涌现。其中，影响范围最广的是混合战争理论。与其他战争理论不同，混合战争理论从诞生之初就充满争议，部分军事专家认为混合战争理论不过是新瓶装旧酒，没有新意；也有军事专家认为第三次世界大战必将是混合战争。不管怎样，混合战争理论已成为 21 世纪以来最重要的战争理论之一，得到各国军队的普遍关注。

混合战争理论从何而来

混合战争理论的发展与坦克战理论相似。发明坦克并将其投入实战的是英军，但将坦克战发挥到极致的却是德军。同样，提出混合战争理论的是美军，但目前把混合战争理论用得最好的却是俄军。

最早提出混合战争概念的是美国前国防部长詹姆斯·马蒂斯和退役美军中校弗兰克·霍夫曼。2005 年 11 月，时任美国海军陆战队战斗发展司令部司令的马蒂斯与弗兰克·霍夫曼在《未来战争：混合战争的兴起》一文中首次提出混合战争概念，预言未来美军面临的敌人将主要实施混合战争。这一结论，既是基于对伊拉克和阿富汗战争的反思总结，同时也吸收了"三个街区战争"思想。"三个街区战争"理论由美国前海军陆战队司令查尔斯·克鲁拉克于 20 世纪 90 年代末提出，该理论认为未来海军陆战队可能需要在同一个城市的 3 个临近街区分别实施大规模作战、和平行动和人道主义救援行动，核心思想是美军担负的任务将趋于多样化。

2006 年的黎以冲突是混合战争理论发展的助推器。冲突中，黎巴嫩真主党武装采用混合战术，令师承美军的以色列国防军屡屡受挫。黎以冲突结局令美军大为震动，促使美军关注混合威胁带来的挑战。2007年，霍夫曼在《21 世纪的冲突：混合战争的兴起》一书中系统论述了混合战争理论，引起美军高层重视。此后，混合威胁、混合冲突等概念逐渐得到美军官方认可，被写入 2009 年版《联合作战顶层概念》、2010年版《四年防务评估报告》、2015 年版《美国国防战略》等重要文件。

美军认为，混合战争不是一种新的战争形态，它是弱势对手抵消美军技术优势的非对称性策略，因此未将混合战争理论作为美军的作战指导。真正将混合战争理论用于战场并引向纵深发展的是俄军。

2013 年 2 月，俄军总参谋长格拉西莫夫将军在《科学的价值在于预见：新挑战要求重新思考实施战斗行动的形式和方法》一文中肯定了混合战争理论的合理性，指出现代冲突应更加注重运用非军事手段达成政治目的。格拉西莫夫将军的观点被西方国家视为俄式混合战争的理论先导。2014 年以来，俄罗斯先后出兵克里米亚、乌克兰和叙利亚，综合运用军事、政治、经济、外交等多种手段，将常规战与非正规战有效结合，令西方国家措手不及，被称为"格拉西莫夫主义"的俄罗斯版混合战争理论名声大噪。俄军的最大贡献，在于证明了混合战争不仅是弱者的非对称性策略，也可成为强者的有力工具。

混合战争"混"在哪里

一般认为，混合战争是指在冲突的全频谱综合运用军事和非军事手段、常规和非正规战术，达成政治目的。混合性是混合战争的基本特性，这是混合战争得其名的原因所在。

国家工具混合运用。乌克兰冲突、叙利亚战争等近几场典型混合战争实践表明，军事手段是打赢混合战争的基本依托，但仅凭军事手段不足以赢得最终胜利，并且代价巨大。只有综合运用政治、经济、外交等所有国家工具，才能发挥综合制衡效应，才能赢得彻底和持久。例如，把经济手段作为牵制对手的杠杆，通过经济施压动摇对手的战斗意志；通过外交斡旋相互妥协，寻求国际社会支持，争取利益最大化，等等。

作战样式混合多样。霍夫曼认为，多种作战样式混合并用是混合战争的最大特点。为增强行动的隐蔽性和合法性，主权国家一方面在正面战场大打常规战，一方面在隐蔽战线积极扶持当地武装实施游击战、情报战等非正规战。在技术全球扩散以及外部势力支持下，非国家行为体能够获得无人机、反舰导弹、防空武器等先进装备，具备初级的诸兵种合成作战能力，如"伊斯兰国"武装能够与伊拉克和叙利亚政府军正面对抗。因此，在乌克兰、叙利亚等混合战场上，呈现出激烈的高技术常规战、隐蔽的特种战、现代化游击战、高强度网络战以及大规模舆论宣传战相互交织的复杂场景。

参战力量混杂多元。混合战争中，参战力量不仅包括由传统兵种和高技术兵种组成的正规军，而且包括反对派武装、部落民兵武装、雇佣军等非正规武装，甚至可能涉及恐怖组织、极端宗教武装、犯罪团伙等暴力团伙。与以往"正规军在正面战场作战、非正规武装在后方战场辅助配合"的作战模式不同，混合战争中，正规军与非正规武装往往在同一战斗空间内混合编组、密切协同，并且非正规武装通常作为主战力量使用，正规军却常常扮演辅助配合角色。

武器装备高低混搭。混合战争中，既要应对高端威胁，又要对付低端对手；既打高技术战，又打低端非正规战；因此使用的武器五花八门、技术含量参差不齐，呈现出尖端武器与老旧装备混搭使用的鲜明特点。叙利亚战争实践表明，新老装备混搭能够避免"用 200 万美元的导弹打击 200 美元的目标"的成本失衡，有利于提高作战效益，降低战争成本。

混合战争理论新意何在

与复合战争等战争理论相比，混合战争理论之所以引人关注，关键在于它体现了现代冲突的多维性，契合了信息时代战争制胜法则。说白了，混合性只是混合战争的表象，其有效性来源于三大本质特征。

基于效果的新总体战。混合战争理论承认现代冲突的多维性，强调综合运用政治、经济、军事、外交等所有国家工具，体现了传统总体战思想，但带有鲜明的时代特征。传统总体战要求全民皆兵，军事处于国家战争体系的中心，其他国家工具围绕军事运转，契合了机械化战争"大规模、高消耗"的特征。混合战争理论打破了以军事为中心的战争范式，强调优先使用非军事手段，追求"不战而屈人之兵"或者"少战而屈人之兵"。即便使用军事力量，也倾向于四两拨千斤，折射出信息时代"灵巧制衡、精确释能"的战争法则。

由内而外的瓦解战。传统战争犹如"掰卷心菜"，层层击溃敌国常规军事力量后，迫使敌国执政当局宣布投降并割地赔款。混合战争的打法就像"切洋葱"，预先在敌国境内扶持反对派，建立"第五纵队"，时机成熟时提供装备、训练与作战指导，并通过信息行动抹黑丑化敌国执政当局特别是敌国安全部门，在无须消灭敌国军队的情况下，推翻敌国执政当局，控制敌国政权与经济命脉。与传统战争相比，混合战争的手法更加隐蔽、经济和高效。

攻心夺志的认知战。随着人类文明不断进步，通过野蛮杀戮震慑驯服的策略已无法奏效，只有赢得观念上认同，才能达成持久战果。因此，混合战争理论注重运用信息手段塑造舆论，引导民意，主导认知域。一方面，利用传统媒体、网络新媒体等全媒体手段，针对冲突区民众和国际社会实施大容量、多渠道战略传播，借助各类代言组织或公知主动发声，获得目标受众的理解、同情与支持。另一方面，通过揭露真相、制造假象、散布假信息等方式，与敌方开展高强度信息对抗，并巧用法律武器与敌进行法理斗争，迷惑敌方心理，软化对抗意志，使敌举棋不定、难以决策。

混合战争理论走向何方

尽管一直饱受争议，美国军方甚至认为没有必要对其概念进行界定，但混合战争理论的威力在利比亚、克里米亚、叙利亚等地已被证实。实践证明，混合战争理论正日益受到各国军队的重视。

混合战争理论将为大国对抗提供理论指导。混合战争理论强调优先使用非军事手段，能够跨越核门槛的限制，为大国对抗注入新选项。目前，俄军已将混合战争作为应对西方混合威胁的主要途径，并形成了独具特色的俄式混合战争模式。美军也在吸收混合战争理论的精华，如美军多域战概念关于"竞争—武装冲突—回到竞争"的概念框架体现了混合战争谋势造势、平战一体的思想。此外，美军正在制定"特洛伊木马"新战略，核心思想是通过秘密渗透和扶持"第五纵队"瓦解对手，与混合战争的瓦解战思想如出一辙。

混合战争理论将由战略思想层面加速向战役战术层面发展。当前，各国军队对混合战争的研究大多停留在思想和观念层面，尚未形成系统的、可操作的作战理论，甚至对混合战争的概念和作用依然存在较大争议。展望未来，"混合冲突可能在未来较长一段时期内持续存在"，混合战争理论将大有用武之地。随着战争实践不断丰富，必将推动混合战争理论向战役甚至战术层次发展，促使混合战争理论真正落地，催生出切实管用的技术、战术和程序。

混合战争理论缘何而生

许三飞

混合战争，简而言之，是指在战略层面综合运用政治、经济、军事、外交、舆论、法律等手段，界限更加模糊、力量更加多元、样式更加融合、调控更加灵活、目标更加隐蔽的战争行动。混合战争概念由美国军事学界提出但是并非其独创发明，该理论兴起有着复杂深刻的动因。

战争理论的时代演进

战争从来就是一个多元合一的过程，是多因素综合作用的产物。古往今来的每场战争几乎都以不同的方式混合了多种战争要素和特质。进入 21 世纪以来，军事与政治、经济等的联动性、依赖性进一步加深，战争的综合性、整体性大大增强，这意味着当今时代战争的内涵和外延正在超越和突破传统战争的概念范畴。2007 年，美国军事学界为适应作战任务和战争形态的发展需要抛出混合战争理论，提出未来战争战与非战的界限将更加模糊，作战样式将更趋融合，将混合战争理论作为应对多元化安全威胁的战略指导。俄罗斯军事学界肯定了混合战争理论的合理性，认为战争的界限变得模糊，确定战争状态愈加困难，重心越来越向综合使用政治、经济、信息及其他非军事措施方向转移；实施混合战争所使用的间接与非对称方法能够在不占领对方领土的情况下剥夺其实际主权。

混合战争理论的出现，表明了新型战争理论固然仍将沿着战争本质规定的轨道前进，但同时也赋予了战争边界更加模糊、战争行动更加融合等新的内涵和时代特质。

世界形势的客观要求

进入 21 世纪以来，政治多极化、经济全球化、科技信息化的迅猛发展，使世界变为联系日益紧密的整体，国家之间我中有你、你中有我，战略层面上的相关性和整体性日益增强，战争的关联因素显著增多、复杂性不断增强，经济、政治因素对战争的影响和制约愈发突出。人们所熟知的刀光剑影的传统战争，正在越来越多地受到政治、经济、外交等因素的制约，但对混合战争这种隐秘的、新出现的战争形态的制约则较弱。

混合战争理论的出现，表明了当今世界在经济全球化深度发展、各国之间联系日趋紧密的情况下，单纯使用军事手段难以达成战争战略目的的现实困境。同时，混合战争的间接性、长期性和非正面对抗性，使得它很难被认为是国家行为，这就为核威慑平衡与经济相互依赖下的大国间进行"战争"开拓了路径，大国间发生混合战争被认为是可能而且可行的。

安全态势的影响制约

　　当今世界正处于大发展大变革大调整时期，与冷战时期大国竞争与对抗主导国际安全态势走向不同，在大变革大调整的背景下，各大战略力量加紧分化组合，大国关系进入全方位角力新阶段，国际战略竞争加剧，地区热点问题此起彼伏。恐怖主义、网络安全、重大传染性疾病、气候变化等非传统安全威胁持续蔓延，国际安全风险和变数增大，容易造成各种摩擦冲突甚至战略意外，国际安全环境表现出前所未有的高度复杂性。对国际战略形势和国家安全环境的判断，成为提出新战争理论的基本前提。一个国家在安全上所面临的威胁，有时是明确的，有时是隐蔽的，有时是现实的，有时是潜在的……如美国认为面临传统性、非常规、灾难性和破坏性威胁等四类安全威胁，潜在敌人复杂化、冲突诱因多样化、安全威胁多元化，认为世界正重回"大国竞争时代"，大国间爆发局部冲突或"高端战争"的可能性上升，正面临一个复杂和不确定的安全环境，一种融合了先进技术与低端武器、正规战与游击战、恐怖袭击与犯罪活动及网络宣传与心理进攻为一体的新的安全挑战正成为现实。

　　混合战争理论的出现，表明了一些国家对国家安全环境的新评估，更强调运用外交战、经济战、网络战、心理战、舆论战等行动，集中体现为信息、资源和智力的对抗，是对日益复杂多变的战略安全环境的直接回应。

战争成本的风险控制

当今时代，世界大国之间的博弈较量，因其手中都握有足以毁灭对方的大规模杀伤性武器，单纯运用军事手段战胜对手已经很难想象。在确保相互摧毁的核战略背景下，世界大国之间爆发大规模全面战争、甚至核战争的可能性不大，常规武装力量大规模使用也受到限制。全球化加剧推动冲突延伸至非传统安全领域，高科技发展推动斗争方式向跨领域、多手段拓展，国际法制约促使混合战争模式成为重要选项。在这一背景下，国家之间已难以用传统的大规模战争的方式解决彼此间的矛盾与冲突。与之相适应，其他破坏力和附带毁伤较小的方式，如贸易禁限、政治施压、经济制裁、网络攻击、舆论引导与心理震慑等更受青睐，将对抗领域由传统的陆海空天电多维空间拓展至社会心理层面，实现了"物理域、信息域和认知域"三者的融合。

混合战争理论的出现，表明了更多国家趋向不再单纯依靠武力的传统作战方式，而是选择了以军事力量为支撑、综合运用多种手段的混合战争方式。这种战争方式因注重非对称和非暴力手段的使用能够降低战争的成本，使得战争不再是昂贵的奢侈品。

战略博弈的利益驱动

在当今国际关系中，国家利益因素越来越成为处理国家关系的重要考量，实现国家利益最大化，成为各国进行战略调整和战略运筹的重要原则。有的世界大国从其战略利益需要出发，主动选取与其利益攸关的某一国家或地区作为战略支点，通过在此设局布势、升级冲突，达到打击和消耗战略对手的目的，并以此撬动战略全局向预期方向发展。突出特点是战争的设计性、规模的有限性、战场的选择性，谋求以点状或局部区域性军事行动加上多样化非军事手段达成全局性、战略性目的。如美国为了维持自身的全球霸权地位，平时就不遗余力地使用"非正规战争"手段，在多个领域对潜在对手进行打压。美国认为，"对手国家及其代理人越来越多地寻求通过使用'非正规战争'来取胜"，未来美军应把强化针对大国对抗的"非正规战争"能力作为主要方向，建立生成"非正规战争"核心能力的体制机制。

混合战争理论的出现，表明了战争行为的战与非战、敌与非敌更加具有模糊性、不确定性等，综合运用多种手段，以"组合拳"方式达成战争的政治和战略目的，就成为大国博弈时首要的选项。

全球连结的便利条件

随着全球化深入发展，人口、资源、信息、技术的跨国界流动更加频繁，连结一国民众的不仅仅有族群、血缘、文化等传统因素，还有信息、舆情、价值观念等新型元素。这使得传统国家对民众价值观念的引导和控制效能大为减弱，普通民众的价值理念日趋多元，社会不再表现为一个统一完整的文化价值板块，这构成了混合战争的心理条件。全球化深入发展，非国家行为体与国家的能力都在同步增长，技术和资金的易得性导致国家对各种资源的垄断能力大幅降低，非国家行为体有机会掌握从前只有国家才拥有的部分能力，这构成混合战争的可资操纵利用的内部资源。全球互联网的开放性、隐匿性导致利用网络进行渗透宣传，策划各种施压活动可以达成比军事强制更有效、成本更低的成果，国家之间的干涉甚至颠覆也可以绕过各种有形障碍以更隐蔽更有效的方式达成。

混合战争理论的出现，表明了全球化带来的全球连结为混合战争提供了重要契机和基础条件，也说明了混合战争理论认同争取人心而非攻城略地才是赢得胜利的关键。

战争实践的直接推动

21世纪初几场局部战争和武装冲突，展示了政治、经济、文化、外交等多种手段与有限的军事行动相配合的混合战争图景。应该说，美国军事学界之所以提出混合战争概念，一个直接的原因是对阿富汗战争和伊拉克战争的反思。在这两场战争中，美国拥有压倒性军事优势，虽然赢得了战场，却输掉了战争。而同期美国综合运用政治、经济、舆论、军事、情报等手段，煽动目标国家的社会不满，利用代理人进行政治颠覆，只运用少量常规军事力量，却实现有关国家政权更迭。可以说，美国提出混合战争理论在很大程度上是对其一贯推崇的"技术制胜""军事制胜"的修正和反思。俄罗斯则从美西方推行的"颜色革命"和利比亚战争的研究中找到了混合战争的灵感，认为混合战争更多是强者对弱者使用的战争形态，属于不战或小战而屈人之兵的性质。

实践表明，混合战争不仅是强者对弱者的非对称性策略，也可成为强者战略博弈的重要方式，这意味着战争正在超越大规模全面战争的既有模式。

透视混合战争基本特性

君　潭

　　战争是时代的产物，每个时代的政治、经济、军事、文化、科技等都会以不同方式映射在战争中，给不同时代战争打下鲜明时代烙印。当前，混合战争理论和实践突破了传统的战争形式，强调综合使用政治、经济、外交、军事、舆论等多领域力量，注重全频谱综合运用军事和非军事手段、常规和非常规战术，呈现出传统战与非传统战聚合发力的显著特性。

战争形态的混沌性

　　战争之所以能够在人类社会实践中独立出来，有着很多内在的规定性。如今国际冲突形式和安全威胁类型越来越多样化，混合战争的战争形态日趋模糊，已经无法用传统战争形态的标准加以界定、描述。

　　战争类型的界限模糊。与传统战争可以用"整洁的箩筐"分门别类不同，混合战争是由多种形式、多种威胁、多种对抗对象构成的复杂混合体，可以说是一种大杂烩式的混合战争形态，不能明确区分其战争类型。

　　战争状态的界限模糊。与传统战争是否开启有着明确标志不同，在混合战争形态下，战与和的界限更加模糊，表现形式更加多样，作战样式更加融合，难以判断战争的具体发起时间，战争与和平的传统界线正在消失，战与非战的状态更加难以确认。

战争行动的确认模糊。与传统战争中敌对军事行动确认十分容易不同，混合战争中竞争对抗领域、方式和手段混合，往往是不宣而战，日常交流交往甚至是某些援助支援中都隐含有政治算计在其中，敌与非敌行动难以确认。

战争成果的确认模糊。与传统战争攻城略地不同，混合战争更多表现为不同领域不同时段会有不同战果，胜与非胜更加难以确认。

混合战争形态的混沌性，让人难以及时预警战争、准备战争、应对战争、打赢战争，甚至有的中小国家在感受到战争氛围之前就已经面临分崩离析的境遇了。

战争主体的多元性

战争主体在传统战争中具有鲜明的标识性，而混合战争发生在战争的所有层面，战争行为主体更加多元。

战争主体力量的跨域性。传统战争是国家、民族、政治集团之间的对抗，战争力量主体通常是两个或两个以上国家（集团）武装力量，而混合战争的力量主体可能包涵国际行为体、国家行为体、非国家行为体等多个类型主体。无论是国内的还是国际的组织或个人，都有可能以某种方式参与其中，并发挥独特作用。

战争参与力量多维性。传统战争中战争力量领域主要集中在军事领域，主要从事武装斗争，而混合战争中战争力量类型更加多维，能够综合使用政治、经济、外交、军事、舆论等多领域力量，非军事力量在战争中的运用越来越广泛，对战争的决定性作用越来越大。

战争武装力量多样性。传统战争中参战力量主要为国家常备军事力量，陆海空天电网等力量类型都会有，而混合战争中参战力量不仅包括国家常备军事力量，而且包括由反对派武装、雇佣军、恐怖组织、犯罪团伙等暴力团伙构成的非正规武装。

战争装备力量多层性。传统战争中，装备是越高级越现代化越好，但是混合战争中既打高技术战，又打低端非正规战，因此使用的武器装备高低混搭，从尖端到简单，更加强调够用适用就好，以利于降低战争成本。

混合战争强调诸多力量的协调配合以实现最大的作战效果，这表明国家力量强大固然重要，但整体力量结构是否合理，能否迅捷有效地集中使用力量并打出组合拳则更为关键。否则即便拥有力量而运用不当，可能依然不能适应和制胜混合战争。

战争形式的融合性

混合战争的理论和实践表明，它是多个战场、多种手段、多种作战样式混合的战争。

战争场域的融合性。混合战争极大扩展了战争空间，将对抗领域由传统的陆海空天电多维空间拓展至社会心理层面，是在物理域、信息域和认知域三者的融合域中同时进行的全频谱战争。战争结局不仅取决于物理域，还取决于虚拟域，不仅取决于军事领域，还取决于非军事领域。

战争手段的融合性。军事手段是打赢混合战争的基本依托，但仅凭军事手段难以取得战争最终胜利，只有在战略、战役、战术各个层面综合运用政治、经济、外交等手段，才能发挥综合制衡效应，才能赢得彻底和持久，争取利益最大化。

战争样式的融合性。多种作战样式混合并用是混合战争的显著特点。除传统作战行动外，混合战争更强调运用外交战、经济战、网络战、心理战、舆论战等作战行动，从常规作战、非常规作战到恐怖袭击、犯罪骚乱等，呈现出从毁灭性威胁到恐怖性袭击的战争样式的混合。

战争效能的融合性。外交战、经济战、网络战、心理战、舆论战等多种作战样式混合并用，其最直接结果就是作战效能能够实现叠加融合，产生从量变到质变的效能，实现战争投入少见效快，用最低限度打击就能实现政治意图和军事目的。

在叙利亚等混合战场上，就呈现出激烈的高技术战、特种战、游击战以及大规模网络战、心理战、舆论战相互交织、多手段效果融合叠加的复杂场景。

战争行动的迷惑性

与传统战争相比，混合战争的手法更加隐蔽，不易被察觉，具有很强的迷惑性和危害性。

行动性质具有迷惑性。混合战争更强调运用外交战、经济战、网络战、心理战、舆论战等行动，更多非军事领域斗争、更多非军事手段运用让战争目标被分解到日常交流交往过程方方面面，降低了战争实施的敏感度。

行动准备具有迷惑性。混合战争更强调不宣而战，发起国在一定时间内不会主动暴露，而是长线筹划、长线准备、长线推进，在战争爆发前会有数年的酝酿期，然而当时机出现时，快速升级的特点，降低了混合战争实施时间敏感度。

行动实施具有迷惑性。混合战争更强调信息战、心理战、认知战等，往往通过开展高强度信息心理对抗，潜移默化地分化政治力量、迷惑对手心理、软化对抗意志，达成攻心夺志效果，由内而外的瓦解，降低了混合战争实施的心理敏感度。

行动主体具有迷惑性。混合战争更强调"第五纵队"的作用，在隐蔽战线积极扶持当地武装实施游击战、情报战等非正规战，同时用保护民主、人权等名义掩盖干涉的军事行为，增强行动的隐蔽性和合法性，让人难以及时有效地应对战争。

混合战争的危害一般在国内出现政治危机、民众意识严重分化时才真正显现，而此时警觉发现可能为时已晚。因此，混合战争能够成为一种有效的非对称方法，其危害可能比传统战争更为致命，也更难防范。

战争风险的可控性

全球化加剧推动冲突延伸至非传统安全领域，高科技发展推动斗争方式向跨领域、多手段拓展，国际法制约促使混合战争模式成为重要选项。

混合战争手段综合化。打破了以军事为中心的战争范式，强调优先使用非军事非直接行动的手段，追求"不战而屈人之兵"或者"少战而屈人之兵"。即便使用军事力量，也倾向于四两拨千斤，通过精确释能作战，减少附带损伤，留有谈判妥协余地。

混合战争目标弹性化。着眼于在目标国制造一种"可控的混乱"，战争目标不再是单一或唯一目标，而是从遏制对手、削弱对手、击败对手、征服对手等多种作战目标的混合目标群，可以不再因为某类目标未达成而升级斗争形态。

混合战争调控临机化。战争进程可能更多只是个基本脉络，而不像传统战争那样有着明确的时间表，只是制定了在某些环境条件出现时才会启动某一进程，或者当某一条件消失时还可主动结束现有进程，回到原有进程，等待目标国内部再次出现有利于己的变化，没有时间和进程的后墙就无须升级对抗。

混合战争成本可控化。手段的综合化、目标弹性化、调控的临机化都以建立于己有利的战略态势为目标，间接性、长期性和非正面对抗性为战争风险可控提供了可能，使得战争不再是昂贵的奢侈品。

混合战争作为风险可控的控制战，本质上是一场有限战争，其目的是来塑造一种有利的态势，在动态变化进程中实现战争的各阶段不同目标。当然，多元化的战争主体有着不同的政治诉求，代表不同的利益群体，在冲突中扮演不同的角色。特别是林林总总的非国家行为体，成员成分复杂、行为方式与国家行为体差别大，很少按传统的战争规则出牌，也不接受国际准则的约束，这也使混合战争存在很强不确定性。

区块链如何影响现代军事

袁观远　史慧敏　李志飞

当前，区块链已成为与人工智能、量子信息、物联网同等重要，并可能产生颠覆性影响的新一代信息技术，是"一座未探明储量的金矿"。同其他新兴技术产生后必然运用于军事领域一样，近年来世界发达国家军队纷纷探索区块链的军事应用，以期在新一轮军事革命大潮中占据先机。为此，应科学预判区块链对军事领域可能产生的冲击和影响，挖掘区块链的军事应用潜力，做好"区块链＋军事"的大文章，为提升军队信息化、智能化水平注入强劲动力。

区块链技术特性契合特定军事需求

区块链技术，是在一个由相互缺乏信任的节点组成的网络环境中，通过"竞争—验证—同步—竞争"的动态循环，解决各节点如何达成可信共识的问题，最终成为允许个体不经过第三方认证而开展有效可信合作的新型技术平台。通俗地讲，区块链是一个"分布式账本"，每个节点都可以显示总账、维护总账，而且不能篡改账本。区块链由此所体现的技术特性，恰好可以满足军事领域的一些特定需求。

区块链去中心化的特性契合抗毁生存的军事需求。区块链采取分布式核算和存储，不依赖第三方管理机构，每一节点都存储着完整的数据备份，一个节点出现问题，其他节点会继续数据的更新和存储，从理论上讲只要有一个节点存在，就能保证全部信息不会丢失。现代战争对抗愈加激烈，指挥机构、通信枢纽及其存储的关键信息，亟须采取类似区块链这种可靠的去中心化技术分散部署，以避免在敌精确打击下被"一锅端"。

　　区块链可追溯不可篡改的特性契合作战指挥的信任需求。区块链在构建时就假定网络中各节点不是完全可信的，从底层上被设计用于在竞争性、不可靠的网络环境中运行维护数据。它运用独特的共识机制，依靠非对称加密算法完成信用担保，数据改写过程全程可追溯，恶意攻击者除非同时修改超过51%的节点，才可能篡改破坏信息，而这在实际中很难做到。军队指挥员的命令具有很强的权威性，采取类似区块链共识机制，既可以完整记录各级指挥员下达的命令，便于出现指挥失误时追究指挥责任，同时也可避免敌采取各种信息插入手段发布假命令，扰乱指挥体系。

　　区块链透明开放集体参与的特性契合信息安全共享的军事需求。区块链的任何参与者都是一个权限平等的节点，除各参与者私有信息加密外，数据对所有人透明公开，并基于协商一致的规范和协议，自动安全地验证和交换数据。第二代区块链还引入人工智能判决方式，对网络节点行为进行分析，智能识别网络中潜在的窃密者和攻击者。基于上述特点，区块链应用到军事领域，每一作战单元或平台在可能遭受敌软硬复合攻击的非完全信任网络中，无需依赖第三方认证，即可根据权限随时安全地获取和发布信息，从而从机制上强制打破各军兵种各部门之间的信息壁垒。

区块链运用于作战和军事管理领域

当前，外军已展开对区块链军事应用的积极探索。美国《2018 财年国防授权法案》明确要求国防部对区块链技术展开全面研究，美国国防部高级研究计划局（DARPA）开展了利用区块链技术解决复杂战场安全通信问题，以及保护军用卫星、核武器等高度机密数据免受黑客攻击的研究；北约举办区块链创新竞赛，开发军事级区块链相关项目，以提高军事后勤、采购和财务效率，并尝试运用区块链技术开发下一代军事信息系统；俄国防部建立专门研究机构开发区块链技术，以加强网络安全和打击针对关键信息基础设施的网络攻击；以色列军民孵化系统把以色列定位为"区块链创新的热点地区"，等等。从各国军队探索情况看，区块链军事应用大体可分为作战和军事管理两大领域。

在作战领域，区块链的去中心化、可扩展、跨网络分布、强加密等特点，可有效提升作战网络的安全性抗毁性，大大增强作战体系的弹性韧劲。例如，中远程导弹等大型关键武器的指挥信息系统采用区块链技术，通过强化身份认证，确保上级命令可达可信，可有效避免误操作、假命令，并保护武器系统关键数据免受黑客篡改和火力摧毁。区块链有望实现信任机制由个人信任、制度信任向机器信任的转变，对于实现与无人化作战相匹配的"人—机／机—机"新型指挥控制模式具有重要意义。无人集群引入区块链技术，借助其共识机制，可有效杜绝恶意节点冒充或欺骗式网电攻击，保持可靠的互联互通，确保无人集群作战协同的稳定高效。

在军事管理领域，区块链的机器信任机制，可减少军事管理过程中人为因素带来的不确定性、多样性和复杂性。例如，在装备管理领域，基于区块链构建研制方、生产方、使用方共同参与、互为监督的装备信息全寿命管理系统，全程跟踪管理装备设计参数、试验数据、战技状态、维修记录等信息，提高装备管理的效率效益。在后勤保障领域，运用区块链技术管理用户需求、仓储货品、装载运输、配送中转等军事物流链中的重要数据，有助于破解军事物流包装、装卸、运输和拆解等环节面临的组网通信、数据保存和系统维护等难题。在人力资源领域，将军队人员任职经历、奖惩记录等信息以区块链形式存储，可以有效防止档案信息丢失和人为篡改等问题。

正视区块链军事应用的局限与风险

从某种意义上讲，区块链是以牺牲存储空间、访问速度和整体效率来换取数据安全和信任的新型信息技术，主要适用于低频度使用、安全性要求高、时效性较低、数据量较小的军事应用场景。区块链应用于军事领域也有其局限性和一定风险，主要表现在：

高冗余度高能耗难以满足轻量化与扩展要求。区块链每一个节点都必须实时同步全部账本数据，有多少个区块就要存储多少次重复数据，而且随着数据量的增长和新节点的追加，系统冗余度将进一步提高，需要消耗大量的存储资源，这对作战单元或平台终端的存储、计算和通信能力提出很高要求，与装备的轻量化、小型化发展趋势相悖。随着区块链节点数量的扩大，每个节点同步数据而消耗的算力、带宽和能源也会越来越大，节点越多则对后续新增节点的存储要求越高、接入难度越大、同步时间越长、整体运行效率越低，不利于作战体系的大规模按需扩展。

复杂数据同步机制难以满足高频次快速响应要求。区块链中每一次数据修改，都要求系统内所有节点同步更新账本数据，需耗费较长时间，短时间内如果操作过于频繁，就会占用大量带宽并可能造成网络堵塞。现代战争进入"秒杀"时代，尤其是在战术级和平台级，态势信息更新速度更快，作战单元和平台信息支援申请频次更高，区块链还难以满足这样的实时响应要求。

共识机制和加密算法仍存在一定安全风险。区块链技术应用了大量的密码算法，共识机制安全程度取决于密码算法所基于的数学难题的破解难度。事实上，这些数学难题并非绝对安全，仍然存在被破解的风险。例如，区块链广泛使用的基于椭圆曲线的密码算法，虽然使用经典计算机破解难度非常大，但对于量子计算机来说破解起来则是轻而易举。目前，世界强国正加大力度突破量子计算技术，一旦可靠实用的量子计算机研制成功，目前大多数的区块链技术将失去安全保障。

军事区块链规模较小降低了系统安全性。从区块链技术原理看，除非攻击者同时修改超过51%的节点，才能成功篡改区块链数据。因此，节点数量越多，攻击者篡改破坏区块链的难度就越大。应用于军事领域的区块链，通常节点数量要远小于基于互联网的民用系统。战时面对敌集中大量算力资源发动的大规模网络攻击，仍然有可能被修改超过半数以上节点并成功篡改数据。

采取有力措施推进区块链军事应用

区块链在民用领域除比特币外，目前尚没有非常成熟的应用案例。区块链在军事领域的应用，各国军队更是处于探索阶段，加快推进区块链军事应用，不断拓展其应用广度和深度，可采取以下措施。

加强区块链军事应用的统筹规划。深入开展区块链军事应用的研究论证，细致分析区块链军事应用的优先领域及其必要性、可行性、预期军事效益和可能风险，形成区块链军事应用路线图，并纳入军队建设相关发展规划。区块链部署是集群部署而非单点部署，通常需要跨军种、跨部门、跨领域，应明确应用项目的牵头部门、参与单位、任务分工、工作机制和保障措施等，确保各级在区块链军事应用上协调一致、有序推进。

创新区块链军事应用模式。把握区块链运行机理、技术特点和发展水平，扬长避短，进一步挖掘、细化和拓展区块链的军事应用领域。选取军事物流、人力资源等风险小、见效快的应用领域进行先期试验、联合攻关和试点，探索区块链军事应用的软硬件环境要求、运行规则、配套机制等，形成成熟的模式后全面推开应用。

突破区块链军事应用技术瓶颈。针对军事领域对区块链应用的特殊要求，加快区块链和人工智能、大数据、物联网等前沿信息技术的深度融合，弥补区块链性能不足或弱点，提高区块链系统的运行效率。加大共识机制、智能合约、分布式通信与存储等底层技术开发力度，兼顾满足"去中心化""安全""性能与效率"三项要求，使区块链系统性能达到军用级标准。

相关链接

2008 年 11 月 1 日，日裔美国人中本聪发表题为《比特币：一种点对点的电子现金系统》的论文，首次提出区块链理念。2009 年，中本聪创建第一个区块，即"创世区块"。自诞生至今，区块链技术在短短十年内取得长足发展，目前已有比特币、以太坊等多个公共区块链开发与应用平台，并向数字金融、数字资产交易、供应链管理、物联网、知识产权保护、智能制造和食品药品追溯等领域拓展应用。

区块链具有去中心化、不可篡改、全程留痕、可以追溯、集体维护、公开透明等特点，这些特点为区块链带来诸多潜在应用领域。例如，区块链"不可篡改"的特点，为经济社会发展中的"存证"难题提供了解决方案。区块链"分布式"的特点，可以打通部门间的"数据壁垒"，实现信息和数据共享。与中心化的数据存储不同，区块链上的信息都会通过点对点广播的形式分布于每一个节点，通过"全网见证"实现所有信息的"如实记录"。区块链的"共识机制"，能够解决信息不对称问题，真正实现从"信息互联网"到"信任互联网"的转变。区块链通过"智能合约"，能够实现多个主体之间的协作信任，从而大大拓展人类相互合作的范围和深度。

总之，区块链通过创造信任来创造价值，使得人类信任第一次可以通过数学原理来创建，而非通过中心化的信用机构来担保。

降域打击：未来作战新样式

张元涛　李宪港　王　巍

当前，科学技术驱动武器装备加速演进，新一代武器装备群即将密集涌现，呈现数代装备同堂竞技的新格局，由此或将衍生出降域打击战这一全新的、具有颠覆性的作战概念。其中，处于高域阶的武器装备及其力量体系，能够对低域阶的武器装备及其力量体系进行降域打击，武器装备的"代差"放大成不同域位的"阶差"，作战胜负的天平将近无悬念地倾向高域阶一方。

内涵：从"田忌赛马"到降域打击

域，字义解释是某一范围或领域，如境域、音域等。域无边无际，并非实体，但域本身可以量度，速度、高度、可见度、认知度等是认识域、衡量域的主要指标。速度，描述域内武器平台的机动性能，以快慢衡量，当快慢差距拉大到一定阈值时形成域阶差。例如，当高超声速导弹速度超过 6 马赫时，就可以突破当前约 97% 的防空系统，形成速度域的降域打击。高度，描述武器平台的时空阵列，以高低衡量，当对比高度达到某一阈值时形成域阶差。例如，在也门战场上，某型无人机击穿胡塞武装分子"T-72S"坦克的顶装甲，形成高度域的降域打击。可见度，描述武器平台的时空形态，以隐形非隐形、视距超视距或接触非接触衡量，当隐显对比达到某一阈值时形成域阶差。认知度，描述武器平台干扰、破坏或提升、倍增指挥员思维心智的程度，以切入指挥员决策环的效力衡量，当影响效力达到某一阈值时形成域阶差。上述各域的具体阈值依实际情况而定，并正朝着极限方向迅速发展，直至达到快如电光石火、动于九天之上、攻于无影无形、胜于诛心夺志。

为方便理解降域打击战概念，首先了解一下域形态和域阶。域形态，指域内武器装备横向区分后呈现的基本形态，通常可按照高度、速度、可见度、认知度四项指标，依次区分为高度域武器、速度域武器、可见度域武器和认知度域武器。域阶，指域内武器装备纵向划分后形成的递阶序列，通过对域指标进行对比后，区分为高域阶武器、同域阶武器和低域阶武器。高域阶武器，指域指标超过阈值而处于高位；此外，像加速到光速级的粒子束武器、从3.6万公里高空投掷的精确打击武器、基因精准打击武器等，不用比对都属于绝对的高域阶武器装备。同域阶武器，指域指标进行比对时均未超过阈值而处于均势位；低域阶武器，指域指标进行比对时低于阈值且处于低位。阈值是划分域阶的核心量度，通常满足阈值的基本条件是：敌人对该域武器装备在短期内没有有效的应对之策；打击手段往往与敌人的防护手段相生相克；打击效果极具颠覆性等。

降域打击战，指依托关键性武器装备在某项域指标上的域阶优势，创造使用与之相匹配的战术手段，从高域阶打击敌方的低域阶武器装备及其力量体系，从而取得颠覆性、非对称性的作战胜利。早在战国初期，齐国大将田忌与齐威王比赛赛马。马匹以奔跑速度分为上、中、下三个速度级。田忌以上马对齐威王中马，以中马对齐威王下马，以下马对齐威王上马。结果三局两胜，田忌获得最后胜利。从整体看，田忌的马匹奔跑能力显然不如齐威王；从赛局看，田忌和齐威王实际构成了类似降域打击式作战；从结果看，整体实力处于低位的田忌战胜了强大的齐威王。降域打击战，不追求与强敌交战时拥有体系对抗的全部优势，而是强调充分发挥自身拥有的高域阶武器装备优势，创造性运用战术手段，对敌方低域阶的武器装备及其力量体系施以降阶式打击，抢占某一时某一域的域位优势，并将域位优势转化为作战胜势，积局域优势为全域胜势，最终达成作战目的。

机理：升降之变，如奇正之循环

2016 年 6 月，美国辛辛那提大学开发的"阿尔法"人工智能软件作为红方，与扮演蓝方的前美空军退役上校基恩·李之间进行了一场模拟空战，红方用 4 架第三代喷气式战斗机，成功击败蓝方有预警机支持的 2 架第四代战斗机。基恩·李宣称："这是我见过的最具侵略性、敏捷性、变化性和可靠性的人工智能。""阿尔法"人工智能软件可以分析战场上所有传感器获取的数据，在不到 1 毫秒的时间迅速作出决策，其反应速度是人类对手的 250 倍，足以对人类对手构成认知度域的降域打击。由此不难看出，武器装备通过"域差"获取的优势往往要比"代差"还大，因而更能主导作战走向并获得胜利。并且，与武器装备"代差"只存在于同类武器装备同质性能参数对比不同，武器装备的"域差"还可能通过错位错域比较而形成新的域阶优势，从而以更丰富的使用方式和战术手段，对低域阶一方实施"绞杀式"乃至"予取予求式"作战。

速度域、高度域、可见度域和认知度域，是对未来智能化战场上武器装备体系的合理切分。"凡战者，以正合，以奇胜"，以体系对抗体系谓之"正"，以局部高域打击低域谓之"奇"。战势不过奇正，奇正之变，不可胜穷也。未来敌我交战也将充斥着降域与升域的对抗，而升降之变，如奇正之循环，不可胜穷也。以往战争多强调人力、火力在一时一地的集中形成优势直达胜利。未来战争，武器装备的跨域发展使作战手段可以从全域实施攻击，如何集中各域的优势对敌实施降域打击，或许将成为决定作战胜负的关键。其中，高域阶武器装备的数量及其运用方式，各作战域之间的联动质量，各作战域之间的切换速度，将直接决定着降域打击战的效能发挥，影响并主导着作战进程和结局。

运用：降域打击、同域抗衡、升域防护

指挥员在筹划运用降域打击战时，应对遍布陆海空天电网以及生物、智能和纳米空间等全域作战空间上的敌我主战武器装备或关键平台进行域阶比对，及时发现感知战场上隐藏在速度、高度、可见度和认知度四类作战域之间的域差，主动灵活地实施一系列综合作战行动，直至赢取作战胜利。具体包括：

在主要作战方向或关键环节上力争对敌实施降域打击。指挥员在组织作战时，应充分了解掌握己方高域阶武器装备的种类、数量及性能参数，熟悉高域阶武器装备的使用方式和时机，力争在作战的关键时节或对敌高价值作战目标实施降域打击，谋求作战必然获胜的先机态势，实现"胜兵先胜而后求战"。

在次要作战方向或辅助环节主动与敌形成同域抗衡。同域抗衡主要用以牵制、消耗敌人，曾是传统战场上极为普遍的行为。由于交战双方的武器装备均未超出阈值形成"域差"，双方就在同一域内进行兵力或火力的争夺较量，结果通常仍是武器装备接近高域阶阈值的一方胜算较

大，但以弱胜强、以劣胜优的可能性仍普遍存在。

在我核心区域或作战力量体系的薄弱环节尽量实施升域防护。指挥员在作战全程应高度关注敌对我核心要害或关键部位的威胁程度，预判可能遭受敌降域打击的征兆，并在敌可能发起攻击前主动实施升域防护，力争达到与敌同域抗衡的程度，力避己方重要目标遭受重大损失。如果难以实现我核心要害的升域防护，还可以通过主动出击的方式，看能否谋求创造错域抗衡、域阶反转的现实良机。

降域打击战的运用难点在于如何构设降域打击的时机和场景、如何规避敌人发起的降域打击，而这必然涉及谋略和战法的灵活运用，由此赋予指挥员施展智慧的广阔空间。20 世纪 50 年代，国民党军频频出动U-2 高空侦察机骚扰我领土上空。U-2 高空侦察机升限可达 21336 米，超出当时我所有防空力量射高，实际上就类似对我方构成了降域侦察。对此，我空军很快装备射高可达 24000 米的"萨姆-2"地空导弹，组建了首支地空导弹部队，从而变敌之降域侦察为我之同域抗衡。然而在实战中却发现，仍存在我防空雷达不能及时捕捉到 U-2 高空侦察机、"萨姆-2"地空导弹来不及发射的问题，对此，导二营创造性采用"近快战法"和反常规部署导弹阵地等方法予以克服，实现了与 U-2 高空侦察机的再次同域抗衡，并在 1962 年 9 月 9 日，成功击落 1 架 U-2 高空侦察机。着眼未来智能化战场，在交战双方的全程全阶段均可能构成降域打击之势，形成彼此有高有低、有升有降的复杂交错局势。指挥员因此要善于掌握全局，注重发挥谋略，创造性形成某一域的优势，逐渐积小胜为大胜，直至夺取最后胜利。

"叙事战"：军事竞争的话语武器

沈文科　薛闫兴

随着心理战、网络战、社交媒体战、认知战等理论的发展和作战实践的运用，军事话语权的争夺愈演愈烈。以语言为武器，强势的叙事既能压制对手形成话语主导权，也能潜移默化地塑造对手的思维习惯，引导作战对手跟风追随，形成话语非对称优势，从而实现"概念打击"。

叙事可扼控军事理论的"喉咙"

语言也是武器。军事斗争除了可以动用飞机、坦克等硬手段外，也可以将语言修辞作为实现军事目标的手段。不同于话语，叙事更为宏阔。认清军事叙事的内涵和特点，对于构建未来军事理论具有重要意义。

语言是上膛的"手枪"。"叙事战"是指以语言为武器，以占据世界军事话语主导权为目标而展开的军事理论创新和竞争。从目标上可分为进攻性叙事、防御性叙事和威慑性叙事等，按手段可分为作战概念叙事、军事理论叙事、军事话语叙事、军事话术叙事等。内容既涉及国防和军队建设、军事战略层面的叙事，也包括战略、战役、战术层面作战概念的叙事，还包括作战标准、作战规则的权威制定和议程设置。把握叙事主导权，是赢得认知战的前提和基础。把握了叙事主导权，也就把握了国际意识形态斗争的主动权、领导权，进而获得军事话语主导权。

成功的叙事需要吸引力。与严密的逻辑论证不同，叙事通过引人入胜的故事吸引观众，二战时期德国"闪击战"神话便是如此。这个横空出世的战术其实是一战后期"胡蒂尔战术"或"渗透战术"的翻版，但在军事界和各类媒体的华丽包装下，迅速成为德国能够横扫欧洲的"魔法"。当前，美军各个军种都在推出令人眼花缭乱的作战概念，尽管不少是对以往作战思想的翻新和包装，然而这种颇具"概念股"意味的营销方式成功吸引了世界军事界的注意和追捧，甚至影响了其他国家军事变革的方向和军事学说的制定。

叙事是军事发展的"设计师"

叙事既是理论研究者脑中的思考脉络，也是媒体口中的报道风格，它对内构成了理论研究的习惯，对外则成为描述对手的行文规范，涉及理论、概念、宣传、话术手段等诸多内容。因此，可以从四个方面认识叙事在军事上发挥作用的方式。

作战概念叙事影响未来军事建设与发展。作战概念既是一种作战理念，本身也是一种武器和作战手段。作战概念的叙事竞争让作战双方极力追求军事技术运用和作战方法手段的共同进化，力争使双方作战理念和方法手段处于相近的水平。当国家军事实力差距巨大时，实力强大的国家力求主导设计战场，实现对作战对手的降维打击。当国家军事实力差距不明显时，双方作战概念的博弈结果可能是混沌未知的。各方穷尽所有，在时代框架所能允许的范围内，尽量全景描述可能的作战方式和手段。在你来我往的作战概念"叙事战"之中，新型战争方式最终会在双方军事理论家的"头脑风暴"中诞生，在演训实践中定型，最终在战场对决中进行检验。

军事理论叙事能左右军事战略的制定。军事理论叙事有助于确定国家安全利益、识别现实和潜在威胁，也有助于针对性规划国防与军队发展战略。比如，马汉"海权论"的提出，既有力满足了本国海军发展需求，同时也成为二战后各国争夺海洋利益、发展海上力量的重要思想源头。美军20世纪90年代以来对高新技术战争的叙事，引导了世界新军事革命浪潮，带来了武器装备和部队编制体制的重大变革。近年来，美军相继提出"多域战""分布式海上作战"等新作战概念，反映出其希望借助先进作战概念继续占据世界军事发展前沿、引领军事变革方向的意图。

军事话语叙事可塑造军事认知环境。军事话语通过构设术语，对军事理论内容进行议程设置，塑造军事语境，内化对手思考方向，让其在既设的军事框架内认知作战环境、作战手段，进而创设自己熟悉的作战"剧本"，让对手陷入其中却浑然不知。譬如美军名目繁多的作战概念，既有服务本军种利益竞争的需要，也有试错性的作战概念推演，同时还有意无意地给对手制造"概念圈套"。

军事话术叙事可主导话语权颠倒黑白。通过名词构造等话术，强势叙事者可对已有概念做出新表述，模糊人们对原有概念的理解，形成强势话语对弱势话语的压制。通过高调宣传、片面解读、美化包装和选择性运用政策法规等手段，既妖魔化对手，又彰显强势叙事者自身行动的"正义性"和"合法化"。近年来，西方国家把意识形态领域的政治语言叙事模式转变成军事话语权进行输出，隐蔽地将价值评价植入军事层面的叙事之中。比如，描述同样性质的作战行动，西方国家自己会用"低烈度战争""航行自由行动"等带有中性和正义色彩的词汇，却贬损别国为"灰色地带行动"。

善于争夺"话筒"主导权

从内容上看，叙事属于语言艺术范畴，并不神秘。在认清其特点及作用方式的基础上，如何在军事叙事的斗争维度上赢得胜利，是摆在我们面前的重要理论和现实问题。笔者认为，争夺"叙事战"主导权，应该注意把握四点原则。

注重量体裁衣服务国家战略。军事服从政治。军事叙事不能天马行空，应该与国家战略叙事相一致，否则二者的分裂将严重损害国家安全利益。二战前夕，法国奉行的以"马奇诺防线"为代表的防御性军事叙事，无法支撑其政治上与东欧国家的同盟战略体系，令法国失去了应对德国威胁的可信能力。因此，军事上的叙事贵在围绕着国家战略目标"就地取材""你打你的，我打我的"。我军历史上的"麻雀战""零敲牛皮糖""小群多路战"等作战概念，有力支撑了我军作战实践。

灵巧拆解词语进行反向叙事。词语构建是对已有概念作出新表述，模糊对原有概念的理解，从而达到引导舆论的目的，是构建话语体系常用的手段之一。美军当今大量所谓的新式作战概念往往是新瓶装旧酒。比如"分布式海上作战"，其实是"分散兵力"或"狼群战术"借用网络领域概念的语言升级，"海上远征基地作战"炒的则是"跳岛战术"的冷饭。对待这些作战概念，千万不能人云亦云。应该运用批判性思维，通过反向叙事的方式挤出作战概念叙事中的水分，拨开云雾见真容。

积极夺取认知空间，抗击叙事霸权。"叙事战"的终极目标是夺取认知领域的话语权、制脑权。如今网络是叙事的主战场，自媒体、社交网络、直播视频等是认知对抗、"叙事战"的重要平台。西方军事强国凭借占据全球舆论制高点的优势，用一套霸权性质的话术，构设了一套服务资本利益、维护霸权地位的价值和标准体系，形成了偏向于网络霸权国家的选择性叙事取向。处在这种不利的叙事环境下，应着重探索弱势叙事空间的话术手段，在媒体、智库等叙事平台构造话语联动机制，逐步拓展叙事空间，赢得更多的社会认同、更多的公众青睐和影响力。

防止落入作战概念的叙事陷阱。作战概念超前并不意味着军事实力领先。战争对决，作战概念从来不是制胜武器，更无法左右战争的结局。冷战后美国发起的几场战争，均凭借绝对的非对称优势以强对弱、以优胜劣，其背后密码为：实力＋新作战概念，其中何者为决定因素还有待商榷。因此，应避免落入对手作战概念的叙事陷阱，防止被对手牵引着追逐作战概念创新以致被带偏节奏。要坚持"你打你的，我打我的"的原则，用清醒的头脑、理智的思维谋求有中国特色的军事理论叙事，练就制胜强敌的过硬"内功"。

降级作战：非对称理念新诠释

张行声　崔晓明　赵晓宏

降级作战，通常指采取多种手段让对方环境降阶、决策降智、能力降解及行动降域，综合达成降低对方优势、赢取己方胜势的作战方式。降级作战可以看作是对非对称作战理念的特色诠释，是对联合全域作战、多域作战的见招拆招与逆向拆解，具有一定的理论意义和实践应用价值。

为战之法，以正合，以奇胜

凡战者，以正合，以奇胜。以联合对联合、全域对全域为主导形式的全面对抗，可谓之"正"，往往更能体现出对称性特征；而降级作战则属于战场较量的"另一面"，是反其道而行之，更能体现出非对称性特征。

环境降阶。指通过削弱与破坏对方人员或武器装备赖以释放战斗力的客观条件以降低其斗志或作战效能。在科索沃战争中，南联盟之所以坚守78天后最终放弃抵抗，其中"马桶战"的威力不容小觑，因为很多居民在断电断水之后难以冲刷马桶，这让他们感到既难受又难堪。

决策降智。一方面是指通过增加对方的决策困境，以降低其决策时效性和准确性；另一方面则是指主动增加认知算法对抗，以降低对方智能化决策效力。目前，基于深度自主学习的人工智能技术多属于"弱监督学习"，一旦对其算法模型的运行加以干扰，就可能造成数据解析偏差，带来人工智能行为的错觉。例如，通过混淆卷积神经网络数据，对情报图像识别流程的算法实施干扰破坏，能让计算机难以对场景目标进行检测分类与行为判读，增加认知负荷及决策难度。

能力降解。是指将对手作战能力进行逆向分解，让其体系作战能力分解成系统作战能力，系统作战能力分解成单元作战能力，单元作战能力分解成要素作战能力，通过这种自上而下的降级操作不断破坏对方的体系作战优势，并阻止对方采取自下而上的从要素、单元至体系的耦合涌现。如果把战争看作一场奥林匹克运动竞赛的话，实施降级作战不是和对手比"更快更高更强"，而是让对手"更不快更不高更不强"，让对手不得不陷入陌生或不熟悉的态势中展开对抗。例如，通过选择性提升己方反介入／区域拒止能力，在预设定的全球公域内，让对方无法进行有效的力量投射，难以进行多域融合的协同增效，就可能以较低的成本与代价拒战，并避免冲突进一步升级。

行动降域。指在对抗发生时，一方面让对方难以联动多域一体行动，不得不采取少域或单域行动；另一方面让对手即使在单域行动时，也难以实施智能化作战。据资料介绍，美陆军计划未来组建5支多域特遣部队，其中2支主要部署于"第一岛链"，旨在通过设计"改变游戏规则"的作战新方式，深度割裂对手所采取的多域或跨域一体化行动。

"混乱无序"或是战争常态

"战场迷雾"难以消除，混乱无序或许才是战争的固有面貌。从

1975年发生的越南"西贡撤离"事件到2021年发生的阿富汗"喀布尔撤离"事件，冲突的面貌似乎并未改观，仍呈现出无序、混乱的状态。回溯分析，美军在海湾战争中建立的信息主导优势、战场单向透明优势，以及由此发动的有序式作战，这些曾被认为是信息化战争典型特征的"特征"，也许只是数千年来所爆发战争中的极端特例。无序、混沌、逆向、降级以及非对称，或许糅合这些属性才是战争的本来面貌。

　　战争中的混乱无序现象是由战争本质决定的。战争的本质是交战双方的活力对抗，是使用武器装备的人的较量。制定战争方案没有最优解，只有因敌而变，以变应变。由于对手的决策方案难以全面获悉，己方的决策也只能是概略决策。每个决策与现实的细小偏差都可能非线性裂变，导致难以估量的后果，不断叠加的变量最终会推动战争向复杂无序变化演进。在信息化智能化技术的赋能增效下，未来战争将变得更加紧张激烈、更加变化无常。今后可能广泛实施的诸如"马赛克战""决策中心战""分布式作战"等，考虑到"以彼之道还施彼身"，都可能导致未来战争在整体上变得更复杂而不是更简洁，更混沌而不是更通透。

　　降级作战或将成为今后战场角逐的主要样式。美国知名智库"新国家安全中心"在2021年5月发布《道阻且长——美国新战争方式中的信息与指挥》研究报告，认为"与其在混乱的现代冲突中追求秩序，不如接受混乱，并在混乱中纵横捭阖，同时迫使他国以他们不情愿的方式采取同样的行动"。报告由此建议美国放弃"全面主宰"战场优势和"全面超越"竞争对手的作战理念，转向主动应对降级环境下的非对称作战，并做到在对手对等降级条件下的"纵横捭阖"。未来，降级作战可能大量应用在战场实践之中，演变为双方争夺作战优势的主要样式。尤其对于综合实力偏弱的一方，通过主动制造混乱无序局面，出其不意地破坏作战制胜常理或让其难以奏效，破坏现有交战"游戏规则"或使其更无章法可循，破坏作战进程节奏或使其更偏离预估等，从而赢得作战主动权。

化繁为简，以"降"驭天下

降级作战是立足于攻防双方的"双降"行动，既要考虑到降级对手态势，又要防止被对手降级。由此，事实上构成了双方都在或对等或不对等的降级态势下展开对抗。从作战层级角度分析，进攻方可主动设计三种降级攻势行动。

战术级对抗主要着眼降级对手的行动优势。通过打乱对手的行动节奏，使其不能按照预定计划行事或超出对方行动预案，特别是破坏其初始作战计划中固有流程，让其难以有效应对处置，造成行动紊乱失序。2011年5月，美军刺杀本·拉登的作战行动，尽管顺利达到预期目的，但行动刚开始，第1架进入本·拉登住处的直升机即损坏坠落，夜间行动交战声响又引发不少居民围观。军事对抗中，如果行动环节潜藏着可能导致行动失调甚至失败的巨大隐患，被对方加以利用的话，后果将非常严重。

战役级对抗主要着眼降级对手的指控优势。对抗的重心并非破坏某件武器平台，而是通过破击对手指控节点与关键链路，破坏其军种之间、多域之间的指挥控制联系，使其不得不在降域或少域中行动。2020年1月，疑似阿富汗武装人员击落1架美军E-11A"战场机载通信节点"飞机，顿时切断了美军空中与地面的指控通联，迫使美军不得不停止该地域所有地面行动。未来，在面对已经集成于"云作战"指控体系下的对手时，有效设计割裂其"云中心""雾节点"与"边缘"作战人员的交互联系，显得尤为重要。

　　战略级对抗主要着眼降级对手的决策优势。通过多域联动发力，使对手迟疑不决，难以定下开战决心或作出错误决策。不同于战术级、战役级对抗以军事力量为主实施降级作战，战略级对抗最复杂，难度最大，涉及面也最广，涵盖政治、经济、外交、科技等多域混合博弈，并且不拘泥于一时一域之得失，不局限于一地一城之胜负，应当综合采取伐谋、伐交、伐兵等策略，灵活施用军事和民事手段，统筹规划平时和战时的降级行动，从而谋取最大的战略效益。

社交媒体战，现代战争新样式

张　翚

社交媒体也被称为社会化媒体，是人们彼此之间用来分享意见、见解、经验和观点的平台和工具，现阶段主要包括社交网站、微博、微信、博客、论坛等。因具备信息传播的快速性、便捷性、透明性以及受众参与的广泛性、互动性而发展迅速，近年来在政治、经济、外交等领域发挥越来越重要的作用。世界各国也纷纷利用社交媒体开展舆论战、情报战、网络战、心理战，应对国家安全及军事斗争面临的新挑战。

社交媒体强势介入现代战争

当今世界，无处不在而又无孔不入的各种社交媒体正深刻改变着人们的传统观念，渗透到包括军事行动在内的人类生活各个方面，社交媒体战作为一种崭新样式成为现代战争的重要内容。

2003 年伊拉克战争爆发后，美国士兵科比·布泽尔开博记录"我的战争"。这是互联网诞生以来首次战场自媒体传播事件。

2008 年"铸铅"行动，以色列和巴勒斯坦伊斯兰抵抗运动（哈马斯）纷纷在社交网络平台上开辟"第二战场"，通过社交媒体展开激烈的舆论争夺。以色列开创了多项世界军事传播纪录：第一个军方优兔频道、第一场推特战争直播、第一个新媒体军事传播专业团队等。哈马斯则定期更新该组织的阿拉伯语和英语互联网页，其支持者也在博客、脸谱、优兔等网站发布加沙遭到以军毁灭性打击后的图片，争取世人的同情和支持。

2011年利比亚战争，多国联军在非对称空袭的同时，还展开压倒性的社交媒体攻势。大肆抹黑利比亚当局，为联军行动宣传、辩护，通过网络散布虚假信息，动摇卡扎菲支持者的抵抗意志。

2012年西亚地区紧张局势升级，叙利亚内战愈演愈烈，社交媒体动员和影响战争的功能进一步放大。网络媒体实时发布战场图文、直播视频和评论跟帖，吸引了众多社交媒体用户关注热议，也成为叙利亚国内外不同势力派别博弈角逐的重要阵地。方方面面、形形色色的新媒体激烈对抗至今，上演了一场令人目不暇接的"全媒体战争"。

社交媒体成为现代战争力量倍增器

拿破仑曾经说过"报馆一间，犹如联军一队""三份不友善的报纸比一千把刺刀更可怕"。这些论述揭示了媒体对战争的重大影响。信息时代，社交媒体在互联网上蓬勃发展，与传统媒体相互补充、有机融合，在军事领域爆发出巨大能量，成为现代战争力量倍增器。

大肆造势营造师出有名。伊拉克战争前，美国利用各种媒体大肆宣传萨达姆与本·拉登的"基地组织"勾结；称伊拉克长期对联合国武器核查人员隐瞒欺骗，藏有对美国乃至全世界构成威胁的大规模杀伤性武器；还大造舆论说，"9·11"劫机者穆罕默德·阿塔曾和一名伊拉克情报人员在布拉格会面，萨达姆从尼日尔购买了大量铀用来制造核武器。利用美国民众对恐怖主义的极度愤慨为"合理"出兵正名，致使美英绕开联合国对伊动武在美国国内几乎没有反对之声。

广撒迷雾干扰对手判断。现代战争透明性增强，但借助社交媒体可以散布大量虚虚实实的信息迷惑对手。伊拉克战争期间，伊前新闻部长萨哈夫每天准时出现在新闻发布会上。面对密密麻麻的麦克风，萨哈夫义正词严地谴责美国，断然否认全球观众在电视上看到的美军新闻，同时面不改色地说出很多信息"联军对我们的这种军事打击，影响微乎其微，今后也是如此""几位勇敢的当地农民不畏强暴，奋勇击落两架'阿帕奇'直升机，并抓获两名美军飞行员"。萨哈夫的出色表演给对手造成巨大心理压力，致使美军一定程度上误判了形势。战争结束后，小布什对身边人说，当时看见萨哈夫的态度，心里真没底，不知道战争要打多久。

情报挖掘助力精确打击。2006年黎以冲突，真主党武装利用即时网络媒体以及谷歌地图作为重要情报来源确定火箭弹的弹着点，大大提高了火力精度。近年来，社交媒体迅速普及，引起情报人员密切关注。美军从推特、脸谱等网站搜集照片、视频等原始数据，由专业情报分析员进行甄别处理，往往能获取高价值的作战情报。2015年6月，"伊斯兰国"组织一名人员在社交网络上发布了几张自拍照，暴露了其组织总部大楼的位置，不到24小时，大楼即被3枚美军导弹摧毁。

争取民心力求不战而胜。2014年克里米亚事件中，俄罗斯通过出其不意的社交媒体战，争取了民心，动摇了对手的作战意志。危机期间，乌克兰前总理季莫申科利用个人政治影响力整合并统领亲西方势力，大有控制乌局面之势。关键时刻，俄情报机构及时公布了季莫申科与一位乌克兰前议员的电话录音，在录音里，季说乌境内的800万俄罗斯族人毫无用处，"直接用核武器弄死"。此录音一公布立刻引起轩然大波，乌克兰局势迅即逆转，季莫申科急忙解释、道歉，但已于事无补。

积极应对社交媒体战威胁

社交媒体凭借海量信息、群际传播、虚拟互动、情景交融等优势快速兴起，成为现代社会描述战争、评价战争、影响战争的强有力工具。面对扑面而来的社交媒体战浪潮，必须未雨绸缪，积极应对。

把信息传播力、舆论影响力作为战斗力建设的重要方面。哈佛大学教授约瑟夫·奈认为，在信息时代，成功不仅取决于谁的军队能打胜仗，更取决于谁的故事更有说服力。当今世界，军事强国为了夺取国际舆论制高点，纷纷将被称为"公关战争"的舆论战上升为国家战略。现代战争实践也充分证明，舆论战是衡量一个国家、一支军队是否具备现代战争思维的重要标志之一。因此，应该把加强信息传播力、舆论影响力纳入军队战斗力建设和运用的链条，纳入国防和军队的发展规划。瞄准未来战场，着眼全媒体时代特征，探索加快转变舆论战战斗力生成模式新思路，确保关键时刻发出权威声音。

健全舆论信息引导机制，完善相关政策法规。全媒体时代，健全网络空间舆论信息引导机制是提高应对社交媒体战能力的关键。应建立健全网络空间敏感舆论信息预警机制，制定网络空间舆论危机应急预案，明确指导思想、职责任务、工作原则、处置流程、应对策略，展开科学研判并积极应对。建立健全网络空间敏感舆论信息快速反应机制，第一时间发布信息，第一时间做出回应，迅速组织主流媒体、新兴媒体展开事件跟踪报道，明确各级对外发布信息的责权，主动满足受众对热点事件的信息需求，消除受众疑惑。

加强协作研究，形成完备的社交媒体战理论体系。社交媒体战攸关国家政治安全、经济发展、社会稳定，加强理论攻关，形成完备的社交媒体战理论体系，对牵引和指导实践极为重要。社交媒体主体在地方，先进技术在地方，应重视加强军地结合的研究力度。重点研究社交媒体战的指导思想、基本原则、攻击与防护的基本方法、组织领导、指挥控制、评估反馈等理论，并推动理论成果尽快进入实践。

加强技术研发，打造先进可靠的社交媒体战利器。工欲善其事，必先利其器。目前，世界主要国家军队都较为重视社交媒体战相关技术发展。据报道，外军已经研发出"网络空间水军"生成器，能以密集的"观点炸弹"在短时间内迅速形成对目标的舆论冲击波。加强社交媒体战领域技术研发，首先应注重完善与传统媒体有机融合的技术，提高舆论设施的战斗性能。其次，应重视研发信息网络空间抓取、自然语言处理、信息检索、数据挖掘等计算机智能处理技术，建设网络空间敏感信息引导平台。再次，运用最新的网电对抗技术，积极发展运用社交媒体的信息技术手段，始终掌握现代战争舆论的主导权。

微型分布式作战：以小博大制胜战争

智　韬

微型分布式作战源于颠覆性技术引发的新一轮军事革命浪潮，展示了体系作战在大国战略竞争中的重要作用，体现出现代战争大体系支撑下的精兵行动，以及战略目的战术支撑的重要特点，同时契合了信息化战争的发展规律，将成为未来军事斗争和武装冲突的新形式。

现代战争是体系与体系的对抗。随着信息科技与智能化微型装备的快速发展，大国之间利益博弈与战争体系摩擦，越来越呈现出了战术行动直接达成战略目的、体系分布聚能与微型作战释能的特点。微型分布式作战的产生，源于时代科技进步对作战体系的赋能与颠覆，本质在于战争目的和规模的有限性与体系的级联脆弱性并存，进而使以小博大制胜机理发生了新的变化。

微型分布式作战的内涵

微型分布式作战的核心思想是基于分布式作战体系支撑下的精确打击和定点清除。它的前提和基础是以强大的作战体系为支撑和后盾，这个作战体系往往是广域分布的，其作战的重要方式是针对局部目标甚至是单独目标实施的精确化、无附带伤亡的微型化作战。如果把作战体系比作作战"云"的话，那么微型分布式打击就好比作战"云"放出的"闪电"，直击敌方的关键要害。

微型分布式作战以技战术行动直接达成战略目的。战略目的的达成是依靠现代高科技和战术行动支撑。科技的飞速发展，特别是颠覆性技术的出现，使新型武器装备的运用，能够在战术行动中发挥出决定性的、颠覆性的作用，往往能够直接达成战略目的。战争逐渐体现出了战略塑造牵引战术行动，战术行动支撑战略目的的特性。首战可能就是决战，战略目的的实现不再需要若干次战役的胜利就能达成，一场战争可能就是一次作战行动。微型分布式作战正是以高、精、尖的作战实力，迅速打破大国军事力量平衡，是"大战略·微战争"的显著形式。

微型分布式作战是一种跨域融合的体系作战。微型分布式作战是体系作战的一种特殊样式。从结构与功能上看，它可以视为微缩版的体系作战。如果将联合作战体系对抗比作人体的"拳击擂台赛"，那么微型分布式作战可以看成是全身发力、集中力量的"击剑运动"。微型分布式作战的体系在于其作战行动背后的整体支撑体系。这个支持体系的重要特征是，以网络信息系统为基础平台构建，以微型作战行动的实现为协同依据，指挥调控全域力量优势互补、聚优增效，实现各作战域、各层次在力量、手段和行动等方面的高度融合、多维聚力、整体联动和集成释能。

微型分布式作战是在无声中完成大国力量博弈。微型分布式作战虽然是以有人或无人参与的方式实施，在有形物理空间或无形网络空间进行作战，但却往往在无声无息中克敌制胜。所谓大国致敌不喧嚣，微型分布式作战正是以"四两拨千斤"的精巧实力，实现大国力量的博弈与再平衡。微型分布式作战的发起与实施往往超出任何人或武器装备的感知侦察范围，达成作战目的时所产生的作战效果如同偶然事件一般，而不被世人所察觉，甚至让对方不知道敌人是谁？也不知道遭受了哪种武器的攻击？无声无形中败局已定。

微型分布式作战的基础

微型分布式作战并非是建立在想象中的空中楼阁，而是既有实际鲜活的战斗案例为依据，也有现代化的科技装备为支撑，为微型化分布式作战的实施奠定了重要的物质基础。

泛在网络提供体系支撑。网络信息系统是以网络中心、信息主导、体系支撑为主要特征的复杂系统，对体系产生基础性、支撑性、主导性作用。未来，随着无线网络的广泛渗透，网络信息无处不在，为微型分布式作战提供了作战"云"支持。泛在网络"云"是网络信息系统在作战体系中的融合形式，它聚合各类终端的战场资源并提供服务能力，是战场环境、基础设施、武器装备、作战人员、保障资源等要素节点共享的"资源池"。微型作战行动可以依托作战"云"实现网络化战场感知、指挥决策、精确打击和综合保障等能力。

智能算法融合侦察指控。微型分布式作战的情报搜集与分析过程漫长，而作战指挥控制及协同联动的精度与实效性要求高，使信息链与指挥链路高度融合、快速响应，短时间内需要处理实时海量信息，因此，迫切需要智能分析算法的介入，以实现高速最优化指挥控制。智能算法融合侦察指挥，就是为了确保作战态势信息与战略决策意图随时反馈到作战行动，使作战行动动态遵循最优的战略目的实现路径，整体呈现出"瞬时一体化"的意志同步特性。这种指控方式充分利用情报信息系统对战场感知的成果，依据精确化、实时化、智能化的情况报告，利用泛在网络"云"提供的资源共享、信息联通、要素融合、虚拟协作、并行计算、智能辅助等强大功能定下作战决心，并通过作战推演检验决心方案的可行性，再将决心方案转化为具体的作战行动计划。

微型力量实施精确释能。微型作战力量早期通常依靠特种作战分队携带精良装备完成定点清除任务，随着装备的发展，察打一体无人机逐渐担任抵近猎杀任务。此外，在纳米、仿生、人工智能等技术的综合运用下，自主杀伤性武器越来越朝着微型化方向发展，进而成为了微型作战精确释能的首选力量。例如，小型无人机不仅能够抵近侦察，同时也能携带弹药实施类似"汽车炸弹"的自杀式攻击，其精确性和效费比更高，特别是在和平环境下仍然可以发起突然攻击。借助微型化武器实施精确释能、点穴攻击是微型分布式作战的主要方式。

脆弱重心导致级联瘫痪。体系的健壮性与脆弱性共存，尤其是利用体系脆弱性的"命门"或"死穴"，就能够产生由点到面级联瘫痪的体系崩塌效应，这类目标的存在为微型分布式作战的实施提供了客观条件。级联瘫痪过程正如"多米诺骨牌"一般，而引发体系"雪崩"效应的微型作战行动，能够借力发挥出了"四两拨千斤"的巧实力。体系与生俱来且客观存在的脆弱重心，成为微型分布式作战的首选目标。

微型分布式作战的运用

微型分布式作战，在和平环境或战争时期都有广泛的运用模式。根据不同战略目的，微型分布式作战的目标往往是敌方体系的"阿喀琉斯之踵"，精确攻击能够达到防不胜防、一击致命的效果。

精确猎杀核心人员。擒贼先擒王。敌方抵抗意志的核心主要集中在关键人物身上，而微型分布式作战正是为了达成"百万军中取上将首级"的目的。现代战争中，随着信息化的发展，已经逐渐出现了有关此类的战例。典型的如俄军击毙杜达耶夫行动，战场前沿出动了一架战斗机，投下了两枚炸弹，但后方支撑的却是庞大的作战力量体系。可以说，这次作战行动的时空和目标都是高度集中的，相对于庞大的后方作战体系，前方特种作战如同"尖端放电"一般实施微型杀伤，支撑这种行动的，却是基于信息系统的作战体系，特别是这个体系往往是广域分布、多级多域联动的。

威慑操控重要人物。威慑源于力量。一旦形成微型分布式作战的能力，特别是针对重要人物的行动路线图，就会对其产生重要的威慑力。外军认为，无论成功与否，都会形成了强大的威慑力，斩首战术的重要战略价值在于能够让敌对势力领导层恐惧，给对方造成巨大的心理压力，从而干扰对方的决策和指挥。如今，随着科技的发展，特别是控脑技术的逐步成熟，未来甚至可以通过微型分布式作战，将控脑武器运用于敌方决策重要人物，达成隐形操控的目的。

精准撬动体系坍塌。打蛇打七寸。体系的要害重心是毁瘫体系的关键甚至是唯一途径。体系有着极强的自适应性、冗余性和再生性，对应于毁伤来说，就是一个体系对于随意的攻击具有极强的稳定性，对蓄意定点攻击具有脆弱性。因此，微型分布式攻击以体系要害重心为唯一攻击目标，因此就能够对敌体系构成"绝杀"。例如，敌方的网络系统犹如其战争机器的"信息总闸"，通过网络作战行动，就能够控制并拉动敌战争体系的"网闸"，就可能达到"熄灭"其战争体系的目的。

加强反混合战争问题研究

许 炎 柯 文

有矛就会有盾，混合战争理论的出现已引发世界对反混合战争问题的重视。反混合战争，就是坚持总体国家安全观，综合使用各种资源和手段，制定和使用行之有效的对抗战略，在对抗的同时反制对手，削弱或消除对手发动的混合战争带来的影响和危害。面对混合战争的威胁，特别是以美国为首的西方国家发动的混合战争的严重挑战威胁，俄罗斯尤为注重混合战争和反混合战争问题研究，对反混合战争的理论和实践做了大量探索，值得借鉴。

深化机理研究，找准反混合战争的方法路径

混合战争是对当代战争复杂形态发展的一种描述，有其自身特点、规律和规定。加强混合战争本质研究，是制定反混合战争战略的基础。从全域视角出发，考察混合战争的参与力量、实施手段和战争进程本身发生了何种变化，才能更加全面准确地认识战争。正因为如此，世界主要国家高度重视对混合战争制胜机理研究。他们计划通过深入系统研究，成为混合战争理论创新发展的领跑者，形成理论制权，并找到反混合战争的最佳方法。目前，俄罗斯把混合战争作为重点研究方向，形成

以"格拉西莫夫战法"为代表的研究成果。战场上，俄军以"格拉西莫夫战法"应对美军混合战争，创造性地实施了政治军事战、特种战、信息战等俄版混合战争作战新样式。

实施威胁预警，做好反混合战争的有效反制

与传统战争相比，混合战争没有明确战争发起时间，手法更加隐蔽且不易察觉，具有很强的迷惑性，让人难以及时预警战争、准备战争和应对战争。不宣而战的混合战争，其威胁无法用传统标准加以界定、描述。这些威胁针对政治安全、国土安全、军事安全、经济安全，也针对文化安全、社会安全、科技安全、信息安全、生态安全、资源安全、核安全和生物安全。这些不同领域的安全问题并不是孤立存在的，而是相互联系、相互作用、相互影响的。可以说，混合战争的威胁是多维域威胁、综合型威胁。在混合战争威胁日益复杂的背景下，要建立混合战争威胁预警系统，以便及时从各领域各条战线发现带有混合战争症候的信息，一经发现就动用国家的资源和手段综合应对。既要重视传统战略资源和手段的运用，又要重视信息、网络等非传统手段的运用，特别是军事行动既要重视实战，又要重视威慑造势。如2021年4月，美国军舰计划于4月14日至15日驶入黑海海域向俄罗斯施压，俄罗斯随即于4月14日在黑海举行海空联合军事演习，测试海空联合打击能力，而美军随后取消了向黑海部署军舰计划。

立足积极防御，制定反混合战争的对抗战略

混合战争与传统战争相比，更强调不宣而战。长线筹划、长线准备、长线推进，只是在静待发起国预期的那个奇点的来临，在战争爆发前会有很长酝酿期和很长的微烈度或低烈度冲突阶段，这可能是数年乃至几十年。要实现国家总体安全，消除潜在安全威胁，就要适应混合战争的新特点新变化，从国家层面制定完善应对混合战争的行之有效的对抗战略，不仅要能妥善化解对手制造的麻烦，而且要给麻烦制造者制造麻烦。这既包括对抗敌人混合战争攻击的防御性战略，也包括反攻性战略，同时要明确运用政治、经济、外交、军事等资源和手段的必要条件、介入时机和实施强度，确保反混合战争战略的针对性、有效性、经济性，为打赢可能发生的各种各样的混合战争做好准备。在俄乌两国克里米亚危机中，俄罗斯采取多种战略欺骗与威慑措施，利用各种信息手段展开大规模的心理战、舆论战、法律战，快速前出隐秘部署特战部队，牢牢把握主动，摆出不惜一战的架势，最终兵不血刃拿下了克里米亚。

着眼资源聚合，建设反混合战争的能力手段

混合战争是各种领域、各种手段在时间和空间上的综合运用。反混合战争最重要的是统筹战略资源和战略手段建设与运用，提高应对各种安全威胁综合能力，这是应对混合战争威胁的根本之道。研究和加强国家层面的反混合战争主体作战力量，把相关国家机构、社会组织甚至个人的力量联合起来，可以在全面发展国家综合力量的同时，根据混合战争的需要建立能迅速投入作战的政治、经济、外交、军事、文化、舆论等精干力量。通过在以上各条战线中的合理用兵，实现作战效果相互迭代、累积，形成反混合战争综合能力的整体涌现，为打赢可能发生的各种各样的混合战争做好准备。例如俄罗斯依托军队指挥体系，正式建立

起国家、地区和次地区三级防务指挥体系，统一领导和指挥国防、安全、军工和经济领域 50 多个军地部门，实现资源力量的有效聚合。

追求高效决策，健全反混合战争的指挥机构

混合战争追求的终极目标是，通过从政治、经济、军事、外交、心理等全领域打开突破口进而全面击溃对手。这一目标决定反混合战争也必须动用国家所有资源，是对国家战略决策、战略资源统筹、战略手段综合运用能力的重大考验。要统筹好国家政治、经济、外交、军事、舆论等多种战略资源和手段，没有一个具有高度权威、高效指挥、高层架构的国家指挥机构是不可想象的。俄罗斯之所以在应对重大安全危机中展示出较高的决策效率，不仅仅在于建立了国家指挥中心，也得益于国家安全决策体制和国防指挥体制改革的成功，建立了更加权威的国家安全决策体制，一体化指挥机构提高了宏观战略决策效率。2015 年 9 月，普京决定出兵叙利亚，国家杜马立即授权，在美国严密的战略监视之下，突然隐蔽地行动，快速有序地调动部署部队。数小时后俄军开始空袭行动，而此时普京还在纽约参加联合国大会。

加强舆论宣传，筑牢反混合战争的思想防线

混合战争的逻辑起点是对国家内部力量进行分化，形成可以与现政权对抗的政治军事力量。而分化的基础就是利用不同力量本身有着不同的价值追求、政治路线和执政理念等，简言之就是促使意识形态领域出现分歧，导致思想分裂。应对这一危机，最基本的手段是建立本国主流意识形态和价值观体系，弘扬爱国主义，凝聚民心，维持国家、社会制

度以及公共意识的稳定，防止内外力量企图改变国家社会政治体系。具体体现为在全维信息和认知领域，牢牢把握主动权和话语权，消融击退对手的恶意炒作和信息侵略。俄罗斯历来重视加强爱国主义教育，特别是对青年的教育。2020年新年前普京明确宣称，爱国主义是现代社会唯一可能的意识形态。他还指示俄政府要加快新一轮爱国主义教育的准备工作，加强这一"已获证明的核心价值观"，以充分彰显意识形态和价值观自信。

寻求共同利益，加强反混合战争的国际合作

混合战争以国家为对象，涉及国家的方方面面及国际之间的活动，而且发起者也多以联盟或合作方式出现，反混合战争迫切需要加强国际合作。通过国际合作能够共同反击对正常国际秩序的破坏，为顺利完成反混合战争战略任务营造良好的国际环境，提高联合反混合战争行动能力。特别是反混合战争面临许多重大难题，仅凭自身力量将很难解决，需要与伙伴国一起，合力预测解决面临的难题，如预判发起国可能使用的新的破坏性技术、寻找混合攻击的源头等，并在反混合战争战略的统一框架内采取应对措施。

突出法理效能，完善反混合战争的法律法规

法理是正义的标尺，是国际社会公认的行为准则。混合战争中，敌对双方都试图争取法理上的主动，力争师出有名。抢占法理制高点，能够形成强大法理公信力、威慑力，一定程度上消解对方战斗意志，激发己方战斗热情，有利于增强反击正当性、合法性和彻底性。无论是在战

争决策阶段、战争实施阶段，还是在巩固战争结果阶段，战争行为的法理依据问题、合法性问题、排除干扰问题等等，都需要在法律攻防斗争中求得解决，从而为己方创造更大的行动空间、提供更大的行动保障。特别是战争政治目标的实现必须通过合法性来确认和保证，只有通过合法方式取得的胜利才有可能被国际社会所认可，才有可能最终得到国际确认和支持。美国用法律手段压制俄罗斯，俄罗斯也用法律手段回击。如为抵制美国用非政府组织打掩护收买人心、培植"带路党"，俄罗斯制定《非政府组织法》《不受欢迎组织法》等，依法把接受西方资助并进行政治活动的非政府组织定为"外国代理人"，把索罗斯基金会、国际民主基金会等"威胁俄罗斯宪法制度基本原则、国防能力和国家安全"的外国或国际非政府组织，定为"不受欢迎的组织"，取缔或限制其活动。这些有力地遏制了俄"街头政治"乱象。

篇 四

制"脑"权战犹酣

——认知域作战前沿问题研究

认知对抗：未来战争新领域

李 义

随着人类对战争认识的不断深化和科技水平的不断进步，尤其是人工智能技术在军事领域的广泛应用，军事对抗已从物理战场拓展到认知战场，从有形战场扩展到无形战场，由人的精神和心理活动构成的认知空间正成为新的作战空间。认知对抗已经悄然成为继体力对抗、火力对抗、信息对抗之后，又一个崭新的对抗领域。

认知空间是未来战争战略制高点

认知原本是心理学的一个概念，泛指主观对客观事物的认识过程。未来战争的认知空间，是感觉、知觉、记忆和思维活动的空间，也是作战活动中感知、判断、指挥与控制的世界。它是由感知、理解、信念和价值观组成的一个范畴，分散存在于每个作战个体的主观世界，由全部作战个体的认知空间叠加而成，通常表现为部队的凝聚力、作战经验、训练水平、战场态势感知程度等。

未来战争将同时发生在物理空间、信息空间和认知空间三个领域。物理空间是传统的战争领域，由作战平台和军事设施等构成，是战争发生的物质基础。信息空间即信息产生、传输和共享空间，已经成为现代战争较量的重点。认知空间是反映人的知识、信念和能力的空间，是未来战争的战略制高点。

未来战争，认知空间的渗透与反渗透、攻击与反攻击、控制与反控制将会比物理空间和信息空间的争夺更为激烈。脑控战是认知空间军事对抗的发展趋势，主要通过文化传播、舆论引导、生物武器等手段，破坏对方的认知能力，保护己方的认知能力，获得作战认知空间对抗的主导权、控制权和话语权，进而影响作战指挥的信息获取和决策行为控制模式，从而达到决定战局胜败的目的。

认知优势是未来战争根本性优势

"知彼知己、百战不殆"，自古以来认知对于敌我双方的重要性不言而喻。未来战争中的优势，综合表现为物理空间优势、信息空间优势和认知空间优势三者的叠加。认知是未来军人战斗力的核心，认知优势是赢得未来战争的根本性优势。只有拥有认知优势，才能更好地控制物理空间和信息空间优势。未来战争中，夺取和保持认知空间优势主要包括以下几个方面：

感知优势。感知战场态势是知己知彼的前提。态势感知是军事作战体系的"神经中枢"，是战斗力的倍增器。无论是信息化战争还是未来智能化战争，交战双方对战场态势的感知能力往往决定着战争的胜负。拥有战场态势感知优势的一方，战场将变得单向透明，军队各级指挥员可以实时、准确、高效地指挥作战行动，而态势感知能力处于劣势的一方，则在很大程度上处于信息迷盲状态，不仅可能变成"瞎子""聋子"，而且可能成为盲目行动的"呆子"和受敌方虚假信息欺骗的"傻子"。

心理优势。认知空间的心理优势由军人群体坚定的政治信念、顽强的战斗意志、稳定的战场情绪，以及良好的职业素质等因素构成。从孙子提出"不战而屈人之兵"，到伊拉克战争中大打心理战，心理优势显现越来越大的作用。2007年，驻伊美军在伊拉克北部萨德尔城使用了心理战武器，不费一枪一弹，使230余名武装人员放弃抵抗。未来战争中，心理斗争将呈现许多新的特征：首先，争夺心理制权成为双方认知空间较量的重点，只有掌控心理优势，才能从根本上掌控战争主动权。其次，认知空间与信息空间相互交融，信息活动严重影响心理活动，只有适应战场信息环境的挑战，才能保持心理优势。再次，心理优势具有相对独立性，拥有技术装备优势的一方不一定必然拥有心理优势，发挥心理优势效能是以劣势装备战胜优势装备之敌的必要条件。

决策优势。未来战争的决策优势，是指建立在态势感知优势和心理优势基础上的正确、高效、精准、巧妙的指挥能力和指挥艺术。决策优势不仅是认知优势的核心，也是赢得未来战争胜利的关键。因而，建立和保护己方决策优势，攻击和削弱敌方决策优势，是未来战争敌我双方对抗的焦点。交战双方将在认知空间展开以攻击高层指挥决策人员为重点的脑控战，在信息空间展开以控制指挥信息系统为重点的网电攻防战，在物理空间展开以摧毁对方指挥机构和设施为重点的精确火力战。未来战争中，强者凭借信息空间和物理空间优势建立和巩固决策优势，形成"全域机动、精确打击、精准保障、全维防护"的"全谱优势"，达成作战目的并且降低作战成本。

认知对抗是未来战争"全胜"之道

自有战争以来，"不战而屈人之兵"的"全胜"思想，一直是战争指导者的最高追求，"不战"而胜或"小战"而大胜成为选择作战方式的基本指导。由于在军事领域日益广泛应用，人工智能正成为军事变革的重要推手，必将催生新的战争样式，改变战争制胜机理。

智能控制是认知对抗的基本作战样式。未来，随着军事"智慧系统"自生成性、自组织性、自演化性不断发展，战争对垒双方将从用"能量杀伤"消灭敌人"有生力量"，发展到通过"脑"控武器来控制敌人的思想和行动。作战平台由信息化"低智"向类脑化"高智"发展，作战样式由"体系作战"向"开源作战"演进。由此，未来战争将开启"智能主导、自主对抗、溯源打击、云脑制胜"的崭新攻防模式。总之，未来的军事系统不仅仅是"物质系统""能量系统""信息系统"，还是一个人机融合的"智能系统"。未来战争的毁伤方式将发生质的变化，武器的演变主要围绕智能的控制与反控制、摧毁与反摧毁而展开。

指挥人员是认知对抗的核心作战目标。指挥人员作为战争中军队行动的"大脑"，是认知对抗的首选目标。未来战争中的认知对抗主要以影响敌方战争决策、战役指挥、战斗实施的核心指挥决策人员为目标，强调以心理意识形态和生物基因武器为主丧失或降低作战人员的决策能力和抵抗意志，以实现战略意图，从而达成战争的"全胜"目的，是实现传统意义上"不战而屈人之兵"的优选方略。

攻心夺志是认知对抗的根本作战目的。战争实践表明，传统物理空间作战虽然能够削弱敌方的军事能力，却不能达成战争的全部目的。面对意识形态、宗教信仰、民族认同等方面的新矛盾和新问题，先进的武器装备显得"力不从心"，单靠物理摧毁很难解决认知空间范畴的问题。现代作战目的不再局限于攻城略地、"消灭敌人有生力量"等物质层面，正在向攻心夺志的精神层面发展。认知空间对抗究其本质就是从战争的精神层面出发，把人的意志、信念、思维、心理等作为作战对象，通过保持己方认知优势、攻击敌方认知劣势展开的认知攻防对抗，体现"用兵之道，攻心为上，攻城为下；心战为上，兵战为下"的作战思想。

　　基于网络信息体系的精准意志摧毁是认知对抗的主要作战手段。随着人类文明进步的发展，大规模杀伤破坏、不计人类生存发展成本的战争，必将遭到全人类反对，低暴力、低破坏性的可控性战争将成为未来战争的基本样式。认知对抗的核心理念是谋求作战人员的决策能力和抵抗意志功能丧失或降低，追求使敌失去对抗能力而非彻底毁灭。即以精准的信息、精准的时间和精准的打击行动，确保作战能量精确释放于所选目标。其基本特征是：在目标选择上，更注重以人为本、直击重心；在作战手段运用上，更注重精神打击、意志摧毁，强调以心理意识形态和生物基因武器为主实施精神意志的破坏打击；在作战行动上，更注重体系支撑、节点破击，强调在多维全网空间，在一体化信息系统支撑下对作战人员的决策能力和抵抗意志等实施精确"点"打击，形成以攻心夺志为根本作战目的的作战样式、战法和手段，使作战能够更直观地表达"意志强加于对手"的特点。

认知战：主导智能时代的较量

杨飞龙　李姞江

人工智能技术在军事领域的广泛运用，催生出认知战这种全新的智能化战争形态。当制胜机理融入了智能时代的特点，就形成了全新的认知战制胜之道。建立在认知基础上的优算决策、愿景驱动、集群释能、无人自主就是具有智能时代战争制胜的典型特征，成为战争中赢得主动、争取胜利的关键。智能时代制胜之道的根本在于认知，认知优势是制胜的根本，而且当对抗双方实力相当时，认知差距形成的优势差就成为获胜的主要因素。

基于智能认知的优算决策制胜

决策成为现代战争制胜的关键，不仅是因为决策的重要作用，更是因为在"OODA"（观察、判断、决策、行动）环路中，决策是制约循环速度的瓶颈。知行合一的智能认知正是破解这个瓶颈的有力手段。

基于智能认知的优算决策制胜，是指通过人工智能算法形成对敌的认知优势，进而将认知优势转化为决策优势，从而赢得先机、赢得主动、赢得胜势。智能时代的战争，智能手段最大可能地提供战争所需的智能认知能力，全面感知、推理、判断战场对抗双方物理域的力量大小、时空位置，信息域的力量体系、指挥体系，认知域的方案计划、可能行动，源源不断地为算法提供"输入"数据；优势算法迅速对智能认知结果分析判断比较，找出敌方薄弱环节或致命点，充分发挥我方优势特点，形成科学合理、可执行的决策方案，同时还结合对抗双方的作战能力、作战特点等因素，将认知优势进一步放大，从而达成"秒级优势成为制胜优势""一点优势成为制胜优势"。

在这个过程中，智能认知是基础，它是优势算法的"数据"，为正确决策提供正确的来源，指导作战决策优势的方向。没有智能认知，算法和决策将面临"无米之炊"的困境，更不要谈算法优势和决策优势。智能算法是关键，它的输入是认知思维，输出是决策方案，是认知优势转化生成作战决策优势的具体方法和中间桥梁，在现代战争中扮演着愈来愈重要的作用。为此，在智能技术推动下，各国都将支撑决策效能的"算法战"提升到"战"的高度。2017 年美国国防部就宣布成立专门的"算法战"跨职能小组，统一领导美军展开"算法战"研究与运用。决策优势是核心，是认知优势在指挥领域的真实体现，是检验算法效能优劣的试金石，是智能认知和智能算法的最终展示平台。指挥员的智慧是机器无法比拟的，它与深厚的决策经验相融合、与独特的个性指挥艺术相匹配，形成的决策谋略千变万化、难以捕捉，高超的决策艺术通过智能算法的放大与增强，才能形成真正能够制胜的决策优势。

基于目标认知的愿景驱动制胜

战争舞台上从来都不是一支力量单打独斗的表演，而是多种力量的共同努力。如何使参与战争的各种力量能够拧成一股绳，各种行动能够汇成一股劲，是战争获胜的必要条件。因此，战前需制定详细的作战计划、预想各种可能情况，不断反复地组织各种行动的作战协同和针对性训练。但是作战实施中，战场态势的变化、上级意图的变化、核心任务的变化、友邻部队的变化等，使得这种传统的协同方式难以达到预期效果，往往成为影响战争进程和胜负的制约因素。

其实，每个指挥人员、每支参战力量，内心中对作战任务都有一个美好愿景，都可能构想实现美好愿景的行动方案，如果能将这些愿景统一起来，自发地融入到整体行动中，那么协同将不再是制约的瓶颈，愿景驱动的理念应运而生。愿景，是所向往的前景，是人们主动为之奋斗希望达到的图景，是一种意愿的强烈表达，包括了未来目标、使命及核心价值。愿景驱动下的行为，不再是规则、规定来约束的遵从行为，不再是以义务、权利来约定的投入行为，更多的是自发与自觉的奉献行为，这是一种境界，不仅只是投入，而是心中觉得必须为愿景的实现负完全责任。这种主观能动的作用是难以想象的，最新研究成果表明，脑力劳动之所以会有疲劳感，是因为主观上对所从事的脑力工作产生了厌烦，一旦恢复和保持主观能动，脑力劳动将会长期保持高效状态，这不仅是创新的动力源，更是愿景驱动的动力源。

愿景驱动的产生是以认知能力为基础的，是受智能技术水平决定的。针对战争这个社会特性明显的复杂巨系统而言，智能技术支撑下的共同认知使愿景驱动成为可能。每支参战力量围绕指挥员明确的核心任务和基本要求，展开各自作战行动的构设，理清与其他力量的相互关系，明确能够支援配合或需要支援配合的具体清单，从而形成个体行动方案。指挥员汇集各参战力量的个体行动方案，综合分析比较，审查能否完成核心任务，尽可能地保留个体愿景中合理的内容，形成弹性的群体愿景实施方案，给各参战力量留有较大的自主完成作战任务的空间。作战中所有的指挥人员、作战力量在个体愿景的驱动下，充分发挥个体的积极性、主动性，创造性地发挥个性化特点和作用；在共同愿景的驱动下，主动积极地协调配合其他力量行动，从而共同完成作战任务。

基于群体认知的集群释能制胜

智能集群作战是目前比较热门的一个方向，其实集群不是一个新的概念，这个灵感源于自然界，集群行为是一种生物的集体行为，生物界中的昆虫、鸟类、鱼类等都会出现集群行为，特别是这种集群行为能够抵御体形数倍于己的敌人，获得更加多源的食物，更是让人们瞠目。人们难以探究这些生物头脑与神经的活动规律，难以直接掌握集群行为的根本原因，但从其表现规律不断挖掘出集群行动的组织原则和运行方式，借助人工智能技术与现代网络技术，使之能够运用到人类社会生活中，运用到军事领域中，并成为智能时代战争的制胜之道。

基于群体认知的集群释能制胜，是指将一定数量的低成本、小型化、无人化作战平台集成为一个统一的作战集群，通过定向精准释能，以达成共同的作战目标。它是量变引起质变的哲学道理的全面体现，群体认知是产生质变的根本动因。失去群体认知，集群只能是数量上的变化，难以产生作战效果的实质性变化。集群释能之所以能够制胜，在于它具有以量取胜的多维饱和攻击能力、分布式的探测与攻击能力、高抗毁性和连续打击能力，以及体系精准集约释能能力，从而形成了颠覆性的制胜优势。

集群作战是以群体认知为基础的，要求在快速的行动中，每一个个体应当准确全面地认知自己在群体中的地位作用、位置状态，并为所在群体或子群体提供认知能力；群体或子群体应当准确全面地认知自己内部成员的状态，准确全面地认知自身的状态，并为所在群体提供认知能力。智能时代的群体认知，让作战能够模拟群聚生物的协作行为与信息交互方式，展现出去中心化、自主化、集群复原、功能放大的集群特征，以自主化和智能化的整体协同方式释放作战效能、完成作战任务。

基于能动认知的无人自主制胜

智能时代的战争，智能无人系统将充斥着整个智能化作战战场，人在战场上的身影将越来越少，智能无人作战系统成为智能化战场的生力军，它有着人类无法企及的能力——更强的战场适应能力、更强的武器操控能力、更强的反应速度、更强的持续作战能力、更强的自我保护能力、更强的自我再生能力，而且没有人类面对战场激烈对抗所形成的心理承受压力、血腥场景的生理反应、多愁善感的人类情感、厌战怯战的恐惧心理，这些都预示着未来的对抗战场将是智能无人作战系统的舞台。从而，在人类总体主导下，能动地、创造性地认知战场，使智能无人作战系统自由充分地发挥优长与效能，成为获取战争胜利的重要方法。

基于能动认知的无人自主制胜，就是要充分发挥智能无人作战系统在认知领域的能动作用。机器与人有着不同的思维方式、不同的行为特点，就像阿尔法零能够开辟围棋新纪元一样，机器往往能够开创人类难以探及的新空间。因此智能时代的战争，在人类总体主导下，必须充分地为智能无人作战系统提供施展才能的广阔天地，充分发挥其能动能力、创造能力，快速地吸取、聚焦能动认知带来的巨大能量。

智能无人作战系统展现的是自我。人类的支配、机器的被动，将难以发挥智能无人作战系统的综合优势，必须在自主理念的驱动下打破智能无人作战系统的束缚。只要守住基本底线，让机器在战场上自由地搏杀，才能展示出智能无人作战系统精准、快速的作战效能，才能使其在战争中充分发挥、自主发挥，真正全方面地释放出智能无人作战系统的巨大能量。

认知域作战进入制脑权争夺时代

郭云飞

现代战争的作战空间已经形成物理域、信息域、认知域三大作战域，认知域成为大国博弈、军事对抗的终极之域。认知域作战通过特殊手段直接作用于大脑认知，以影响其情感、动机、判断和行为，甚至达成控制大脑的目的。大脑作为认知载体，或将成为未来战争主战场，制脑权即将成为认知域作战的关键所在，是战争制权的最高层次。

古老而又新兴的认知域作战

与当前熟知的物理域作战、信息域作战不同，认知域作战更加体现了"不战而屈人之兵"的作战思想。认知空间的博弈和对抗古已有之，几乎贯穿人类几千年战争史，我国古代称之为"攻心术""心战"。在原始社会，部落首领通常利用击鼓的声音和踏步的曲调激励己方士气，从精神上震慑敌人。这可以说是认知域作战的雏形。冷兵器时代和热兵器时代初期，人们逐步认识到战争的正义性及人心向背等因素对战争胜败的影响，广泛采用发布战争檄文、战表、告示等方式来揭露敌人罪状，从而激发将士斗志，达到先声夺人的效果。

第二次科技革命后，广播成为重要的信息传播手段，认知域作战运用的渠道进一步得到拓展，英国广播公司（BBC）和卢森堡的"战地之声"都曾发挥过巨大的攻心效果。第三次科技革命后，认知域作战不再单纯局限于以语音、文字等为载体的媒体宣传，可以运用影视图像、虚拟现实、认知控制等多样化的手段。现代认知域作战逐步高强度化、全方位化，大大提高了认知域作战的规模、水平和功效。第四次科技革命以来，伴随着人工智能技术的发展，尤其是计算机语音合成和图像处理技术的成熟，可以替换人脸，使声音张冠李戴、让形象面目全非。以此用于军事，实现"偷梁换柱""以假乱真"等兵家诡道之谋，更显奇效。

　　总而言之，通过技术的不断进步，从单一的文字、语音到广播、视频、互联网——越来越多的媒介可以用来影响敌方思维、判断和认知，不断给认知域作战带来新的模式。

认知域制脑权时代已经到来

　　认知域作战的武器是信息，凡是信息可以传播到的地方，都可以成为战场。信息传播的关键是媒介，而媒介在当下的网络社会无处不在。随着网络技术的发展，信息的收集、存储、处理等高度依赖信息网络。信息对一体化联合作战指挥的主导作用日益凸显，从理解意图、分析研判、定下决心、指挥控制、火力打击到作战评估的各个环节，都离不开信息网络的支撑。无处不在的媒介为开展认知域作战提供了先决条件和有效支撑。

　　恩格斯曾指出："一旦技术上的进步可以用于军事目的并且已经用于军事目的，他们便立刻几乎强制地，而且往往是违反指挥官的意志而引起作战方式上的改变甚至变革。"近年来，脑科学与人工智能技术发展呈跨界融合趋势，这是21世纪科学领域最突出的进展之一。在人工智能技术支撑下，人脑的无穷潜力将被开发出来，脑科学技术的发展有望催生出读脑、类脑、控脑、强脑等以大脑为直接目标的认知域作战新模式。

"读脑"，即提取人脑中的信息，如大脑中储存的图片、文本、语音、视频等，可用于获取敌军情报等。现代认知神经科学以及功能磁共振技术已经可以无副作用地实时解读大脑中的神经元活动信息。通过读取这些信息，对大脑活动进行定量分析，最终实现解析和阅读人脑思维活动的目的。目前，基于功能磁共振成像的视觉解析技术已被证实可以恢复大脑看到的图像。2019 年的一项研究表明，基于脑电波信号的人工语音合成技术可以提取大脑中的信号，合成出人类可以直接理解的语音。

"类脑"，即通过模仿人类大脑神经元处理信息的方式使机器更加智能化。机器可以采用类脑方式处理海量信息并完成自主学习，像人脑一样提升自我智能水平。目前，类脑的主要研究方向是类脑神经芯片、有主动学习能力的处理器、智能化机器人等。未来，军事领域中的反恐防暴机器人、应急救援机器人、侦察机器人、无人机等仅用一个类脑芯片，就可以实现实时目标监测、跟踪、语音控制、避障等作战功能。

"控脑"，即利用外界刺激，如电、磁等方式对大脑神经活动进行干扰、破坏甚至控制，进而改变人的认知功能。从原理上讲，就是通过技术手段影响敌军士兵的神经系统，使其在外界信号指引下，做出损害己方利益的行动，如改变命令、放下武器等。目前，世界多个机构正试图在某些动物的大脑中植入电极芯片来控制其行为，从而使其变成难以察觉的间谍，实现侦察、跟踪、监视和攻击等任务。

"强脑"，即通过神经反馈技术或者电磁刺激技术等方式对人的认知功能进行增强，可用于提高人员军事训练效益，增强战斗力。实时神经反馈技术可以训练和重塑大脑，改善大脑认知功能，从而提高认知作战能力。以色列的一项临床试验证明，通过神经反馈技术训练士兵，可以有效缓解其"述情障碍"，增强士兵的抗压能力。

运用脑科学技术进行认知域作战，可以更加直接地达成战争目的。因此，脑科学技术在军事领域的地位和应用价值日益凸显。脑科学以及相关科学的快速发展和融合为认知域作战理论变革、武器装备发展带来了重大机遇，争夺制脑权已成为军事强国竞争的新领域，认知域作战进入制脑权争夺时代。

走向制脑战场还有很多关口要过

脑科学技术的高速发展，必将不断催生新的作战理论、作战装备、作战样式，甚至引领新一轮军事变革。但脑科学技术从实验环境真正走向战场，还有很多关口要过。

亟需加强认知域作战理论研究。应坚持军事理论发展先行，通过理论牵引为脑科学技术的军事应用提供科学理论指导。目前，认知域作战理论和技术有一定发展，但仍处于先期探索阶段。应加强对认知域作战的作战思想、作战方法、作战样式、作战手段的研究，进而引导脑科学、心理影响、信息传播等技术发展，这是未来夺取制脑权的基础。

亟须加强前沿技术研发攻关。可以预测，未来随着各国脑科学技术研发投入的加大，将迎来脑科学技术的迅猛发展。应注重提前布局、在关键技术上重点发力："读脑"技术应当在脑网络、神经环路分析、视觉感知、高级认知解析等上下功夫；"类脑"技术应当在新型仿神经元半导体器件突破、高性能军用类脑电子信息系统研制上下功夫；"控脑"技术应着力开发能够监测和干预大脑思维活动的信息系统，制造出"意念控制"新型装备；"强脑"技术的关键是研究便携式一体化脑信息采集设备和无损伤神经反馈技术。

亟须规范脑科学伦理规则。脑科学的飞速发展对人类伦理、道德带来了风险。在以人为对象的实验研究中，如果一味强调研究的科学性，有时会对人类造成伤害。因此，应加强对脑科学伦理的研究，规范脑科学实验框架。对一些违背人道主义、秘密研发控脑技术的国家、机构，可以合理运用伦理规范去反制。

制脑作战：未来战争竞争新模式

朱雪玲　曾华锋

随着脑科学技术的发展，以大脑为载体，以认知空间为作战空间的新的战争形式在悄然打响。争夺"制脑权"问题已成为世界各军事强国相互竞争的新的战略制高点问题。理解大脑的工作原理，揭示人类智能形成和运作机制，将对未来战争产生难以预见的影响。

有效影响对手认知，达成"不战而屈人之兵"，
历来是战争指导的最高境界

在人类军事史上，"不战而屈人之兵"一直为古今中外军事家所推崇。传统的战争主要是在物理空间进行的，随着人类对战争认识的不断深化和科技水平的不断进步，由人的精神和心理活动构成的认知空间正成为战争新的作战空间。

认知空间逐步成为战争双方争夺的重要领域。认知空间是指人类认知活动所涉及的范围和领域，反映的是人的情感、意志、信仰和价值观等内容的无形空间，存在于斗争参与者的思想中。国家认知空间分散存在于每个个体的主观世界，由全社会无数个体的认知空间叠加而成。认知空间作战的对象是人，战场是整个人类社会。一方面，随着人类活动

范围的扩大，认知空间的范围也在不断拓展。另一方面，认知空间较量的武器是精神信息，凡是精神信息可以传播到的地方，都可以成为战场。控制认知空间就是以影响乃至主导社会大众与国家精英的认知、情感、意识为指向，最终影响一个国家的价值观念、民族精神、意识形态、文化传统、历史信仰等，促使其放弃自己探索的理论认知、社会制度及发展道路，达成不战而胜的战略目标。2006 年，美军《联合信息作战》将认知域、物理域、信息域并列为信息作战的三重空间。

心理作战日趋成为夺取战争胜利的重要样式。心理作战实质上是以精神信息为武器，在认知空间展开攻防对抗的信息战。对抗一方制造出心理战杀伤的武器——精神信息，并通过一定的载体或方式将精神信息传送出去，另一方的感官或意识接收到这一精神信息，在其影响下产生心理改变。整个心理作战过程主要包括三个环节，即信息生成、信息传送及信息影响，而信息影响则是最不受控的一环。因为信息影响的对象是人，需要通过人自身意识发生作用。在传统战争条件下，心理作战信息对人的影响大多是间接的、被动的、不可控的，其作战效果就大打折扣，"不战而屈人之兵"更多是一种追求，心理作战更多以武力战"婢女"的身份出现。但随着现代信息技术的发展，人们对心理作战的认识广度和深度不断拓展，心理作战作为一种战略手段进入人们视野。脑科学技术的飞速发展，让人类在自我认识的道路上不断取得突破，这势必给未来心理作战带来新的契机。

脑科学技术为影响对手认知、实现"不战而屈人之兵"提供了直接手段

信息技术、生物技术、材料技术等多学科技术的迅猛发展，特别是

全球范围内蓬勃发展的"脑计划"的强力推动，围绕大脑开展的科学发现和科技创新成果如雨后春笋般不断涌现。因此，脑科学技术在军事领域的地位和应用价值日益凸显。

脑阅读技术让人脑思维意识直观化。人类的大脑是由一千亿个神经细胞（神经元）组成。当神经元进行互动时会产生化学反应，它们会自然释放一种可测量的电脉冲。现代脑成像技术为透过颅骨无创伤、可反复、动态地阅读人类的大脑活动提供了方法和手段。通过读取这些脉冲，就可以对大脑活动进行定量分析，最终实现解析和阅读人脑思维活动的目的。澳大利亚发明的智能头箍，能够监测人脑内上百亿神经元的电流传输状况，帮助用户认识到当前所处的心理状态，包括注意力、集中力、投入度、兴奋度和压力程度等。

脑刺激技术让人脑特定功能增强化。多少世纪以来，人类一直梦想能够超越自身极限成为"超人"。随着现代脑科学技术的进步，人们不再局限于利用一些自然的方法来循序渐进式地提高自身的能力，脑刺激技术为人类提供了更加直接和快速的实现方法。研究发现，人类的认知能力同大脑特定脑区密切相关，对这些脑区施以特定的脑刺激技术，可帮助改善或增强大脑功能。在正常人身上实施无创脑刺激技术，可以显著改善睡眠、增强注意力、记忆力、警觉力和决策力。

脑控技术让人机结合控制意念化。脑控技术是实现"意念控制""人机合一"的新型脑科学技术。脑科学的研究表明，在大脑产生动作意识之后和动作执行之前，其神经系统的电活动会发生相应的改变。脑机接口技术是当前脑控技术中发展最为迅速的技术之一。美国明尼苏达大学研究者采用无创脑机接口技术让普通人利用"意念"控制飞行器飞行。意念控制作战的思想，一直没有游离出美国军方的视野。从2004年开始，美国国防部就已投入巨资，在杜克大学的神经工程中心等全美 6 个实验室中展开了"思维控制机器人"的相关研究。

控脑技术让人脑思维意识可控化。2012 年英国皇家学会发布的《神经科学：冲突与安全》报告认为，认知神经科学（含脑科学）具有武器化应用的潜力，可以研制出直接作用于神经系统（主要是大脑）的新型武器。美国国防部《2013—2017 年国防科技发展计划》则提出，认知神经科学（含脑科学）的颠覆性应用前景是实施思维干扰与控制的神经生物战。尽管目前距离这一"终极目标"的实现尚早，但该领域已经取得了一些突破。美国《华盛顿邮报·军事周刊》曾披露在伊拉克战争中美军使用过控脑武器。

用好脑科学，把认知空间争夺纳入战争设计，才能真正实现"不战而屈人之兵"

脑科学以及相关科学的快速发展和融合为认知空间作战理论变革、武器装备发展带来了重大机遇，为"制脑权"的争夺提供了强有力的理论和技术支撑。美军已把脑科学技术列为未来"改变战争规则、创造战争规则"的颠覆性技术之一。

"类脑"将智能作战推向新阶段。"类脑"主要是通过借鉴人脑运行机理及人类智能的研究，研发在信息处理机制上类脑，认知行为和智能水平上类人的高智能机器人。其目标是使机器以类脑的方式实现人类具有的认知能力及其协同机制，最终达到或超越人类智能水平。"类脑"智能的研究已经成为主要发达国家的军事战略行为。美国、德国、日本等军事强国已经在研发类脑处理器、类脑计算芯片等方向取得了重大进展，逐步形成以加速发展智能化武器装备为核心的竞争态势。目前这类装备已经从实验室走上军事应用，如防恐防暴机器人、应急救援机器人、侦察机器人、作战机器人以及战场运输机器人等。

"强脑"将潜能开发推向新阶段。"强脑"主要是通过电、磁、超声、激光等方式对大脑的特定区域实施刺激，促进和增强大脑的感知力、注意力、警觉力、记忆力和判断力等，从而达到提升人脑机能、保持军事活动高效的目的。认知域作战通常表现为作战人员特别是指挥人员的智慧、谋略、经验、能力等方面的博弈，体现为参战官兵素质能力、战斗精神、作战经验、战场态势感知等方面的较量。作战人员的这些素质和能力往往取决于人脑的机能。近年来，美军开始关注如何增强士兵大脑机能，努力打造更加聪明、无畏的"超级士兵"。

"脑控"将无人作战推向新阶段。"脑控"主要是借助脑机接口等技术实现人与机器的高效融合，实现人机合一，从系统层面提升武器装备的战斗效能。新世纪以来，美军就高度重视脑机接口技术的军事应用，投入巨资研究武器与人相互作用机理，研究用人的意念远程操控"机器战士"，在复杂战场环境中突破人类的生理极限，以降低战争伤亡率。未来战场上，赋予武器装备"随心所动"的智能化操作，各种"代理战士""机器兵团"将有望成为无人作战的新样式、新角色。

"控脑"将出奇制胜推向新阶段。"控脑"主要是利用各种技术手段直接对作战对象的大脑活动进行干扰甚至控制，在不知不觉或出其不意中达到"制脑"的目的。相比传统的作战武器，控脑武器可以直接干扰或控制敌军的大脑，造成其心理损伤、意识混乱甚至是幻觉，最终促使敌军在不知不觉中，做出违背己方利益的行动，如放下武器、投降或自杀。控脑武器是实现从精神上控制敌人，"不战而屈人之兵"的重要武器。目前，美军正在研发基于大脑控制或干扰的武器，如意识干预武器、幻视武器、幻听武器等。未来控脑武器会进一步朝着非致命性、精准化的方向发展。

全域认知战：以"无形"制"有形"

张东润

认知是人们获得、加工及应用信息和知识的过程。今天，战争已不再局限于物理域、信息域等空间，认知域逐渐成为角逐的新战场，认知战逐渐受到各国重视，开始进入"全域认知战"时代。全域认知战主要包括全域认知感知、全域认知融合和全域认知攻防等。与传统作战相比，全域认知战旨在通过综合运用多种手段，强化认知防护，同时对敌对国家人员的感觉、知觉、思维、想象、经验、信念等进行干扰、影响和控制，使其主观认知与客观现实产生偏差混乱，从而达成以认知优势赢得战争主导权甚至不战而屈人之兵的目的。

全域认知感知是前提基础

信息是认知战的基础"弹药"，信息优势决定着认知优势的形成，必然也就决定了对信息的全域精准感知是认知战的前提。未来战争中，敌对双方都会竭尽所能来确保及时、准确、全面地掌握各个维域的信息，以达到对战场空间的全面掌握，确保己方的指挥决策和各个行动都能得到充分的认知信息保障。由于信息不受维域的限制，导致认知对抗的空间不仅覆盖了陆、海、空等传统物理域，而且覆盖电、网等信息域，同时还包括了人的认识空间，也就是认知域。信息可以在物理域、信息域和认知域间相互融合渗透、共同作用，全域感知需要着眼信息在认知对抗中的全域性、融合性等特点，在全域范围内实施信息精准感知。从感知范围来看，既包括传统战争涉及的陆、海、空、天、电、网域信息，也包括诸如人的思想、思维、精神、意志等有关的政治、社会、经济、外交、文化、舆论等领域信息。从感知层次来看，既涉及国家战略层面的企图、意志等，也包括某一组织或领域的指导方针、发展规划、文化建设等内容，还包括社会基本组成人的精神、思想、意愿、心理、习惯、习性等。从感知时间来看，信息没有平时和战时的界限区分，平时就是战时、战时依托平时，可以说认知感知是"无时不战"。

全域认知感知的实现是一项复杂系统工程，涉及面广、域多，感知途径复杂多样，信息网络技术快速发展为实现全域感知提供了可能条件。各个维域的感知信息只有通过信息网络才能实现聚合，感知信息数据只有在信息网络的支撑下才能发挥作用。从实现途径来看，需要以信息网络为基础和依托，以感知单元为"触点"，以网络栅格为"神经脉络"，通过感知链链接至各分域设立的专门认知处理机构，各分域再综合形成全域态势感知体系，以此形成全维域、无死角、无空隙的全覆盖；从作用原理来看，针对感知目标种类多、分布广、数量大及认知的内隐性特点，运用多种力量手段，多级联动、应接全接、全源汇集，获取全域、全时、全方位的目标数据，再对感知层面目标数据进行多域印证、去伪存真、分析处理，形成对目标特征的初步认识；从保障要求来看，感知信息网络应当按照标准化要求，保证全网数据顺畅流通，同时兼容指挥决策的一般功能，形成多网系叠加的信网体系。在信网体系的支撑下，可以聚焦各级、各类用户的认知需求，发挥信网全覆盖动态互联、直达末端的优势，促进"感知链"与"融合链""行动链"紧密耦合，实施个性化、精准化和智能化的支撑保障。

全域认知融合是关键枢纽

"看清"并不等于"看透"，有了全域认知感知还要全域认知融合。这就是将全域感知的信息进行汇集、比对、印证、分析、研判、整合，是认知融合的过程和结果的统一。在认知对抗中，海量、繁杂的认知信息犹如迷雾一般充斥其中，有的有用、有的没用，有真的、也有假的。在这种充满"战争迷雾"和"不确定"的认知空间里，只有通过认知融合才能形成对态势的全面、及时、准确的判断，进而将全域感知优势转化为决策优势和行动优势。可以说，全域认知融合是实现全域认知战协调一致的关键。回顾美军搜寻本·拉登的整个过程，从动用一切侦察感知手段，到挖掘发现本·拉登的信使"科威特"，再到弄清其真实姓名，到最后融合各类认知大概率确认本·拉登，为"海神之矛"行动提供决策支持，都是在全域感知基础上对所有认知信息不断进行融合的过程。认知信息的融合对推动认知程度深化、保持认知优势起着决定性的作用。未来认知战日益复杂激烈，"看清"变得容易，"看透"却越来越难，如何加强全域认知融合来应对现实挑战，对达成决策优势十分重要。

全域认知融合需要以"开放式架构"接通全域认知的信息孤岛。认知域越广，认知就越精确，全域认知融合其本质是全源性融合。在现实中同类传感器数据进行融合，各类目标进行特征融合，各域耦合形成认知融合，从数据融合、信息融合到认知融合，融合内容的多样化和融合需求的差异化，需要"开放式架构"实现各域的基础信息、动向、态势、声像、目标信息无障碍流通；以大数据运用突破全域融合的沟壑壁垒。认知融合不只是对同类、单域目标属性印证和战场动态合成，从数据库中挖掘和分析跨域、异类认知信息，形成综合性判断显得更加重要。运用大数据等相关技术，可以实现对文本、视频、语音通话等非结构化信息的分析整理，从巨量、多源、异构的数据中形成综合性、整体性认知融合成果。外军主张的"从数据到决策"项目和"XDATA"计划，就是把大数据技术运用促进认知优势作为其变革的重点，以智能化发展打破综合分析的认知瓶颈。融合智能化可以有效提高认知融合过程中的理解力和思考力。全域智能融合可以在一定程度上摆脱对人类融合规则、经验的依赖，消除人在一定条件下认知的模糊性、零散性和片面性。

全域认知攻防是本质要求

任何战争都离不开进攻和防御，全域认知战也是如此，不论在军事领域实施"威慑性""欺骗性""惩罚性"军事行动，还是在信息、经济、政治、社会、文化等非军事领域实施"影响型作战行动"，都是在认知空间对人的心理、精神、信念、思想等认知施加作用，展开影响与反影响、渗透与反渗透、破坏与反破坏、控制与反控制等各种认知攻防活动。这点可从认知的全域防护和全域进攻两方面来认识。

全域认知防护就是在全域、全时加强己方认知安全，筑牢认知防线。做好全域认知防护需要全域运用认知检测、校对己方认知的防御、拒止情况，积极抗击对手的认知进攻，保护己方的认知薄弱部位不受对方攻击。固守己方认知，利用信息及多种认知平台、多种手段全方位宣扬己方的价值理念、正义立场，与民众内心价值观产生共鸣，得到民众认可，激发民众对敌方认知攻势的抵触反抗，统一意志、凝聚民心、激发士气，团结国内外广大的利益群体一致对敌。加强认知防护，在全域认知范围内降低敌方侦察感知的发现率、监控率、确认率，加强对重要认知领域的防护手段和隐蔽措施，降低己方信息、经济、政治、社会等涉及安全相关的可感知性，加强防护管控，强化相关保密、管制手段。实施认知遮蔽，通过增添认知迷雾，围绕战略企图，采取伪装性行动来隐藏己方的真实企图，隐真示假，增强己方认知的安全性。比如，不断调整军事力量部署，以常态化威慑性演习来拒止对手的侦察袭扰，打乱对手的认识判断。

全域认知进攻是对敌方认知施加控制、干涉、影响，来达成对敌的认知优势，实现己方的目的企图。全域认知进攻具有大范围、全领域的特点，要求在多个领域、多个维度、多个时段，同时发起认知进攻以形成整体合力，达到最佳成效。加强认知渗透，通过侦察对手的认知态势、决策习惯、思维模式等情况，有针对性地以营造态势、改变氛围、刺激心理状态等行动，分化瓦解对手国内认知的整体性统一性，影响对方的决心意图、指挥决策。打乱认知流程，干扰、中断敌认知循环运转、链路畅通，必要时可以用物理域和信息域的攻势行动摧毁某些关键节点，打乱影响敌指挥官认知判断，迟滞对手的反应和应对。实施认知主导，根据对抗需要有步骤、成系统地对敌进行军事、经济、文化、外交、民心等各方面各层级行动，以物理域、信息域和认知域的攻势，展示硬实力，表明己方的意志决心，改变对手原有认知，以形成有效控制。

人工智能：认知战的制胜刀锋

陈东恒

现代认知战"技术＋谋略"之"技术"，很重要的是指人工智能。人工智能在认知战中扮演着越来越重要的角色。掌握认知战主动权，打好认知战主动仗，必须掌握人工智能作用思维认知的科学规律、方法路径、风格特征等，从而更好地驾驭认知战。

人工智能制胜认知战的内在机理

人工智能对思维认知的影响和干预并非随机偶然，而是遵循一定的客观规律。首先要把这些规律和机理搞清楚，才能找到人工智能作用思维认知的关键因素、路径渠道、方式方法、可控变量，从而增强运用人工智能进行认知战的针对性实效性。

信任支撑的感知作用。人工智能之所以能够较为有效地影响思维认知，关键在于其作为技术而不是现实世界人的客观存在。人作为谋略和作战的主导因素，具有隐真示假的现实需要和应时应势而动的灵活机变，直接策源于人的信息和举动极易引起对手警觉，不仅不会指向性地影响对方的思维认知，甚至还可能起到反作用。虽然人工智能的本质和背后仍然是人，但其貌似超越阶级、国家、政党政治和意识形态的科学特质、"技术"身份及稳定性态，反而比人更容易引起对手信任和接受，在影响对手上往往能起到人所不及的作用。正是基于此，看似产生于智能机器的数据、信息、情报等，反而对思维认知的影响更直接、更有效。用人工智能为机器赋能，使之更能体现人的意志，更能隐性高效地影响作战对手，是现代认知战的一个重要渠道和方式。

强压给予的施动影响。"众口铄金，积毁销骨"，思维认知也遵从由量变到质变的客观规律。这个规律就是高速度大频率向特定对象发送同样信息，能引起对手从不相信到相信、从不接收到接收、从不认同到认同的认知质变。智能化机器运用这一规律的一个最大优势就在于，能不知疲倦地大密度传递同样信息，更有效地影响特定对象思维认知，只不过机器代替了人、智能操作代替了手工作业、信息传输代替了口头传递。近年来，美西方国家用高技术手段打造大批网络水军、制造海量虚假信息，攻击污蔑敌对国家，引发对象国人民认知和价值判断混乱，诱发不满情绪和社会动乱。运用人工智能实施更有力的思维认知压迫，是认知战的新特征。

氛围强加的塑造效应。"能攻心则反侧自消，自古知兵非好战"。"破釜沉舟""四面楚歌"等脍炙人口的经典战例表明，即便口传声动、手工作业，也能收到奇效。人工智能赋能认知战的一个巨大优势在于，其无处不在、无孔不入而又高度自动化的存在，构建起作用一切的柔性认知场景，能够"于无声处听惊雷"，不知不觉地高效影响、感染和塑造对手的思维认知。美国炫耀性公布特朗普观看特种部队突袭 IS 最高首脑巴格达迪的视频直播照片，意在向世界传递美国依旧强大、美军依旧强大的信号。纳卡战争中亚美尼亚军队从阿塞拜疆军队无人机肆意轰炸的血腥画面中感到了无力，被迫签订停战协定。在人工智能加持下，认知战已经能"传音入密"，深入到军事斗争方方面面。

人工智能制胜认知战的基本路径

人工智能是思维认知的产物，反过来又作用于思维认知，其对思维认知的影响和干预必然遵循思维认知的运行规律。思维认知的本质在于依据感知到的情报信息，根据已有知识和经验，借助一定的工具，对客观事物、作战行动等作出感知、识别、分析、判断、决策和选择。人工智能对思维认知的影响，主要是用倾向性信息，诱导、影响思维认知按照既定方向和预期结果发展。

提供倾向性信息。在信息化智能化社会，信息是思维认知的基础，是思考决策的战略资源。信息质量很大程度决定思维认知水平。人工智能以其在信息感知、获取、加工、处理、提供上的独特优势，向对手提供倾向性信息，诱导对手思维认知朝着自己希望的方向、过程和结果发展。作战语境下人工智能提供的信息，绝大多数是经过人为加工处理、含有人为因素的信息，目的是"己所欲而施于人"，通过影响干预作战对象的思维认知，使之朝着"于己有利于敌有损"方向发展。事实充分表明，数据是可以操弄的，信息是可以掺水的，"真相"是可以塑造的，人心是可以影响的，人工智能对思维认知的迷茫、诱导真实而具体。

作出倾向性干预。人工智能作为人类创造的智慧，是对人类已有智慧和知识的综合性加强版技术化运用，其发展水平根本受制于人类已有认知水平和科技创新层次，人仍然是人工智能的主宰者。就此而言，人工智能本身很难在陌生场景对新事物作出像人类一样的灵活应对、前瞻预测和定性判断，只能为人类分析判断提供概率性统计数据信息支撑和算法运行服务。但正是这种侧重数据分析、不做结论性判断、看似与人无关的概率性、模糊化归纳，往往能麻痹对手的警觉，不动声色地影响和左右其思维认知。比如作战行动的成功率、打败对手的制胜率……这些可人为控制的统计结果，很可能对对手思维认知和判断决策产生系统性影响。以看似科学客观理性、实则人为操纵的信息，诱导、影响和左右作战对手思维认知，是现代认知战重要方式。

剧透倾向性愿景。人们都有对未来的愿景。构建和剧透对敌人可能产生巨大震慑力的未来场景，影响对手思维认知和行动决策，往往能收到此时无声胜有声的效果。例如，"星球大战计划"之所以是有史以来较成功的战略误导案例，是因为其构述的恐怖场景击中了苏联"命门"。同理，一些极具想象力的艺术作品，亦向世人展示着一个国家民族的科技实力及其支撑下的战争潜力。人工智能的闪亮登场，把人类想象力提升到极致，把对未来的叙事发展到新高度，提供了一种可以天马行空规划未来、预置场景、影响胜负，进而展示强大、震慑对手、误导宿敌的可能。

人工智能制胜认知战的主要手段

人工智能作用于思维认知，亦如其他技术对思维认知的影响，有明显区别于其他施动者的风格特征。人工智能之于思维认知，是科学技术与其作用对象智力水平最接近的一个对立统一体。这种迥异于以往军事对抗的特殊对立统一关系，体现为对抗的高智能、对接的高融合、作用的高互动，具有独特风格特征。

核心算法支撑。制智能权是智能化战争的制胜关键，而算法则是这个关键中的关键。谁的算能更强、算术更精、算力更优，谁就能更迅速地压制对手的思维认知，陷敌于被动，使之跟着自己的节奏走，从而将己方在数据、信息、情报和算法等方面的优势，转化为智能优势、战力优势和制胜优势。谁能在算法研发运用上走在前面，谁就能抢占认知竞争制高点；哪支军队的算法更快，哪支军队的战斗力就更强。以更丰富的数据、更快速的算力、更强大的自适应性，取得对对手的军事技术优势和军事竞争先机，对作战对象进行算法突袭、算力打击，是人工智能作用思维认知的一大突出特征。

软硬结合推动。人工智能作为现代科技的一种高级形态，多数以软件形式存在，自身不会直接作用于思维认知，必须附着于一定的物质载体，进行充分物化，成为承载战斗力的智能化物质平台。纳卡战争中亚美尼亚军队虽然也有一定数量的无人机，但由于配套软件滞后，难以像阿塞拜疆军队无人机一样发挥战斗力；美、俄等国军队自用武器装备一般都有性能减配的出口版本，两个版本的区别也主要在软件上。可见软、硬一体是现代武器装备特别是智能化武器装备战斗力的重要两翼。这些软硬兼具的智能化平台，极大延展人的体能、技能、智能，极大提升武器装备的防护力、机动力、毁伤力，极大发挥人工智能的战斗能力。

人机交互影响。人工智能及其物化形态智能化机器间的交互，突出表现为能动性互动；思维认知与思维认知间的交互，主要是思维认知主体彼此之间及其内部构成要素间的交流互动；人工智能对思维认知的作用，也是一个人机结合交流互动的过程，这其中既有己方人机结合形成影响力，也有对手人机结合形成战斗力，更有彼此人与机、机与人之间的互动交流结合。交流互动，构成人工智能作用思维认知的基本存在。技术优、算法快、体系好、认知力强的一方，往往能够抓住彼此互动交流创造的共同机遇，通过双方或多方共同搭建的交互通道压制和影响另一方，形成单方面非对称优势，实现对对手思维认知的影响和作用。打好认知战主动仗，要求我们必须高度重视人工智能作用思维认知相关概念开发、机理探寻、技术创新及实践运用等问题，努力夺取未来战争新优势，抢占军事竞争制高点，把握军事斗争主动权。

信息网络：认知战制胜要津

翟 婵

在信息化智能化融合发展的当今时代，信息网络以其触角深、受众广、互动性强等优势，在认知战中将发挥无可替代的重要作用。有了信息网络的加持，认知战将如虎添翼、如鱼得水。深刻把握信息网络作用认知战的机理规律、基本形态、方法手段等，有助于及时掌控认知战主动权，为赢得胜利奠定基础。

信息网络作用认知战的机理规律

信息网络作用认知战的本质在于通过核心算法，提供海量信息，营造倾向性认知场景，影响人和智能机器的思维认知。这一过程融合信息网络运行规律和思维认知内在机理，具有很强的可预知性，是信息网络认知战必须把握的底层架构和关键之点。

基于路径依赖的黏性影响。当今社会高度发达的信息网络，提供了一个人们学习、工作、生活、娱乐，军队建设、作战和军事斗争准备须臾离不开的平台，在彼此之间形成一个互联互通的路径依赖。这一平台以信息为核、网络为媒，通过无形的黏性把不同人群、社会、国家包括军队连接在一起，既将整个世界打通成一个紧密联系的地球村，客观上也为开展认知作战、影响对手思维认知、制胜认知战争提供了桥梁和纽带。2009年美国国务卿希拉里曾发表"互联网自由"演说，鼓吹"互联网自由"战略，企图利用人们对互联网的高度依赖形成的作用通道，影响对手国民众特别是青年一代的思维认知，传播美式价值观。

基于信息交换的互动影响。教育学认为，互动交流能有效克服信息单向传输形成的认知屏障，在彼此信息交换、情感融通、需求相促中达成共识、形成共情、强化同理。信息网络与传统交流沟通媒介的一个很大不同，在于提供了一个能大范围、快节奏、高效率互动交流的载体。在这一载体中，信息强势一方能通过载体提供的互动机制，依据另一方的思想波动、情感变化、态度反馈等，反复确认影响，调整方法策略，干预另一方的思维认知。长期以来，美国对华保持"接触＋遏制"战略，一个很重要的考虑就在于这种接触能有效克服单纯封锁对抗形成的沟通壁垒和信息鸿沟，增强两国政府和民众之间的互动，从而寻找机会打开缺口，影响我们的思想观念和意识形态。这一战略虽然发生在传统领域，但与信息网络基于信息交换的互动影响机理内在一致。

基于预设场景的诱导影响。信息网络的隐蔽性、虚拟性、渗透性，使其掌控者能通过水军灌水、信息过滤、"浑水摸鱼"等技术和谋略手段，营造极具欺骗性、诱惑性、煽动性的信息场景，使对手深陷其中而不自知，反而朝着预设的过程和结果发展。这种对信息网络的指向性操控，能潜移默化地高效影响、感染和塑造对手的思维认知，使之不知不觉被带节奏，收到远比对抗硬杠好得多的作战效果。伊拉克战争前夕，美国媒体通过互联网等平台大肆散布伊拉克存在大规模杀伤性武器等虚假信息，指责萨达姆政权与基地组织相互勾连、腐败成风，还无端残害伊拉克人民，同时又想方设法掩盖事实真相，过滤本国人民的反战声音，极力营造萨达姆政权邪恶可恨、全美上下同仇敌忾的氛围。

信息网络作用认知战的基本形态

战争规律和制胜机理决定战争的基本形态。信息网络作用认知战的规律机理内在规定着这种战争的外在呈现形态。其中最基本、最具代表性的包括信息迷茫战、思维误导战和意志毁伤战。

信息迷茫战。就是用海量虚实结合、亦真亦幻的复杂信息灌注网络，使敌对方信息网络容量过载、功能失常、运转失序，或导致特定受众对象"失聪失明失感"、认知能力拥堵、思维认知和决策判断受阻。这一战争形态常用于作战初期和不透明战场，拥有信息优势的一方能使敌对方陷入茫然不知所措的恐慌状态，从而感知失灵、思维失据、自乱阵脚。彭博社称，美国成立不久的第六大军种——太空军，计划 2027 年前采购 48 套干扰系统，旨在"与大国发生冲突情况下"，干扰迷茫其卫星信号。不少国家军队普遍感到，现在获取的信息不是太少了而是太多了，来自四面八方的巨量信息大量聚集，给态势感知和分析判断造成巨大压力。

思维误导战。就是通过灌输包含信息网络掌控方意图指向的特定信息，形成倾向性信息场景，误导欺骗和影响特定国家、军队和人群思维理念，使之偏离正确发展轨道，朝着于己有利、于敌有损的方向偏移，是认知攻击的最高境界和惯常做法。这种误导以强大的外部压力为前提，以似是而非的策略为基础，以掺杂水分的信息为武器，针对对手思维特点和薄弱环节，实施导向鲜明的诱骗，使对手在紧张慌乱中迷失方向，不知不觉落入"圈套"。这些年来，一些国家在实施大国竞争战略的同时，通过网络水军虚构假情况、制造假信息、散布真谣言，在我国周边煽风点火，鼓动一些在历史上与我国有积怨、现实中有摩擦的国家寻衅滋事，目的就是要诱导我们转移注意力，削弱在主要战略方向上的资源力量投入，偏离强国复兴的轨道，谋取渔翁之利。

意志毁伤战。未来学家托夫勒说，谁控制了人的心理，谁就控制了整个世界。战争说到底是人与人的对抗，人的心理活动很大程度影响着人的精神状态，进而影响作战意志。意志毁伤战与传统作战通过物质摧毁间接影响人的意志不同，它通过直接影响关键人物的心理活动、精神状态和思维决策，影响军心士气、战斗意志和作战行动。随着科技发展和社会进步，对人的意志的干预，已经由传统以谋略为主演进到"技术＋谋略"阶段。早在十多年前就有科学家研制出"声波集束"武器，通过电磁网络从数百米外发射极为狭窄的声波"音柱"，干扰敌人判断甚至使意志坚强的军人精神错乱。近年有研究表明，基于脑电波信号的人工语音合成技术可提取大脑中的信号，合成人类能够直接理解的语音。

信息网络作用认知战的主要手段

"技术＋谋略"构成现代认知战的基本手段。信息网络作为现代科技发展的产物，其对认知战的作用手段也主要体现在"技术＋谋略"上。这为我们认识和把握信息网络作用认知战的方式方法、科学路径，从而制胜战争提供了基本切入点。

大数据构塑。数据作为信息网络的核心构件，不仅是信息的载体，而且是信息网络价值驱动的"新石油"，更是作用认知战的基本弹药。通过海量数据构塑为我所用的复杂信息场景，或对对手进行思维认知迷茫，或给予思维误导欺骗，或进行信念意志摧毁，构成信息网络作用认知战的基本逻辑。在这一逻辑架构中，数据无疑是最基础的资源、最核心的元素。远在几年前，权威部门就统计，全球每天生产约 2.5 艾字节（EB）的数据，其中仅20%是可以直接利用的结构化数据，其余80%则需要进行分析、甄别、筛选。这些几何级数增长涌现的数据资源，为构塑数据信息场景、实施认知战提供了取之不尽用之不竭的"数据弹药"。

智能化推送。信息网络时代，智能化推送成为人们摄取外部信息，获得思维认同、情感共鸣和影响他人思维认知的便捷渠道。运用人工智能等先进技术收集、整理、分析人的思维惯性、行为偏好数据，形成拟人化定制化感知推送，能够产生社会认知趋同的"回音壁"和桎梏人的信息茧房，同时也有利于推己及人、了解对手的思维趋向和可能行动，有针对性地采取应对措施。生活中，我们都有一次或几次网上购物、搜索某类信息后，大量类同信息推送进来的经历，这种智能化推送手段应用到认知作战中，很容易使信息主导方通过信息网络数据，对作战对象指挥决策层可能作出的决策、采取的行动等予以前瞻分析研判，诱导其作出希望看到的决策行动或预先作出相应的应对措施。

情绪化浸染。弗洛伊德说，我们不是纯粹的智慧、纯粹的灵魂，而是一个冲动的集合。在信息网络空间，能够得到广泛且快速传播的观念认知，往往不是冷静理性客观的思维分析，多是冲动非理性的情绪情感动员。这是由信息传播、新闻发布"先发制人"的快节奏决定的。对这些信息作出快速反应的认知需求，反过来又导致"快思维"条件反射性、冲动性、情绪化反应，将看似孤立的社会个案转化为具有强烈压迫性、煽动性的心理暗示和行为驱动，暴发性催生非理性决策行动。2009年6月维基解密披露的一份外交电文中，描绘了突尼斯本·阿里政权家族宴会的奢靡场景，并煞有介事地将该政权形容为腐败暴政的"黑手党"，这加深了该国国民怨恨情绪，从而成为引燃推翻本·阿里政权的"茉莉花革命"重要推手。

破解认知对抗的制胜密码

杨　辉

近年来，伴随着智能技术在军事领域的迅速应用，认知对抗已经悄然成为继火力对抗、机动对抗、信息对抗之后，又一把打开未来战场胜利之门的钥匙。那么，认知对抗的制胜密码是什么，我们该如何应对呢？

从"多算胜"到云计算中心

多算胜，少算不胜。自出现战争以来，敌对双方从未停止过追寻多算优势的步伐。从中国古代的军师谋士、到近代普鲁士军团的参谋部、再到近年来的作战计算中心，为准确认知战场态势变化带来的影响，不同时期的军队采用不同的办法来提高作战计算能力。

21世纪的一段时间以来，战场上的信息呈海量迸发式增长，而指挥平台、作战平台、感知平台的嵌入式信息模块计算能力十分有限，要拨开"迷雾"看清战场，从信息海洋中窥出真相，就必须提升对海量信息的处理、分发和认知速度。于是，构建能够支持指挥决策、任务规划、力量控制的强大的作战云计算中心，成为世界各国军队建设的优先战略，而连接云计算中心汲取计算能力的"瘦"客户机类型的武器装备也备受推崇。云计算中心建设，一时间成为世界各国军队竞相追逐的热点。

"云—端"模式面临严峻挑战

云计算中心、"瘦"客户机所形成的"云—端"模式，带有浓重的商业色彩，其之所以饱受追捧，是商家极力推销计算服务，以及用户追逐低成本终端的结果。"云—端"模式移植到军事领域，其结果就是云计算中心极度膨胀，担负起无所不能、无所不包、无所不有的重任；传输管道压力倍增，成为无所不在、随遇接入、即插即用的角色；客户端则极度简化，几乎成为智力低下的"裸机"，甚至只剩下信息感知、信息回传、信息接收能力，对信息失去了最根本的认知能力。这样的一个作战体系，云计算中心、传输网络成为极其薄弱的环节，一旦遭受攻击或破坏，整个作战体系就会有随之坍塌的危险，这也正是"网络中心战"广受质疑的根源所在。

军事领域的"云—端"模式，其脆弱性在于把作战指挥的灵魂——"算"，完全依赖于"云"上，"管"承受着计算资源分配和计算能力传导的巨大压力，而"端"的能力则受制于"云"和"管"的输出，几乎没有自主发挥的余地。不堪重负的"云"和"管"，加上几乎无"脑"的端，基本失去了打赢现代战争的机会。

"云＋边＋端"模式成为新趋势

事物的发展总是在确定性和不确定性之间徘徊。正如当年 IBM 董事长托马斯·沃森的预言"全球大概只需要五台计算机就够了"，很快就被"每粒沙子都应该是一台计算机"所替代一样，"云—端"模式在军事领域的应用，也正在向"云＋边＋端"新模式转变。

边，即边缘计算，是提高战场态势统一认知的重要依托。与云计算的集中部署相对应，边缘计算就是靠近数据源头、网络边缘侧，融合网络、计算、存储、应用等核心能力的开放平台。边缘计算看似陌生，其实它的发展与云计算几乎同步，只不过云计算因商业炒作而更加广为人知。

边缘计算的价值何在呢？全球著名的信息技术提供商国际数据公司（IDC）预测，未来50%的数据需要在网络边缘侧进行分析、处理与储存。同样，未来作战也不可能完全靠云计算中心完成所有数据分析、处理和计算，边缘计算能力建设势在必行。

"云＋边＋端"模式的好处在于：既利用了云计算中心的强大信息处理能力，又发挥了边缘计算平台的抵近用户、分布部署、随时处理的优势，进而避免了过载信息拥堵传输管道、冗余信息挤占计算资源、即时信息处理时延过长等不利场景的出现。

美军较早在军事领域进行了"云＋边＋端"的探索运用。2013年，美军提出作战云的概念。它的提出背景是F-22虽然有超强的信息感知能力，却无法与其他战机实现信息共享，形成一个典型的"信息孤岛"。美军的想法是把F-22打造成为具有强大信息能力的作战云节点，战时能够进行快速移动分布式部署，抵近用户端快速处理作战信息，同时建立起与大型云计算中心的信息传输管道。2014年9月23日凌晨，美国空军F-22战机作为作战云的角色，通过卫星与美军大型云计算中心联通，首次率领由B-1轰炸机、MQ-9无人机等组成的联合空袭机群，对叙利亚境内的"伊斯兰国"极端组织目标实施空袭作战，标志着美国空军的"云＋边＋端"作战运行状态开始进入实战。

借鉴美军实践做法，结合边缘计算发展趋势，加强我军边缘计算能力建设，一是应大幅度提升主战武器的信息能力，打造"前端云计算"平台。主要是在先进水面舰艇、第三代战机建设时，变传统的仅嵌入具有单一信息感知、信息接收或信息回传能力等信息单元的做法，把信息感知、作战规则、计算模型、自主控制、信息分发、目标引导等多个模块融合到武器平台，使其成为具备信息智能处理、决策和共享能力的"信火一体平台"。二是应加速探索建设移动云或微云，打造移动云计算平台。主要是在任务部队信息系统装备建设时，将计算设备、存储设备和容灾设备融合成为集成化移动云计算平台，并将其作为网络信息体系的一个要素纳入联合作战体系，使其承担起任务部队移动云计算平台的角色。三是应加强高速传输信道建设，打造边缘计算和云计算的"管"道。无论是计算速度，还是计算模型，抑或是计算算法，边缘计算平台都无法和大型云计算中心相比，必须加强卫星、光纤、数据链、移动宽带等通信系统装备建设，以及预警机、指挥舰、车载站等综合信息平台建设，拓宽边缘计算平台与大型云计算中心之间的通畅"管"道。

释放认知战力　撬动胜战之门

彭　波

智能化战争中，认知空间是重点作战空间，认知优势是重要战略优势，认知对抗是主要对抗形式，可谓"无认知不战争"。认知中蕴含着巨大战斗力，其中感知系统是门户，思维模式是核心，心理因素是基石。提升感知效能、构建智能思维、激发心理优势，最大限度释放官兵认知战斗力，对打赢智能化战争大有裨益。

感知效能连着作战效能

信息加工理论认为，认知不是大脑自发产生的，需要外部信息输入。纷繁复杂的战场信息经感知系统筛选，再由大脑加工生成用于认知对手、判断形势的情报。在这个过程中，感知效能是关键，它直接影响着战场存活率和作战效能的发挥。二战史专家萨姆索诺夫说："斯大林格勒战役战斗最激烈的时候，一名士兵在战场上存活时间不超过9分钟，军官是3天。"同样是士兵，新兵与老兵的战场存活时间也有较大距离。战场存活率的差异，折射出感知效能的差距。

战场态势是无情考官，致命炮火是生死考题，感知效能是应考利器。同一道考题输入新兵和老兵的感觉系统，输出的反应云泥之别：新兵听到的是隆隆巨响和惊慌恐惧，自救尚成问题，更别提作战之力；老兵则能从炮声中听出炮弹落点的远近，能在炮声和炮弹落下的时间差里迅速隐蔽，果断行动。生死一线的战场，作战人员的感知系统只有在"快""准"的基础上做出"好"的反应，才能最大限度发挥作战效能。当战争从"真理只在大炮射程之内"的机械化步入"发现即摧毁"的信息化智能化，面对海量、多源、复杂、异构且快速增长的战场态势数据，人类的感知速度和处理能力显得"愚钝迟缓"。以传感器为核心的智能"感触节点""感知系统""感知神经"开始出现，有助于作战人员走出感知困境，快速有效地感知、决策。

人机融合智能感知为作战人员提供了强大辅助，同时也提出了更高要求，需要打通增能与赋能的"任督二脉"，为感知效能增质提效。增能，就是要全方位训练官兵的感知系统，降低对战场复杂信息的"陌生系数"，提升"适应底数"，在感知存量与战场变量博弈中，有效促进感知资源向感知能力转化。赋能，就是借力人工智能技术延伸、拓展、弥补人的感知效能。人负责非逻辑、模糊、无规可循的感知部分，比如不明趋势的预测、残缺信息的感觉、杂乱无关的知觉，以便获得"数据之外的数据，信息背后的信息"；机器处理有逻辑、清晰、有规可循的感知部分，利用专家系统、知识图谱、类脑计算等智能感知，从海量数据中快速提取高价值信息，减轻作战人员认知负荷，实现战场态势深度感知。

思维是制胜底层密码

军事对抗表面上看是双方硬实力的对抗，深层次看则是思维力的较量。战争中，再先进的装备也要受制于强大的头脑，思维作为认识过程的理性阶段，是决定战争制胜的底层密码。

一支军队的思维是点燃作战能力的引线。思维封闭落后，如同引线受潮发霉，就算有强大的实力基础，也未必能在战场上充分迸发释放。晚清中国，兵员数量世界之最，北洋水师亚洲最强，空有抵御入侵的物质力量仍不堪一击，"思维落后"引发"落后就要挨打"的惨痛教训。一战后，英、法、德三国几乎同步发展机械化武器装备。当德军决心以"闪电战"理论指导机械化战争时，英、法两军却固守阵地战理念，于是就有了二战初期德军横扫西欧战场的悲剧。一中一外，一远一近，无不揭示一个道理：每个时代都有自己的战争形态和与之相匹配的思维模式，谁占据思维制高点，谁就能抢占制胜先机。要想在未来智能化战争中占据主动，必须大胆变革思维，始终把目光聚焦在桅杆刚刚冒出的地平线。

善思：仰望星空，构建军事技术思维体系。恩格斯说，当技术革命的浪潮正在四周汹涌澎湃的时候，我们需要更新更勇敢的头脑。面对日益走近的智能化战争，如果不能及时摆脱机械化思维的路径依赖和认知惯性，就会像二战时期的波兰一样，面对德军的"装甲洪流"舍不得放弃"世界上规模最大"的骑兵，不仅败在战场，也终将被时代淘汰。适应智能化战争，就应紧盯军事科技发展的主导和前沿方向，打破思维藩篱，走出认知"舒适区"，聚向发力构建军事技术思维体系，增强对前瞻性、战略性、颠覆性技术以及由此可能孵化出的新战法的敏锐度、认知力、理解力。

善用：脚踏实地，推动军事技术思维落地。要让先进技术掌握在善用者手上，在思维模式吐故纳新的基础上，加快科技知识推陈出新和科技素养破旧立新，持续推进主战装备技术应用，提高人与智能化武器的耦合度、驾驭度，探索装备潜能和技术"最优解"，为武器技术价值的释放"二次赋能"。

善变：求变求新，在思维活化中预见未来。"制空权"之父杜黑说，胜利只向那些能预见战争特性变化的人微笑，而不是向那些等待变化发生才去适应的人微笑。军事革命就像百米跨栏，发令枪一响，谁在固化的思维前停留，谁就会输掉比赛。战争不会一成不变，思维不能一劳永逸，唯有以未来为导向，以日新精神、精进态度加速思维活化，未来制胜之路才能被前瞻之光照亮。

较量重点在心理制衡

智能化战争是"芯战"更是"心战"。伊拉克战争中，美军抽调200多名心理学家、心理医生和精神病专家参加心理战。他们锚定伊军心理弱点、心理盲点、心理敏感点，利用无孔不入的信息"弹药"以及无处不在的网络"发射器"，在无声无息中完成"兵不血刃"的心理操控。适应智能化战争"心"特点，既要有"强装"和"强心"齐抓共建、钢铁平台和心理平台建设互为支撑的全局设计，也要有单点突破的局部发力，加大"智能+"技术在战斗精神培育、心理测评、心理训练中的运用，提高信息、智能技术的贡献率，不断砥砺参战人员的心理优势。

"以软制硬"，加强战斗精神培育。恩格斯说，枪自己是不会动的，需要有勇敢的心和强有力的手来使用它们。心理制衡是没有硝烟的战争，本质仍然是精神力量支撑下的物质力量的较量。打赢这场战争，钢多气更要多。应积极尝试借助智能化技术强化心理优势，用技术提振士气，用士气倍增能力。改善认知情绪、增强意志品质，全面提升软杀伤能力。

"以测识人"，加强心理测评。测评选拔士兵的做法古已有之。春秋时期测查前来征兵青年的运动能力，就是看能否穿着甲胄进行军事活动，能者称"胜衣"，不能者称"不胜衣"。现代战争心理对抗暗流涌动，应积极发挥心理测评作用，科学开展应激心理调适，减少战斗应激反应的发生。借助人工智能技术，诸如人脸识别、情感分析大数据等，捕捉记录面部表情、视线方向、眼神对视频次，鉴别官兵内在心理状态和行为特征。依据测评结果，做好全程全时全维的心理调适。战前做好心理预防，早发现心理健康不达标的官兵，及时排除"情绪杂质"和"心理淤堵"；战中做好心理调控，确保参战人员的心理状态维持在最佳应战水平，降低战时应激反应，提高战场生存率和战斗力的发挥；战后做好心理恢复，协助官兵实现战时与平时心理状态的平稳转换。

"以训强心"，加强心理训练。克劳塞维茨指出，军人的勇敢不同于普通人的勇敢，普通人的勇敢是一种天赋的品质，而军人的勇敢可以通过锻炼和训练培养出来。打赢智能化战争迫切需要心理训练的赋能，应树立心理训练出战斗力的理念，充分运用计算机视觉、人机交互、虚拟现实技术等人工智能手段构建虚拟战场高应激环境，开展沉浸式放松训练，战场心理适应性、心理承受力、心理稳定性训练等。通过这些训练，帮助参战人员在一次次提前感受战场环境中有效增强心理弹性、激发心理潜能，预防战争心理损伤的发生。

透析美军认知战的"拳脚套路"

付征南

近年来，美军以推进大国战略竞争为主要指向，相继推出了"多域作战""联合全域作战""联合全域指挥控制"等一系列以认知域为攻防重点的全新作战概念，旨在通过虚实结合、软硬兼施的多重战法，打击战略对手的战争意志和作战决心，以实现"不战而屈人之兵"的目的，此举引发世人高度关注。后发国家只有摸准摸透美军发动"认知战"的"拳脚套路"，看清其制胜机理，才能做到有的放矢，赢得主动。

"认知战"正成为当前美军作战概念设计的主流思维

"认知战"的理论渊源最早可追溯到克劳塞维茨的《战争论》。克劳塞维茨强调战争是政治的继续，战争的根本目的是通过暴力手段打垮对手抵抗意志，将己方意志强加于敌，这与《孙子兵法》强调的"不战而屈人之兵"的思想有着异曲同工之妙。上世纪 70 年代，美国战略家约翰·博伊德在克劳塞维茨思想的基础上，将人类所有冲突总结归纳为消耗战、机动战和精神战三种类型，并由此提出了著名的"OODA"（观察—判断—决策—行动）理论。其中，作为"认知战"的思维内核，博伊德强调的"精神战"的基本内涵主要指通过直接或间接、暴力或非暴力手段制造、利用和放大敌方个体或群体的焦虑、猜疑、恐惧心理，在其内部营造不安全、不确定、不信任的政治氛围，从而有效削弱、破坏、瓦解对手战争意志，致使其全面崩溃。这套战法在美对苏竞争战略当中得到了充分运用，也成为美重点针对大国竞争对手而定制设计的一种介于平战之间"灰色地带"的对抗方式。

"9·11"事件后，特别是阿富汗战争以来，在信息技术的持续作用下，人工智能、大数据等智能手段的蓬勃兴起和广泛应用，催生出了"平战模糊、兵民一体、内外联动、全域融合"的"混合战争"，也使得"认知战"作为"混合战争"的主要样式，逐步走上了历史前台。2017年9月，美空军前参谋长大卫·古德芬首次在军事上提出了"认知战"的概念，强调"战争形态正由消耗战向认知战方向转变"，标志着"认知战"开始正式进入美军理论体系，成为其新一轮作战概念创新的思想内核。

美军近年来推出的"多域作战""联合全域作战""分布式杀伤"等一系列新概念都带有"认知战"的浓厚色彩，均以认知域为攻防重点，力求通过有效控制信息的流质、流量、流向和流速，实现物理域、信息域和认知域的无缝融合与一体联动，以夺取"OODA"的领先优势，给敌方制造"看不清、判不明、定不下、动不了"的多重认知—行动困境，最终使其陷入混乱、瘫痪、瓦解的崩溃境地。美陆军以应对大国竞争对手为目标，以"灰色地带"竞争为重心的"多域作战"概念就是典型例证，其中心思想是"利用全域能力的突然、快速和持续整合，给对手制造多重困境，为指挥官执行同时作战和顺序作战行动提供多种选项，从而赢得物理和心理优势，影响和控制作战环境"。这意味着"认知战"正成为美军当前作战概念设计的主流思维。

以打击、削弱和瓦解敌国个体或群体战争意志为目标

对战争形态特别是"重心"问题的理解和认识，是战法设计的逻辑起点。"重心"是敌对双方的力量源泉，如何集中力量攻击对手"重心"（向心攻击），同时有效减少、隐藏和防护自身"重心"（离心防御），则是战法设计的关键。不同的作战对手、作战环境和作战条件有不同的"重心"，针对不同情况要形成不同的战法指导，这也是认识战争制胜机理的逻辑前提。

按照克劳塞维茨的定义，战争性质由三大要素构成：战争由人来打（战争主体），受政治利益驱动（战争动因），是敌对双方意志的较量（战争结局）。由此，可以推断出三类冲突的"重心"："消耗战"的"重心"，是战场上的敌军部队，战争胜负的关键是如何依靠压倒性的数量优势，有效歼灭敌军主力，实现"大战而胜"；"机动战"的"重心"，是敌方战争体系或作战体系的关键薄弱环节，如指挥中枢、信息系统、后勤节点等，战局走向的关键是如何依托决定性的质量优势和战场制权优势，通过精打要害的方式，使对手整个体系陷入瘫痪，实现"小战而胜"；"认知战"的"重心"，是以人脑为主要作战空间，以打击、削弱和瓦解敌国个体或群体的战争意志为目标，以焦虑、猜疑、恐惧等心理弱点为突破口，重点依托情报战、心理战、舆论战、网络战等软杀伤手段，在敌内部制造不安全、不确定、不信任的政治氛围，加大其内斗内耗和决策疑虑，最终导致战争体系自行瓦解，实现"不战而胜"。从作战对象和实施手法上看，"认知战"大体可分为三种样式。

"战略诱导"。以敌国政治决策层为核心目标，以情报战为主要手段，重点利用对手盲目跟风的心理，以美军理论创新和概念开发的话语

权优势为依托，通过高调兜售某些华而不实或不切实际的作战构想，对敌实施虚实结合的诱导和欺骗，诱使对手与美进行对等性、对称性军备竞赛或简单模仿、照搬照抄美式军事体制，从而制造、利用和放大其战争体系与作战体系的脆弱点，扰乱其军力发展目标、方向和节奏，造成其军事—经济结构畸形发展，最终拖垮其经济，为后续"颜色革命"等政治颠覆策略实施提供支持。冷战时期，美对苏推行的"星球大战"计划就是典型案例。

"政治颠覆"。以敌国民众为实施对象，以网络社交媒体为平台，以杜勒斯"和平演变"的"十条诫令"为指导，以舆论战、心理战、网络战等软杀伤手段为依托，重点利用敌国军、政、民关系的心理缝隙，通过散布虚假信息、灌输西方价值观、毒化青少年思想、培植"第五纵队"等方式，虚化敌国民族意识和历史认同，破坏其教育体系和生活方式，动摇其意识形态和价值观基础，激化其民族宗教矛盾和内部政治问题，持续离间其军、政、民关系，不断制造消耗其资源能力的"战略溃疡"，割裂维系其社会稳定、政治信仰与国家统一的精神纽带，从而诱发政治动乱，使其不战而亡。美策动的多起"颜色革命"就是主要例证。

"劝阻拒止"。以敌国军队为主要焦点，重点是以人工智能、5G技术和无人作战系统等高新技术群为依托，最大限度寻找、制造和利用敌战争体系或作战体系弱点，形成先知、先占、先发制人的认知—行动优势，并通过高调展示某些颠覆传统战争规则的新技术新装备新战法，将不成比例的战争成本或作战风险强加于敌，以有效破坏对手作战企图，"劝阻"其放弃战略竞争主导权，同时依托网空、太空和特种作战等不受时空因素限制、可在全球灵活切换的精锐兵力，对敌某域作战力量实施出其不意的跨域破击，以增加其防范难度，加大其恐惧心理，削弱其作战决心,"拒止"其实现目标,使其陷入动必受制、战必持久、打必生乱的不利境地。美军"多域作战"概念就是主要代表。

未来"看""藏"两种能力的博弈将贯穿"认知战"始终

"认知战"的底层逻辑在于信息的获取、处理、分析、传递和利用能力,在体系建设和战略竞争方面,重点内化在"看"与"藏"两种核心能力的综合集成和对抗博弈上。换言之,智能化条件下,随着态势感知系统和精确制导武器的日益成熟,主观上军队可以打击和消灭其所能看见的任何高价值目标,导致消耗战和机动战等传统战法在当今大国战略竞争时代价值逐渐衰减。谁能最先看清看透作战空间,摸准摸实对手弱点(看),同时剥夺对手实现这一目标的能力,为其制造新的战争迷雾(藏),谁就能有效瓦解对手战争意志,将战争成本风险降至最低,从而实现"不战而胜"目的。从机理上说,"看"与"藏"两种能力相辅相成,又互为矛盾,未来将贯穿"认知战"始终,一切技术、装备和兵力运用,都要围绕服务这一根本。

一是"看"的能力,重点是指以智能化技术为辅助支撑的情报—监视—侦察力量和专业化的"假想敌"部队,其基本作用是依托"云计算"、大数据、人工智能和无人系统等尖端技术手段,形成全域一体、多源渗透的态势感知体系,力求通过不间断的情报—监视—侦察活动和压倒性的"制信息权"优势,精准识别对手身份、预先研判敌军方案、提前扼控关键要点,将信息优势有效转化为决策—行动优势,增大对手相对战争成本和作战风险,以"劝阻威慑"的方式,直接瓦解其作战企图,动摇其战争决心,同时组建专业化的"假想敌"部队,全面加强敌情研究。关键是通过敌我对抗、虚拟推演等"预实践"模式,进入对手"OODA"循环链，制造、利用、放大其战争体系或作战体系的绝对弱点和相对弱点，有针对性地设计应对策略。外军实践表明，情报以及"假想敌"部队的地位作用，在"认知战"时代正在由传统辅助支援力量向主战骨干力量转变。

二是"藏"的能力，核心是以网络战、太空战、特种作战、心理战和舆论战等为骨干的"非显性"打击力量，其主要价值是利用其身份模糊、平战一体的无形无声优势，以小股多群、多路多向、隐蔽分散等方式，秘密潜入敌方内部，对敌战争体系或作战体系的薄弱环节实施"精准打击"和"定制威慑"，使其无法精准研判己方部队介入的时间、方式和身份等关键信息，难以做出有效防范和灵活反应，从而产生强大心理震慑效果，造成其判断失误、指挥失灵、体系瘫痪。同时，以相关作战力量为试点，以强化人机协同深度、智能技术密度、察打一体程度为基准，全面打造智能化试验部队、试验靶场和试验基地等"预实践"部队，使其成为引领体制变革、推动战法创新的"样板"。正如美前国防部长卡特所宣称，"美军特种部队拥有情报、机动、出其不意和远程突袭等一系列独特作战优势，是我们的'力量倍增器'……这将昭告所有人：你不知道谁会在晚上破窗而入，这也是我们想让所有对手及其追随者拥有的感受。"

篇　五

"超"级战士走来

——解析无人作战与反无人作战

无人作战如何改变战争形态

赵先刚

作战形态是作战在一定条件下的表现形式和状态。当前，由于信息技术的发展及广泛应用于军事领域，信息时代的作战与以往时代相比，已经在对抗形态上发生了质的变化，而无人作战的出现及未来广泛运用，又将使作战形态在对抗重心、行动空间、作战方式与指挥控制上呈现出新的特点和变化。

对抗重心转向智能较量

作战对抗是力与智的较量，但过去作战能力的发挥，始终离不开士兵在战场上的拼杀，离不开人的体能、技能和智能的直接支撑，在"面对面"的对抗中，力的作用不断凸显。而在无人作战中，智能较量将被直接显现出来，并且具有主导性和决定性。

从装备特征来说，未来无人系统将大量运用微电子、人工智能等技术，智能化水平大幅提升，具备自主作战能力，能够完成原来必须在人参与下才能完成的复杂作战任务，这是将人的智能"物化"到无人系统中，反映了人的智力的间接较量。

从作战行动来说，无人作战平台自主实施机动与作战的前提，是操控人员依据作战对象、作战目的、作战任务、战场环境和己方情况等对其进行的预先任务规划和行动设计，是将人的作战思想、谋略艺术以数据格式形式通过软件输入到无人系统中，按照人的作战意图和人的战术思想在行动，其作战全过程是人的智能水平的展现。

从人的作用来说，无人作战力量的广泛运用，使人类从繁重的战斗任务中解放出来，将更多的时间用于思考作战问题、研究作战问题，将更大的精力用于作战的谋划、行动的设计等智力领域的对抗，战场上的体力型直接搏斗将极大减少。

由此可见，无人作战是人的智力因素在发挥效应并起主导作用，它将人的智能注入无人作战平台中，并延伸和体现到战场上各个空间、各个领域的行动中。未来作战中，敌对双方将通过各种手段，把干扰和影响对方作战人员的思维、意识、心理、情绪等作为重点，围绕破坏、干扰对方认知而防止己方认知被对方破坏、干扰的认知对抗展开较量，人的心智失常、决策失误将导致战场上无人作战行动的失败。

行动空间达到全域多维

信息化战场呈现出陆、海、空、天、电、网、心多维一体特点，但是由于受到人的生理、心理极限和其他多种因素制约，现有有形物理空间的部分领域人类还无法或不便涉足，存在诸多"真空地带"和"无人区域"，真正的全域多维空间作战还远远没有达到。比如，高海拔地区、核生化沾染区、极地、深海、太空、外太空以及敌内部的核心场所等，有人作战平台和装备是无法有效进入的。而无人系统由于"平台无人"，具有"不怕伤亡"等天然优势，能够快速部署并进入到有人作战力量无法或不便涉足的危险、恶劣环境和空间中，长时间、高强度地遂行各种复杂、艰巨的作战和勤务保障任务。

另外，随着无人系统向高空、高速、深潜和小型、微型化两个方向发展，作战维度也向两端扩展。一方面，高空、高速和深潜型无人作战平台，飞得更快、更高、更远，潜得更深，向外极大拓展，空间范围可涵盖空中至太空全高度、陆上高山至低谷全地形、海上浅海至深海全深度，能够实施多空间、多方向、多角度同时突破，实现了维度"外扩"。另一方面，小型、微型无人作战平台，可渗透到敌内部空间，进入诸如敌作战决策的核心场所和武器系统的要害部位，或窃取核心情报，或对目标节点进行破坏，对关键和核心人员进行杀伤，实施"内窥式侦察"和"微创式打击"，实现了维度"内扩"。目前已经研制成功的纳米机器人，则可通过撒播进入敌区，通过呼吸、进食渗入人身体内，将形成无人战场的全新作战空间。

因此，未来无人作战，将突破现在人们对时空的概念，广泛渗透到战场的各个角落，对抗行动的空间范围将波及整个作战领域，成为完全意义上的全天候、全空间、全方位作战。

作战模式突出持续瘫体

信息化战争，在完善的侦察探测系统和战场网络支撑下，精确制导弹药广泛运用，作战双方都力争通过毁点、断链、瘫体的精确毁伤而快速达成作战目的。无人作战的出现则将这一作战模式推至更高层次，能够以连续紧凑的作战行动持续施压，实现持续瘫体失能，致敌无力反抗而遭到失败。

一方面，由于无人系统"平台无人"，无人作战力量可部署性强，能够进入全域多维战场空间，与有人侦察探测系统形成立体、多维的分布式预警探测体系，使得侦察更全面、情报更准确、态势更实时，为快节奏实施作战提供了前提和保障，同时也能够从多维空间发起对敌攻击。另一方面，无人作战平台续航时间长，持续作战能力强，且无人作战力量与有人作战力量相比，力量的损失主要是无人作战平台，其后续梯队投入、新生力量补充，比必须经过严格训练后才能投入战场的有人作战力量要快，因而能以连续的兵力投入实施持久作战，能够长时间、持续地保持高强度的进攻态势，使敌难有反击和喘息的机会，直接压垮对手，使战役战斗速度和进程加快。而且未来在强大战场情报保障系统和网络化指控系统的支撑下，无人作战力量可以从陆上、海上、水下、空中、太空等多维空间，对敌要害目标、关键节点进行全方位的精确探测和精准突击，快速瘫痪敌方的作战体系，迅速致其作战功能丧失，进而实现对敌对抗能力和抵抗意志的有效剥夺，达成己方作战目的。

因此，无人作战将使联合作战进程进一步加快，而且作战一旦发起，可能将不存在战役暂停甚至作战阶段转换，"持续快速瘫体失能打击"将成为未来联合作战的基本作战模式。

指挥控制更加精确直接

信息化战争中，指挥体系趋于扁平化、网状化，指挥层次压缩，指挥跨度增加，并且依托先进的指挥信息系统和战术互联网，各指挥中心、作战单元和武器平台间的信息流通和交互更加快捷，改变了以往指挥体系"纵长横短"的树状层级结构，指挥员能够通过屏幕近实时感知战场态势。但由于对具体行动细节掌握得不全面和指挥手段条件限制，也很难在指挥上对一线战场情况作出快速响应，更做不到战略指挥介入战术行动、战役指挥直接控制单兵作战。要实施直达末端的"点对点式"指挥仍然是指挥员的一种理想。而无人作战技术的出现则可能使这种理想成为现实。

无人作战平台与操控人员的分离，使大量士兵成为无人作战平台的操纵员，可以与指挥人员身处同一场所，联系更加直接、更加紧密，结束了在空间上、时间上的分离状态。这不仅使指挥员指挥控制士兵（即操纵人员）更加直接，也使指挥员指挥控制前线的无人作战平台和配合无人作战行动的有人作战力量更加直接。因为指挥员通过无人作战平台传回的战场实时情况，同步观察前线作战，能够与前线作战部队几乎在同一时间看到完全相同的战场景象，这就为指挥员向最底层部队下达命令成为可能。伊拉克战争中，美军一位准将在旅指挥中心通过"捕食者"无人机传回的战场实时态势，直接向前线分队指挥官下达了包括部队如何部署甚至每一个战斗人员如何配置等超出其职责范围的战术命令。

无人作战中，指挥员直接指挥无人作战平台的操纵员，指示其该向哪个方向机动、打击哪个目标、投射什么类型及多少磅的弹药等，这些以拧"七千英里长螺丝刀"的方式下达战术命令的"战术将军"现象，可能会使一线指挥员无所适从，给正常的作战行动造成不便，但由于无人作战指挥的便捷性，实际上也给指挥员提供了更加灵活的指挥方式选择，他既可以实施"一竿子插到底"的直达式点对点、端对端的指挥，控制单平台作战和战术分队行动，也可以通过战场综合态势图和无人作战平台传回的战场实况，静观其变，实施"权力完全下放"的自主式监视指挥，在必要时才介入。

把握无人化作战全新特点

周青峰

无人化作战是以人工智能技术为核心，无人化作战系统为主力的作战形态。近年来，无人化作战系统已经渗透到战争的许多环节，作战效能日益凸显，作战形式屡见不鲜。随着无人化作战系统大量使用于战场，无人化作战正展现出全新的特点。

全天时多功能的全域作战

无人化作战系统的优势就在于"无人"，不会因为"精力""体力""情绪"等因素影响它的作战状态，因而无人化作战系统拥有对任何战场环境及作战空间的适应能力。无论是在极寒、极热、高压、缺氧等极端气候下，还是核辐射、生化袭击等人类难以生存的环境，无人化作战系统仍可执行既定程序任务。因此，无人化作战系统的全时空执行任务能力，能有效满足未来战争需求，从而增加制胜砝码。得益于人工智能技术的发展，无人战车自主路线规划、目标识别等能力突飞猛进，加上其强大的火力，单车作战攻击力甚至可比肩一个班排兵力。除作战突击外，无人战车还可以在枪林弹雨中救护、抢运伤员，后勤辅助无人战车可以极大提高部队机动性和持续作战能力。无人机能够长时间滞留在目标空域进行侦察，对预定目标保持长时间跟踪监视，并能够依托高度信息化的作战体系将作战信息回传，根据相应的指令对目标实施精确打击，并进行目标毁伤评估，避免高成本的火力覆盖和有人战机的出动。无人潜航器早已威名赫赫，不论是携带武器的攻击平台，还是不携带武器的侦察平台，都是水面舰船和潜艇的天敌。一个完整的无人集群，甚至能"包揽"从排雷排爆、侦察监视、警戒搜索到协同攻防、自主作战、物资运输保障等多个领域任务，拥有巨大作战潜能，从而开启无人化智能作战新纪元。

实时精确透明的战场态势感知

战场感知系统在作战体系中起着类似"眼睛、耳朵"的重要作用，敌对双方针对战场感知系统的攻击和防护成为现代战争的重要任务之一。随着信息技术特别是以感知技术为基础的传感设备技术性能有了质的飞跃，无人化作战系统中各种传感器的分辨率和探测距离大幅提升，不仅对战场环境具有自主感知能力，且具有超越人感知能力的效能；同时这些携带传感器的无人化平台具备自主识别和分辨处理能力，能帮助指挥员快速定位、识别目标并判断其威胁程度。以传感器为核心的无人化情报、侦察、监视系统遍布战场，形成了空间上、时域上、频域上相互补充的立体侦察监视体系，可以精确地探测到战场上几乎所有的情况，并通过高速宽带网络，将分散传感器有机联系起来，使得置于网络中的任一平台只要获得情报，便可分享给整个作战系统。无人侦察预警装备可充分发挥抗电子干扰、灵活机动、耐核辐射和隐蔽性强等优势，从而大大提升战场感知能力。由于无人平台都具有传感器功能，在集群作战时能够通过分布式探测，从各个方位获取目标信息，并通过群内共享和智能处理、分发，实现无人集群快速、同步感知。

智能便捷扁平的作战指挥控制

在未来战争中，无人机、无人车、无人舰艇等无人化作战系统大量应用，促使作战指挥体制、指挥模式、指挥场景等发生重大变化。首先，指挥体制向扁平网络式演进，传统的多级指挥链可能压缩为"指挥员—集群"两级指挥链。指挥机关的管理幅度逐渐变宽，组织架构向外形扁平、横向联通、纵向一体的网状结构发展。其次，指挥模式向智能自主式转变。随着无人化作战系统扩大运用，与之对应的新作战指挥模式也会逐渐形成。初级阶段指挥模式呈现为"人在回路中"，无人化作战系统处于配角地位。中级阶段指挥模式表现为有监督式的"人在回路上"。高级阶段智能化决策系统发展成熟，交战规则和战术已经事先预置到无人化作战系统的自主控制软件中，无人集群能够自主感知、自主判断、自主决策、自主行动，可在没有人员干预的情况下自主指挥，指挥模式呈现出完全自主作战，即"人在回路外"。由于无人化作战系统的高度智能化，其具备了较少甚至完全无须人员参与的自主决策能力，能够自主完成从目标定位、任务分配到打击、评估作战进程的秒杀循环，从而提高从发现到打击的速度。

无形无声突然的综合精确打击

"攻其无备，出其不意"，历来是战争制胜的法则。而无人化作战系统，利用隐形设计、隐身材料、微型尺寸，通过隐形、藏匿、干扰、变轨、加速等技术，把无人化作战系统的外在特征减少到最小，使对手难以发现、规避和抗御打击，从而使得以往需要各种客观条件配合才能达成突然性，转变为利用技术手段随时随地都可以达成突然性。如小型无人机飞行高度可降低到 40 米，小如飞鸟，可以有效躲避对方雷达。无人潜航器和无人战车，也可设计成外形更扁、横截面更窄的流线型，并大量采取新型隐身技术，有效降低了反射截面。当无人化作战系统实施偷袭时，能够使对方陷入防不胜防、被动应付的局面。因此，无人化作战平台的无形无声，在未来作战比拼上占据先天优势。利用无人化作战系统行动无声无形、打击准确高效的特点，可以实施精准打击关键部位的点穴失能作战。其关键是组合使用各种失能手段，包括影响和控制人的思想、意识或感染人工智能失去计算能力达到控脑的目的；迷惑人的视觉器官、摧毁传感器系统，实现致盲的目的；限制或摧毁人的行动及装备的机动能力，来实现制动的目的。无人化作战系统使得精确打击在无形无声中达成作战目的。

协同高效全向的"蜂群"集团作战

"蜂群"是大量不同功能智能无人平台的集合体，具有单个武器系统所不具有的独特运用方式。利用"蜂群集团作战"的协同优势、数量优势，可实施全向突防、分布杀伤和集群防护。协同优势，即通过群体智能决策和线上任务分解与指派，群内各平台动态自主联动，自适应协同作战。数量优势，即根据战场实际建立动态自愈的"杀伤网"，对目标实施多方向连续或同时的饱和式复合攻击，达成"小而多"胜"大而少"的效果。全向突防，即由于小型无人平台成本低、数量多，可在宽正面上实施多方向、立体同时突入，致敌因平均用兵而分散其防御力量，造成防御薄弱，从而实现有效突防。分布杀伤，即"蜂群"通常根据作战任务将不同功能平台进行混合编组，形成集侦察探测、电子干扰、网络攻击、火力打击等于一体的综合作战群，可从多维空间、多个方向对同一高价值大型目标或区域集团目标实施同时全向式或连续脉冲式的多域"软硬"复合攻击，既能满足对点目标的精确打击，又保证了对面目标的全面覆盖。集群防护，即"蜂群"也可以构建智能自适应防御系统，在主要突击力量或重要目标外围形成自动响应的保护"气泡"，形成立体、多层次的拦截网，既能够"以多拦少"，又可以"以多拦多"，拦截范围广、成功率高，是未来配合实施防空反导作战、重要目标末端防护和反制敌"蜂群"攻击的重要运用方式。

精确智能响应的联合勤务保障

无人化系统具有高自主认知、长航时作业、高精确测算等优势，将使未来基于网络信息体系的联合作战保障行动更加自主智能、高效准确，因而使得联合勤务保障方式趋向精确化。战斗保障及时高效，无人伴随支援灵活，无人化系统可搭载相应功能模块，采取自主式跟随或遥控式支援的方式，独立或辅助传统保障力量，隐蔽、安全、快速、高效地遂行保障任务。联合勤务保障需求自主响应，无人精确直达投送。依托"可视化"的保障网络体系，无人保障力量依据保障对象位置、战场态势变化情况迅速评估，避开敌威胁区域，规划出一条安全快捷的行进路线，直达投送位置。由于无人化系统"平台无人"且续航时间长，可在危险环境下连续不间断进行适时、适量、适当的精确保障，尤其是对一线作战部队进行弹药、食品、燃料等物资器材的末端补给，既可有效解决保障链"最后一公里"难题，又可极大地减少保障人员伤亡。在阿富汗战争期间，为避免简易爆炸装置对地面运输车辆的威胁，美军曾运用 K—MAX 无人直升机向前沿基地和驻守哨所的陆战队进行物资补给。该机能根据 GPS 系统进行定向飞行，也可由地面人员通过遥控装置远距离操控飞行，并在人员辅助下完成物资吊装或投送，每次可吊装运送物资 2 吨，每天可送达 13.6 吨左右。此外，在水下作战中，大型水下无人潜航器也可担负物资前送补给任务，它既可以为秘密执行任务的特战分队或其他海上平台提供装备、给养等物资器材的保障，也可以输送、补充或撤离少量的战斗人员。

无人力量怎样影响作战体系

刘立章

在 2020 年的纳卡冲突中，阿塞拜疆军队使用无人机攻击亚美尼亚地面坦克及士兵的画面令人震撼，说明无人作战力量正深刻影响和改变着现有作战体系，传统作战模式正在被无人化、智能化作战力量颠覆。正如计算机网络逐步改变社会生产生活方式一般，无人力量影响和改变作战体系，也将沿着由低级到高级的顺序进行演进。认识无人力量发展特点，了解其影响作战体系的基本方式及内在机理，搞好预先筹谋，是应对未来无人作战、智能作战的必备之功。

"替代式"
——无人平台替代作战人员的初级阶段

世界第一台计算机诞生于 1946 年美国宾夕法尼亚大学，其主要用途是进行复杂的弹道计算。在直至计算机网络出现前的 20 多年时间里，计算机主要作为人工计算和机械计算的"替代产物"，为人类生产生活服务，虽然极大提升了社会生产水平，却未对社会生活方式带来多大影响。

无人作战平台的诞生可追溯到 1917 年，莱特兄弟第一次飞机试飞完成后不久，美国发明家斯佩里将从海军舰艇改装来的自动陀螺仪安装在柯蒂斯 N—9 水上飞机上，并通过多次试验实现了无人驾驶。其后，又接连涌现出"蜂王"无人机、V—1 无人飞行炸弹、"歌莉娅"爆破运载车、"科沃"无人潜航器、"火蜂"无人机等。在这一阶段，无人作战平台主要特点是以有人控制为主，突破人体生理和心理极限，替代人类在极端恶劣环境或战场上执行侦察、爆破等危险任务，降低人员伤亡率。各作战平台多为"单打独斗"，并不具备任务协同的智能水平，本质上还属于作战人员或武器装备的"替代品"，并未对作战体系产生质的影响。

"融入式"
——无人系统融入作战体系的中级阶段

1969 年因特网诞生后，计算机网络技术飞速发展，人类社会步入互联网时代。此时的计算机已经不再是人类计算的"替代产物"，而是在互联网的带动下开始融入社会生产生活的各层次各领域，逐渐与人类社会紧密结合。社会生产生活方式在计算机网络的影响下发生了极大改变。

随着探测识别、网络通信、群体智能、自主控制等技术的出现和发展，无人作战平台呈现多功能化、集群化、智能化、自主化等特点，无人作战平台彻底告别"单打独斗"的遥控时代，通过群体聚合逐步形成单独执行战术任务或完成某一类型战役任务的能力，并且通过与当前作战体系的融合，极大地拓展了作战效能。美军提出"忠诚僚机"作战概念，启动和研发了"小精灵""灰山鹑"等无人机"蜂群"项目，并且在其颁布的《无人系统综合路线图（2017—2042)》中提出：未来无系统应针对全部作战领域，而非特定作战领域，进一步提升美军使用无人系统的军事能力。这一阶段，世界主要军事强国一方面努力推动有人无人作战力量快速融合，另一方面通过加快构建具备单独执行战术甚至特定战役任务能力的无人作战体系，并使其融入作战体系，意在借助无人技术进一步优化作战体系，大幅提高作战能力和质效。

<h2 style="text-align:center">"重塑式"</h2>

——无人力量重塑作战体系的高级阶段

随着芯片集成、大数据、云计算等技术的发展，互联网时代开始逐步向物联网时代过渡，社会生产生活方式由依托计算机互联网变成"万物皆可联、万事皆可联"。人类的传统思维被彻底颠覆，原有的思维模式已经不再适应当下的技术发展，谁能够超前规划、重塑社会生产生活方式理念，谁就能引领未来。

当无人技术发展逐步成熟，无人设备将借助人工智能、物联网、人机接口等技术应用到社会生产生活的方方面面，一人控制万物或者一个指令完成一场作战将不再是天方夜谭。诚如恩格斯所指出：一旦技术上的进步可以用于军事目的并且已经用于军事目的，它们便立刻几乎强制地，而且往往是违反指挥官的意志而引起作战方式上的改变甚至变革。而作战方式的改变又会引发军队组织形态、作战体系的重塑。此时的无人作战力量已经集侦察、打击、防御等功能于一体，遍布陆、海、空、天、网等全域，集群化、智能化、自主化高度成熟的机器人军团将登上战争舞台，原有的以人类为主体构建的作战体系有可能被颠覆，"人在回路上"甚至"人在回路外"的无人作战体系，将成为未来战场的主要对决双方。

　　从外军多年来的无人系统发展经验看，专注当前固然重要，远眺未来更是不可或缺。一方面，我们需要在当前作战体系中搞好无人力量发展规划，搞好融入和扩充升级；另一方面，更要在全方位的无人技术发展中捕捉可以转化为作战优势的"先机"，突破思维桎梏，筹谋规划当下看似不可能、不现实的无人系统发展路线，突出和引领关键技术发展，通过塑造作战体系撬动新质作战能力生成，努力成为未来战争的主导者。

"蜂群"作战到底改变了什么

柴　山

　　"蜂群"作战是近些年来世界各国军队争相研究着力打造的新型作战模式，其最早源于智能无人集群项目。"蜂群"以其独有的"大规模""低成本""高分散""强饱和"等技战术特点，区别于当前的"高性能""多功能""小规模""精确化"的精兵作战，极具颠覆性色彩。外军甚至称其为核武器技术以来军事技术领域最重要的发明，是一种颠覆性技术。那么"蜂群"作战到底改变了什么？

改变了军事主体观念

　　军事主体是军事运用的主导者、承担者。军事主体作为社会历史的产物，反过来对军事运动乃至社会发展产生极大影响。自人类有战争以来，人作为战争的唯一主体，始终主导、支配着物质、能量、信息在不同时空范围内进行作战，牵引战争形态的发展和演变。然而，无人机"蜂群"的出现，推动军事主体进入了人—机二元并存时代。"蜂群"作战本质是无人智能化作战平台通过物联网组成智能体系，在集群作战算法的控制下，进行平台间的自组织、自适应、自协同，实现集群自主作战的一种作战模式。这种由非人类的智能体主导、支配战争资源进行自主作战，在人类战争史上从来没有出现过。尽管不久前爆发的叙利亚战争中，出现了无人化武器装备配合人类的作战行动，但参与作战的无人平台全程受人操控，与传统意义上的武器并无二致，不是真正意义上的战争主体。"蜂群"则全然不同，它是由智能武器平台自主决策、自主组织、自主作战，具有了主导、思维和行动的典型主体特征。"蜂群"作战的出现，标志着智能化战争时代的开启，未来战争将由人—机双主体共同主导和影响，这将导致战争的形式和内容发生难以估量的变化，给未来战争形态演变和发展走向带来巨大不确定性。

改变了精确作战理念

20世纪90年代爆发的海湾战争，让世人认识到精确作战的高效低耗优势。随着精确制导技术的成熟和扩散，世界各国军队纷纷树立了精确作战理念。然而也正是由于精确作战理念的普及，导致当前战争面临一个全新的战争环境——精确对抗，即作战双方都试图通过增强己方精确打击效能、防御对方精确打击能力来夺取并建立优势。这给精确作战带来了难以克服的瓶颈，装备越来越精良、作战精度越来越高，但作战效能却大大降低、作战成本大大提高。有人参照"伊拉克自由"行动的实际数据进行了建模测算，假设每发精确制导弹药都能实现100%的到达率并且弹药目标比值为1.5∶1，攻击100个独立目标只需使用150发精确制导弹药。但是如果敌人的防御系统将精确制导弹药到达概率值削减到50%，同样打击100个独立目标就需要使用750枚精确制导弹药，这样的战果显然偏离了精确作战的初衷。"蜂群"作战的出现，有效突破了精确作战的瓶颈。首先，"蜂群"以廉降耗。"蜂群"中低成本无人机相比拦截的地空导弹便宜得多，即使被击落几架也不足为惜，大大降低了进攻成本。其次，"蜂群"以量增效。"蜂群"由于拥有大规模集群体量，可实施饱和攻击，即使出现作战损耗，仍然有足够数量的作战平台能够完成既定作战目标。最后，"蜂群"以散强存。"蜂群"作战中无人机通过机间网络相互链接，形成广域动态分布的态势，实现了去中心化与动态聚合，一方面极大地提高了战场生存率，另一方面又大大提高了突防概率，能够较好确保作战目标的达成。可见，"蜂群"是用群体智能作战理念代替了精确作战理念，是破解精确对抗瓶颈的有效选择，推动了作战理念由信息化时代向智能化时代转变。

改变了突防突击模式

传统空中进攻作战中，为提高突防概率和作战效能，往往采用电磁压制、隐身、高空高速、超低空和防区外远程精确打击等突防突击模式，而"蜂群"作战却改变了这一切。首先，在突防方式上，"蜂群"采用的是全向突防和临门突防。全向突防，就是没有主要方向，对敌防御体系进行全域多向突破，依靠数量规模优势抵消敌防御能力。这种广域分散、动态聚合的战法，可极大增强敌人的混乱性，使其无法重点打击也无法重点防御，陷入无处可打也无处可防的境地。临门突防，是"蜂群"通过运输机或隐身飞机投放在对方防区外前沿，自主组群后，铺天盖地地蜂拥而入，这种方式能较好地隐蔽作战企图，增大突然性，提高对方预警难度和抗击难度。其次，在突击方式上，"蜂群"采用的是分布式杀伤和饱和攻击。分布式杀伤，是不同功能的智能无人平台根据攻击目标性质自主组网编组，形成广域分布的多组攻击群，从多域多向对目标进行攻击，使对方防不胜防。饱和攻击，是通过数量规模阻塞对方防御通道或大量消耗对方防御力量资源，使敌无力招架。显然"蜂群"作战突防突击模式走的不是传统的压缩对方反应时间、实施精确破击的制胜途径，而是依靠动态组网的稳定性和灵活性以及数量规模的不对称实现制胜。

改变了武器研发思路

受机械化战争思维影响，传统的武器研发思路是基于平台设计，追求武器平台的高性能和多功能，通过综合集成各种高精尖技术升级武器平台的技战术指标，寻求武器平台的代差优势。典型的武器装备如美军F–22战机，兼备隐身性、超音速巡航、超机动等能力，在作战中既可制空，又能对地，还可利用其先进的态势感知和信息分发系统充当作战网络的信息节点。这些武器平台固然战力超群，但也存在研发难度大、周期长、价格昂贵、难以大规模列装等缺点。同时，在作战过程中，也极易形成体系重心，遭敌重点打击，而一旦出现损毁，在数量一定的情况下，其整体作战效能将出现断崖式陡降。而"蜂群"作战系统颠覆了追求单平台能力指标的发展逻辑，它把体系效能作为重点。首先，系统功能化整为零。"蜂群"把诸多作战所需系统功能分散到不同平台上，使每一个平台功能单一，但数量众多。其次，平台指数指标化繁就简。"蜂群"在单平台上尽量降低技术指标，在保证基本指标的前提下，重点保证单一系统技术指标。这样一种做法显然与现有的"大集成""高性能""多功能"背道而驰。"蜂群"之所以采用这样一种颠覆性路径，是因为运用了系统论的观点，通过系统网络结构的改变，一方面使各平台自由组合生成不同作战功能，一方面增加功能平台作用路径以涌现出更多作战效能，实现"1+1＞2"的作战效果。同时，还运用了网络"去中心化"的特性，减少重心存在，增强了作战体系稳定性。这种以网络智能耦合生成的作战体系既成熟稳定又灵活多变，兼顾广泛性和针对性，可以更好地适应未来各种作战环境。而且"蜂群"研发周期短、价格低廉，确保了作战体系的高效能需求和低成本需要。

改变了现代战争规则

战争规则受战争规律、制胜机理、作战思想、装备技术发展和战争伦理、法则约束。现行战争规则是在经历了机械化和信息化战争形态发展，在国际相关组织协商下形成的，具有很强的信息化特点和以人为本的特性，强调"防止武力滥用""约束战争规模"和"减少附带杀伤"。但由于"蜂群"作战的"低门槛性""大规模性"和"无人化"特征，极易轻启战端与无差别攻击，从而改变现行战争规则。首先，"蜂群"低成本和低风险性大大降低了战争门槛。由于"蜂群"大量采用低成本无人机，加以现代 3D 打印技术的发展，小型廉价无人机可快速成军，从而大大降低了作战成本，再配以无人伤亡的低风险性和强大的作战效能，"蜂群"成为快速发动战争的首选利器。从近几年利用小型无人机群发动的作战实践看，小型无人机群大都被运用于重点破袭和定点清除的特种作战，尽管这些机群还算不上真正意义上的"蜂群"，但它们的作战运用已经暴露出"蜂群"作战开始成为战争发动者的首选。其次，"蜂群"的数量规模性极易升级战争规模。由于"蜂群"作战效能随着数量规模的递增而递增，要有好的作战效能必然增大"蜂群"规模，然而由于"蜂群"作战效能随数量规模的扩大呈非线性爆裂增长，很难有效控制，极易引发战争的升级和战争规模的扩大。最后，"蜂群"的无人化和智能化极大增强了无差别攻击的可能性。"蜂群"作战是智能化的自主作战，由于任务规划通常以目标任务为牵引，作战体系内所有系统的相互合作以完成任务响应为先，加之无人化的自主决策，很难做到目标上的具体区分，尤其是目标体系中的人员和其他非作战目标，因而势必增大无差别攻击的风险。

无人化作战系统"非对称"优势

王　飞　刘玉萍

无人化作战系统是无人化作战的基本作战力量，与有人作战系统相比，在作战能力、作战智能、作战方式等方面拥有"非对称"的制胜优势。深入研究无人化作战系统相对于有人作战系统的"非对称"制胜优势，对于正确把握无人化作战系统的发展方向，探索智能化战争的制胜机理，打赢未来智能化战争具有重要意义。

作战能力"非对称"
——全方位的压制

全时空的战场适应能力。当前许多军事领域的研究就是为了保护士兵或者拓展其作战领域，而无人化作战系统的优势就在于"无人"，不会因为"精力""体力""情绪"等影响它的操作能力，从而完美地执行既定程序任务。无人化作战系统拥有任何战场环境及作战空间的适应能力，无论是在极寒、极热、高压、缺氧等极端气候下，还是核辐射、生化袭击等人类难以生存的环境，无人化作战系统仍可正常执行任务；无人化作战系统也拥有超强的耐受力，无论执行任务时间多长，不会像载人系统那样因人的体力和精力疲乏而影响它的性能；无人化作战系统没有人类精神和身体极限，能够完成各种危险的动作，甚至是自杀性行动。所以，无人化作战系统的全时空执行任务能力，能有效满足未来战争需求，从而增加制胜砝码。

实时性的态势感知能力。无人化作战系统中的探测系统是收集、获得目标信息的主体，能为整个平台提供态势信息。以感知技术为基础的传感设备技术性能有了质的飞跃，各种传感器的分辨率和探测距离大幅提升，不仅对战场环境具有自主感知能力，且具有超越人的感知能力的效能；同时这些传感器具备自主识别和分辨处理能力，能帮助指挥员快速定位、识别目标并判断其威胁程度。以传感器为核心的情报、侦察、监视系统遍布战场，形成了空间上、时域上、频域上的相互补充的立体侦察监视体系，可以精确地探测到战场上几乎所有的情况。四通八达的传输网络，将分散传感器有机联系起来，使得置于网络中的任一平台获得情报，便可分享给整个作战系统；加之计算和传输技术的发展，使得信息的处理和传输时间大大缩短。

低耗性的战争消耗能力。由于信息科技、材料科技、新能源科技、生物科技等技术群的共同推动，在无人化战场上，无人化作战系统战争消耗的重心转向人的创造性劳动，即消耗的资源主要是人创造的价值，比如科技、资金、新材料、新工艺，而石油、钢铁等附加值低的资源占战争消耗份额越来越少，无人化战争向资源节约型的战争消耗模式转变。所以无人化作战系统不会因为资源的问题而影响出勤率，战斗力不会剧烈衰减。同时，无人化作战系统设计制造不需要配备生命保障系统，所以设计简单、体型小、重量轻、便于操作和维护，所以在经济可承受方面占很大优势。

无形无声的突然作战能力。"攻其无备，出其不意"历来是战争制胜的法则。而无人化作战系统，利用隐形设计、隐身材料、微型尺寸，通过隐形、藏匿、干扰、变轨、加速等技术，把无人化作战系统的外在特征减少到最小，使对手难以发现、规避和抗御打击，从而使得以往需要各种客观条件配合才能达成突然性，转变为利用技术手段随时随地都可以达成突然性。当无人化作战系统实施偷袭时，对方必然陷入防不胜防、被动应付的局面。因此，无人化作战平台的无形无声，在未来作战比拼上占据绝对优势。

作战智能"非对称"
——极致化的运筹

作战决策的最佳优化。无人指挥控制系统具备一般作战人员难以达到的精准分析能力、高速运算能力和瞬间处理能力。当战时需要在模糊的信息下做出决策时，智能化无人指挥控制系统对敌我双方战场上的各种信息进行定量计算和定性分析，通过数据库加快处理和检索信息速度，并对生成方案进行作战模拟和科学评估，不断修改和完善决策方案，提供科学可靠的决策建议。同时，使人从面对海量数据繁杂计算和观察分析等低效活动中解脱出来，将精力集中于战法运用和控制协调，避免因程序化的事情浪费宝贵的时间。

作战进程的秒杀循环。20 世纪 70 年代美军提出"OODA"环，即观察、判断、决策和行动，只要己方的决策环运转速率超过对方，就能在对抗中赢得先机。无人化作战系统拥有"外部感知、思维判断决策、精确打击"等功能，在作出决策后，武器系统能够自动进行送弹、瞄准、发射等动作来实时执行打击决策。在侦察探测方面，可以实现"感知即定位"；在火力打击方面，可以做到"发现即摧毁"；在保障方面，可以达成"自适应保障"。这样无人武器平台系统形成一个无人化共同体，目的是方便各平台的识别和管理，共享战场态势，达成"信息流"无障碍传输，使各无人化作战子系统在以信息为"黏合剂"的作用下，融合成一个可以相互感知的作战体系，将战斗力各要素牢牢"聚合"在一起，实现作战效能全维全域实时可控的聚变释放。

作战算法的深度学习。人工智能的核心是算法，算法是未来无人化作战系统深度学习认知作战问题的基础，是进行数据分类挖掘、信息分析判断、方案评估选择的关键。未来无人化作战系统利用深度学习功能，通过算法自主分析和认知海量作战数据，用策略网络选择下一步行动，用价值网络来预测行动后的输赢，这样不断自我博弈，积累经验。在实际作战中，无人化作战系统拥有更科学的算法支撑，能提前预测战场的局势，自主处理战场态势，由于熟知敌我双方的指挥官思维习惯、性格脾气和行为特征，分析对手可能采取的措施并选择最优战法。所以无人化作战系统能在大数据、云计算的基础上深度学习，甚至可能从战例中挖掘出作战的规律和战法，得到更高效的训练和评估，使自己更"老道"，从而取得战争的优势。

作战方式"非对称"
——跨域化的协同

基于"蜂群"方式的集群攻击。未来无人化作战采取类似群居性动物自组织方式的"无人蜂群战"，大量集中运用各型智能化无人装备，体现了以量取胜的战法思想。无人化作战系统具有超高的效费比，可以造得起、用得起、损失得起，从而可以大规模地使用，在数量级上有绝对的优势。无人化作战系统可部署在陆、海、空、天、电、网等多维空间，在广域分布、无缝链接的战场网络的支撑下，形成一个互联互通、信息共享的无人作战体系。同时，每一个无人化作战系统都是体系的节点，根据需要自主抢占有利阵位，功能互补，即使损失其中一个，其他的也能马上替代，不影响整体效能，抗毁性高。无人化作战系统借鉴了"蜂群"的"自组织""自协同"能力，以作战目标为中心，在战场网络系统的支撑下，通过信息共享、自主筹划、自主组合、自主行动，实现作战效能的最大化。

基于"失能"作战的精准点穴。无人化作战系统实施失能作战的关键是"打蛇打七寸"，首先解决"打得到"的问题，失能的节点处于比较隐蔽且防护较好的状态，必须充分利用无人化作战系统行动无声无形、打击准确高效的特点，精准打击关键部位；其次需要组合使用各种失能手段，将各种平台模块化编组，以保证失能效果实现。着眼失能的主要手段可能包括：控脑，即影响和控制人的思想、意识或感染人工智能失去计算能力；致盲，既包括作用人的视觉器官，也包括摧毁传感器系统；制动，即限制或摧毁人的行动及装备的机动能力。

基于"牧羊"思想的人机联合。区别于有人作战系统，无人化作战系统的标志是"人在环内，不在机上"，"系统有人，平台无人"。未来作战体系中，将是人所在的最高层系统和无人化作战系统进行耦合。人通过作战网络控制下属各层级的无人化作战系统，这个"控制"是指令控制而不是具体操作。无人化作战系统在接收操控人员输出的任务指令同时，将作战响应信息反馈给操控人员，并可以依据事先的规划指令和任务安排实施最优自主控制，更重要的是体现在无人作战系统可以根据自身对内外部的感知信息，结合任务要求，自主对进攻路径、目标打击、规避方式等环节进行规划，生成最优作战方案，提供给操控人员供决策参考，操控人员根据反馈信息作出响应，并再施以指令反馈。反馈的过程实质上就是交换物质和信息的过程，使整个耦合系统由"无序"趋于"有序","有序"方可"聚能"。这样依托系统耦合迭代循环，通过结构耗散高位聚能，助推无人化作战体系强势涌现，为释放能量蓄势。

新概念牵引无人作战新方向

乐 观 张铁强

无人作战概念主要是通过概念设计来解决无人系统未来打什么仗、怎么打仗等问题。当前，在无人平台、网络通信、智能控制等新技术的推动下，"蜂群"作战、母舰作战、有人/无人协同作战等概念不断推出，指引着无人作战未来的发展方向。

"小而多"胜"大而少"的"蜂群"作战

"蜂群"作战，是以网络化信息系统为支撑，将大量高度分散、高自主性的智能无人平台集中运用，以类似社会性动物的自组织方式，通过自适应协同，从多维空间或多个方向对敌目标实施并行或连续的精确侦察与攻击，达成动态聚能、精准释能、以量取胜的作战效果。

"蜂群"作战的集群效应，获得了单个平台无法达成的作战整体性，具有以下优势：一是情报优势。由于每个平台都具有传感器功能，"蜂群"能够通过分布式探测，从各个方位获取目标信息，并通过群内共享和智能处理、分发，实现"蜂群"快速、同步感知。二是决策优势。"蜂群"的高度智能化，使其具备了较少甚至完全无须后方人员参与的自主决策能力，能够自主完成从目标定位、任务分配到打击、评估的整体"OODA"循环，提高了从发现到打击的速度。三是协同优势。在对目标的共同感知下，通过群体智能决策和线上任务分解与指派，群内各平台可以形成以目标为中心，动态自主联动，自适应协同作战，实施多维立体突击或整体性防御。四是数量优势。"蜂群"具有类似于动物集群的集群复原和功能放大效应，能够根据战场实际建立动态自愈的"杀伤网"，对目标实施多方向连续或同时的饱和式复合攻击，达成"小而多"胜"大而少"的效果。

"蜂群"是大量不同功能智能无人平台的集合体，具有单个武器系统所不具有的独特运用方式。首先，可实施全向式突防。由于小型无人平台成本低、数量多，作战中可在宽正面上大量运用，实施多方向、立体同时突入，致敌因平均用兵而分散其防御力量，造成防御薄弱，从而实现有效突防；同时，大量无人平台也使敌难以全部定位和摧毁，极易造成敌防御体系在探测、跟踪和拦截能力上的饱和，最终以数量优势消耗敌防御能力，陷敌于"打不起、防不着"的被动局面。其次，可实施分布式杀伤。无人"蜂群"通常根据作战任务将不同功能平台进行混合编组，形成集侦察探测、电子干扰、网络攻击、火力打击等于一体的综合作战群，可从多维空间、多个方向对同一高价值大型目标或区域集团目标实施同时全向式或连续脉冲式的多域"软硬"复合攻击，既能满足对点目标的精确打击，又保证了对面目标的全面覆盖。最后，可实施集群式防护。"蜂群"也可以构建智能自适应防御系统，在主要突击力量或重要目标外围形成自动响应的保护"气泡"，形成立体、多层次的拦截网，能够利用多个不同类型无人平台的自主协同优势，尽早发现敌攻击征候和来袭目标，并能从不同方向、以不同方式尽早截击敌陆、海、空目标，既能够"以多拦少"，又可以"以多拦多"，拦截范围广、成功率高，是未来配合实施防空反导作战、重要目标末端防护和反制敌"蜂群"攻击的重要运用方式。

"卒子"乘"直车"的母舰作战

母舰作战，是以海空大型有人或无人作战平台为运输载体，支撑陆、海、空各类型无人系统的机动投放与回收、指挥控制和综合保障，实现无人系统特别是小微型无人系统的远程机动、多域部署、协同运用，最大限度地发挥其整体作战效能。

无人平台依托母舰实施机动作战和保障，相对于依靠后方进行指挥控制与保障，具有以下优势：一是机动优势。母舰平台的长续航力和无人平台的"无人"特点相结合，使得无人平台兼具远程机动和可抵近作战的双重优势，有效克服了无人平台特别是小型平台机动速度慢、远程机动能力弱或者依靠自身动力远程机动后任务时间有限等问题。这好比用"车"搭载"卒"机动作战，通过"车"的直达性提高"卒"机动速度和作战灵活性。二是集群优势。母舰可搭载大量无人平台，作战时可根据任务同时或连续投放，并在母舰统一控制下协同作战，在一定时间和空间内形成局部作战优势，也可在更大范围内遂行分散性牵制任务。三是任务优势。母舰所搭载无人平台的多类型特点决定了其作战能力的多样性。它不仅可根据任务需要调配与投放相应类型的无人平台实施单一任务或空间作战，还可根据作战对象选择最佳的力量组合实施多维空间的综合性作战。

母舰作战是母舰与无人平台优势的有机结合，运用方式更加灵活。首先，可实施应急反应介入。母舰的机动优势使无人系统具备了其独立使用时所不具有的能力，即能够对紧急事态或危机事件快速做出反应，进行直前威慑或先期作战，为后续行动赢得时间。比如，空中母舰，可由后方应急起飞，通过快速机动，在敌防区外投放无人平台实施应急部署，进行先期侦察预警、建立战场通信网络或执行警示性打击等；海上或水下母舰，可以巡航状态在可能事发区域巡航，一旦需要即可投放无人平台或激活预置的无人平台，实施应急侦察探测、电子干扰甚至火力打击等行动。其次，可实施持续压制打击。母舰既作为无人系统的机动载体对其进行投放与回收，又可对其实施指挥控制与综合保障，是无人平台遂行任务的移动作战基地，相当于无人作战的指挥与保障单元前移，可快速进行指挥与即时保障。这不仅有效地克服了无人平台集群远程使用部署难的问题，而且还极大地减少了无人平台返回基地补给及再次出动的时间，同时在指挥控制上也降低了通信组织的复杂性，为连续不间断地进行作战创造了条件。最后，可实施多点协同作战。在母舰的指挥保障下，既可集中多个无人平台实施集群作战，又可根据任务需要多点部署进行分散作战，而且在通用指控系统的管理下，大量分散的无人平台能够在母舰的总体控制下实施协同作战，达到兵力分散但任务聚焦、行动统一。这不仅增加了敌方应对的难度，提高了己方战场生存力，而且分散的无人平台在多点同时行动，还可分散敌兵力使其防御能力下降。

"猎人"与"猎狗"的有人 / 无人协同作战

有人 / 无人协同作战，是通过增强有人作战平台与无人作战平台之间的互操作性，达成更加直接的战场信息交互、作战支援与行动配合，实现有人与无人的一体编组、整体作战，更好地发挥有人与无人作战力量的互补优势。

有人 / 无人协同作战，最突出的特点是有人与无人作战力量间是控制与被控制的关系，形成类似"猎人"与"猎狗"的直接配合，与通过后方控制中心协调的配合相比，具有以下优势：一是信息交互优势。传统的有人与无人作战力量协同，通常由后方控制中心下达协同指令进行间接配合，信息流转环节多、时间长，易丧失作战时机。有人／无人协同作战实现了无人平台与有人平台间在信息传递与作战控制上的直接交互，极大地增强了有人作战力量借助无人系统对战场态势的感知能力，而且无人平台能够对有人平台的协同指令即时响应，提高了协同效果和效率。二是互补增效优势。借助先进的通信与控制系统，将有人作战力量与无人作战力量一体编组，实现信息共享与互操作，配合更加直接，能够最大限度地发挥两者优势，达成"长短相抵、能力相长"的效果。三是散置抗毁优势。有人与无人协同作战，不仅仅是无人作战力量靠前配置、先行行动，减少了有人作战力量的伤亡，更重要的是将原集中于有人平台上的功能分散配置于不同无人平台上，实施以有人平台为中心的分布式作战，增强了战场生存能力，克服了大型综合性武器系统"100—1=0"的结构性弱点，同时也因分散配置增加了对方防御难度，有效提高己方的生存能力。

有人／无人协同作战，与当前有人与无人松散协同相比，作战运用方式更高效。首先，可实施分散性聚能作战。在战场网络的支撑下，针对作战任务采取多个无人平台与有人平台的共同编组，各分散配置的有人与无人平台，在有人平台的指挥控制下能够形成聚焦任务与目标的作战布势，达成分散部署下的效能集中。在实施侦察探测时，可从多个方向和角度对目标实施有源、无源探测相结合的多手段复合侦察定位；在实施火力打击时，多个无人与有人平台在统一协调、控制下，可从多个维度、多个方向实施集中突击。其次，可实施多样化灵活打击。由于信息交互的直接性和力量布势的分散性，实现了有人与无人之间跨平台快捷控制、快速响应，可依据目标编配作战力量、灵活选择打击方式。在打击时，负责控制的有人平台根据作战对象和编队布势，可直接指挥位于最佳位置或最能发挥效能的无人或有人平台实施，还可由多个无人和有人平台同时或交替实施，完全基于目标和效果实施作战。最后，可实施接力式联动突击。在通用控制系统的支持下，编队中各作战平台依托共享的战场信息，在有人平台的统一控制下，既可先由多个无人平台接力突击，又可先无人后有人地接力突击，还可有人与无人平台间交替接力突击。通过连续抢攻、持续压制，使敌丧失有效应对能力。如果在母舰的支撑下，各无人平台还可以进行燃料、弹药补充，并再次投入战斗，实施长时间连续作战。

群式作战，演绎无人战场新图景

——浅析无人机机群作战、集群作战和"蜂群"作战的异与同

丁在永　杨晓玲　郝　川

当前，无人机群式作战已从概念研究进入到战场实践，标志着无人机新型作战方式的发展日趋成熟。无人机群式作战通常表现为无人机机群作战、无人机集群作战和无人机"蜂群"作战等。由于国内外并没有关于三者成体系的权威概念描述，极易造成概念混淆，不利于对无人机群式作战的深入研究。为此，有必要对三者概念予以辨析，以廓清认识，从而加深对无人机作战特点规律的理解把握。

正确界定无人机机群作战、集群作战和"蜂群"作战的内涵属性

无论是无人机机群作战、无人机集群作战，还是无人机"蜂群"作战，突出的表现是它们的"群"特征。"群"是指由三个以上个体组成，为共同目标、实施共同活动的个体集合，这是三者之间的共同点。对无人机机群作战、无人机集群作战和无人机"蜂群"作战的认知，核心是要弄清机群、集群和"蜂群"的概念区别。

无人机机群作战的本质属性是飞机集合。机群的基本释义是指编队飞行的飞机。军事上，通常将机群定义为由遂行同一任务、受统一指挥

并保持目视联系或战术联系的若干个空中编队、单机组成的空中集群。国外机群（fleet）与舰队、车队属于同一词汇，解释为"共同执行某一任务，有统一指挥的多个舰艇、飞机、车辆等运动物体的集合"。综合国内外机群定义的描述，无人机机群可以这样界定：为共同执行某一任务、受统一指挥的多架无人机组成的集合体。相应的，无人机机群作战可以这样描述：是指基于一定数量规模的无人机编成群组，共同执行同一作战任务，按照统一组织指挥实施管理，实现某种特定目的的作战活动。

无人机集群作战的本质属性是网络互联。集群与集群技术形影相随。集群这一概念最初出现是应用于无线电通信系统，后来广泛用于计算机领域。集群是指由一组相互独立的、通过高速网络互联的计算机构成的群组，以单一系统的模式加以管理。无人机组成集群，要求无人机必须具备机载计算机、网络通信等设备，可以实现群体内个体之间的网络信息互联互通，这是无人机集群的前提和基础。因此，无人机集群是指为共同执行某一任务、受统一指挥的多架无人机，通过网络互联构成群组，采取单一系统模式管理，实现某种特定效果的集合体。故而，无人机集群作战可以这样描述：是指基于互联互通的无人机编成群组，依托信息网络形成集中统一整体，实现某种特定效果的协同作战活动。

无人机"蜂群"作战的本质属性是生物模拟。蜂群的基本释义是指蜜蜂的一个群体。外军将"蜂群"定义为：在"回路之上或之中"，只有一个操作员情况下，一组自主化、网络化小型无人机系统协同作战，以实现统一的作战目标。无人机"蜂群"技术的原理是无人机集群的智能化，即众多低智能的无人机个体通过相互之间的简单协作，表现出来的集体智能行为。1989 年，加利福尼亚大学本尼教授在人工智能的研究中，首次提出"集群智能"概念，即指自然界的生物群体（如蚁群、鸟群、蜂群、鱼群等），通过无中心的局部交互、反应式规则和行为，涌现复杂的群体自组织能力。综合国内外关于无人机"蜂群"的有关资料，可知无人机"蜂群"是无人机集群的高级表现形式，除了具备模拟生物集群行为外，还十分强调个体简单性、联系有限性、控制分散性、群体智能性等特征。因此，无人机"蜂群"是指为共同执行某一任务、受统一指挥的多架无人机，通过网络互联构成群组，群组内个体模拟生物集群行为，通过无中心的局部交互、反应式规则和行为，涌现复杂的群体自组织能力，从而实现高度智能自主的集合体。根据对无人机"蜂群"的认识，可以将无人机"蜂群"作战概括为：是指基于一定智能化的无人机编成群组，通过生物仿真计算模拟生物集群行为，按照去中心化方式实施管理，实现高度智能自主的协同作战活动。

准确认识无人机机群作战、集群作战和"蜂群"作战的基本特征

不难看出，无人机机群作战、无人机集群作战和无人机"蜂群"作战是一个从大到小的关系，是一个包含与被包含的关系。但是，深入分析其基本内涵会发现，它们是一个从低级到高级，从粗放到精准，从机械化到信息化再到智能化的发展过程，各自具有不同的特征。

无人机机群作战具有"叠加效应"特征。无人机机群作战反映了机械化战争的战斗力生成模式。机械化战争主要通过扩大数量规模、提升杀伤效能等方式来提升战斗力。无人机机群作战的基本特征，一是强调数量规模。无人机机群作战至少是三架以上的无人机编成作战编组。二是强调任务性质。无人机机群作战必须是共同执行某一作战任务。三是强调指控方式。无人机机群作战必须是接受统一指挥控制。其中，强调无人机的数量规模是无人机机群作战的典型特征。

无人机集群作战具有"聚合效应"特征。无人机集群作战表现出信息化战争的战斗力生成模式。信息化战争主要通过信息赋能、网络聚能、体系增能等方式来提升战斗力。无人机集群作战的基本特征：一是强调网络互通能力。无人机集群作战内部个体必须具备网络信息互联互通能力。二是强调协同作战能力。无人机集群作战内部个体必须具备为达成某一作战目的相互配合的共同作战能力。三是强调体系作战能力。无人机集群作战按照一个整体实施指挥控制，内部个体必须具备通过构建体系实现作战效果的能力。

无人机"蜂群"作战具有"质变效应"特征。无人机"蜂群"作战代表着智能化战争的战斗力生成模式。智能化战争主要通过自主智能、改变认知等方式来提升战斗力。无人机"蜂群"作战的基本特征：一是突出设计的相对简单性。无人机"蜂群"作战内部个体可以相对简单，并不需要十分复杂的结构和功能设计。二是突出去中心化管理。无人机"蜂群"作战内部个体是相对分散的，具备相互联系的有限性，没有控制中心，不会因单个个体或少数几个个体出现不确定的状况而影响全局。三是突出自主智能性。尽管无人机"蜂群"作战内部个体具备设计简单性、控制分散性、联系有限性，但是无人机"蜂群"作战却表现出高度的群体自主智能作战能力。

灵活把握无人机机群作战、集群作战和"蜂群"作战的具体运用

通过对无人机机群作战、无人机集群作战和无人机"蜂群"作战内涵属性和基本特征的分析研究，可以看出，无人机机群作战、无人机集群作战和无人机"蜂群"作战的具体运用突出不同的作战属性，在使用上各有所侧重。

　　无人机机群作战突出"量"，使用上向"火力叠加"发展。无人机机群和有人机机群一样，突出的是数量规模，数量规模少的谓之编队，数量规模多的谓之机群。在作战使用上，注重通过增加数量规模形成火力叠加效应来达成作战目的。无人机机群作战的优势是构建群组相对简单，利于集中管理，执行简单任务效率高；劣势是任务协同效率低，执行分布式作战任务能力不强，群组可扩展性不强，战场自适应能力弱。无人机机群作战通常执行集火打击之类的作战任务。

　　无人机集群作战突出"统"，使用上向"能量聚合"转变。无人机集群基础是"联"，关键是"统"，通过信息网络形成集中统一整体。在作战使用上，注重通过目的明确、目标精准、基于效果的能量聚合作战运用，进一步提高作战效能。无人机集群作战优势是任务协同效率高，作战灵活性较强，执行分布式作战任务能力较强，群组可扩展性较强；劣势是无人机信息化程度要求高，机体设计复杂，抗电子干扰能力弱。无人机集群作战通常执行基于作战效果之类的作战任务。

　　无人机"蜂群"作战突出"智"，使用上向"颠覆传统"改变。无人机"蜂群"本质是通过方法的改变，达到群体的"高度智能"特性。在作战使用上，注重通过自适应、自组网、自协同、自决策等自主作战能力运用，颠覆传统战争模式。无人机"蜂群"作战优势是任务协同效率高，作战灵活性强，执行分布式作战任务能力很强，群组可扩展性很强，战场自适应能力很强；劣势是要求无人机数量多，对生物仿真技术研究要求高，受后台指挥控制影响大。无人机"蜂群"作战通常执行非对称的抵消作战任务。

　　无人机群式作战是一种新颖而实用的作战模式，具有极大的作战潜力和应用前景，特别是对无人机"蜂群"作战这种有可能颠覆传统的作战模式应该引起高度重视。正确认知无人机机群作战、无人机集群作战和无人机"蜂群"作战，是加快无人机群式作战机械化信息化智能化融合发展的重要基础和必要前提。实战中，既应重视无人机机群作战、无人机集群作战的应用研究，也要超前开展无人机"蜂群"技术和作战运用研究，只有未雨绸缪，才能把握好主动权。

无人化作战还需要"超级战士"吗

李孟远　探　未　徐金华

随着人工智能技术的发展和突破，各类无人作战系统应运而生，未来作战行动似乎越来越不需要人类"亲力亲为"。然而，2019 年 11 月美国国防部《2050 年机械战士：人机融合与国防部的未来》的报告，展示了其"超级战士"人机融合系统的投入、研发和应用计划。"超级战士"旨在通过感知增强、外骨骼、脑机接口、基因工程等技术手段，大幅提升士兵的感知力、运动力、思维力等能力。那么，在无人作战系统快速发展的当下，还需不需要人机融合系统这种"超级战士"呢？笔者认为"超级战士"之所以能够存在并不断发展，是基于它不可替代的作用，具体而言主要有以下几点：

"超级战士"能弥补无人作战系统的不足。作为一种人机融合系统，"超级战士"改变了传统意义上人与武器的关系，实现了"人的武器化"或"武器的类人化"，不仅进一步延伸了人类战斗能力，还填补了因无人作战系统短板而留下的"战力空白"。近年来，人工智能技术虽迅猛发展，但仍旧难以克服大量无人作战系统通信距离短、抗干扰性能差、可靠性不足、权限和相互关系界定困难等弱点。例如，在密集特征环境下，智能自主探测系统的识别和跟踪能力极其有限，甚至无法达到人类眼球对目标的锁定水平；拥有先进民用机器人技术的日本，在福岛核泄漏后也不得不雇佣志愿者清理核废料。美军认为,未来战场可能是城市或地下城市环境,"超级战士"可凭借视觉增强、听觉增强、嗅觉增强等技术,更加灵敏地获取和共享复杂目标数据,再通过人—机、人—人双向信息交换达成认知共识,每个"超级战士"都可以成为指挥、控制和通信节点,并在一定范围内对所配属的无人装备进行实时操控,达成真正的人机优势互补。另外,相较于构建无人作战系统协作机制,"超级战士"不需要太多时间和经济成本,就可在联合行动的国家间实现互联互通甚至互操作,实践的可行性更强。

"超级战士"有助于发挥人类智能优长。"莫拉维克悖论"阐释的现象表明,机器智能可在逻辑、推理、计算等方面超越人类,比如无人作战系统的数据处理速度、决策科学性、打击精确性等,但在不确定因素多、人文环境复杂、需要感性认知和理解的条件下,人类智能的想象力、创造力、灵感、直觉、责任感等则有不可替代的优势。这类能力难以被解释、描述和编辑成"机器语言",因而无法通过数据挖掘、智能算法、机器学习等技术复制至无人作战系统中。"超级战士"可通过被放大的感知功能,倚重人类智能进行细节识别、道德判断和临机决断,更好地完成在复杂战场环境中的特种战、城市战、反恐战等任务。不仅如此,"超级战士"还能充分挖掘潜意识效能,甚至运用各类方式刺激大脑发挥更多"神奇"功能。美国国防部高级研究计划局的"认知技术威胁告警系统"就是试图利用人脑预测威胁的"直觉"潜力,对相关脑电波分析处理,增强情报获取和危机预警的能力。伴随脑科学、仿生学、认知学、神经学等科学的不断发展与应用,"超级战士"项目有望释放更多人类智能潜力,拓展实战应用功能。

"超级战士"更能适应非正规作战需要。进入 21 世纪,世界主要国家受到多种安全挑战,非正规作战行动频率增加、地位上升。如果缺乏相关能力，即使取得初期军事胜利，也有可能陷入美军在伊拉克和阿富汗遇到的困境。因此，军队须具备有效应对恐怖主义、敌特侦察与煽动、暴乱等混合威胁及"灰色区域"冲突的能力，执行更多稳定、控制、重建以及战场外隐蔽性要求较高的复杂任务。与无人作战系统相比，"超级战士"更易于满足这些需求。首先，"超级战士"能够借助物理增强机械，秘密且迅速地移动至预定地点，还可佩戴便携式感知融合器，混杂于敌对人群等高压力、大密度的嘈杂环境中，识别暴乱制造者和指挥人员，并将信息快捷共享给团队其他人。其次，听觉增强系统能够帮助在战场上的士兵过滤大量噪声，提高语音识别灵敏度，及时进行情报收集与通信。最后，依靠非侵入式脑机接口技术，"超级战士"可以用大脑指挥一定数目的无人机、无人战车和仿生机器人，形成"人主机辅"的一体化战斗系统。无人作战系统的大量运用会受到诸多安全、法律、道德、伦理的限制，战场责任认定也会面临巨大挑战。但"超级战士"仍是人类战斗员，能更好地确保本方作战行动遵守区分原则、比例原则等作战规则要求。

因此，只要人类仍是凭借自身感官对周围环境进行认知，或者人工智能技术还不足以制造出可以全面超越人类的机器人，"超级战士"就有其不可取代的战场价值。

矛与盾的角力与争锋

——浅析无人与反无人作战制胜之道

杨　凯　高庆龙

　　科技进步和战争形态的加速演变，正推动无人与反无人作战成为互为攻防、互为依托的新型作战行动。目前，世界各国军队正把增强无人与反无人作战能力当作新的战斗力增长点。如何在把握二者特点规律的基础上，探寻无人与反无人作战的制胜之道，成为决胜未来的关键。

辨析强弱点，知彼知己庙算制胜

　　《孙子兵法·谋攻篇》中指出，"知可以战与不可以战者胜"。只有全面认识无人与反无人作战的内在机理和特点规律，才能全盘统筹、发挥优长、避实击虚，谋得作战胜势。

　　作战目的各有侧重。无人作战重在使用陆、海、空、天和电磁领域的无人作战力量，充分发挥作战任务编组灵活、战场生存能力较强、精确作战效能突出等优势，对敌有生力量、要害目标、体系节点进行高效攻击，并保障己方部队成功遂行各种作战任务。反无人作战重在使用各领域反无人作战力量，在联合作战大体系支撑下，防护并反制无人作战力量侦察、干扰、打击等威胁。纳卡冲突中，阿塞拜疆使用侦察、察打一体、自杀式无人机等攻击亚美尼亚防空系统和地面部队，而亚美尼亚也使用无人机、机动式反无人机系统、肩扛式地空导弹等进行反击，演绎了一场无人与反无人作战的争锋对决。

作战力量运用不同。当前，智能化、无人化作战手段越来越受到世界各国军队追捧。无人作战主要使用隐身性能好、续航时间长、打击速度快、战场适应强的新型进攻作战力量，敏捷、高效地穿透对手的防御体系。反无人作战可选择的"工具集"相对丰富，高低搭配、有无兼备，既可使用传统防空制空手段对无人作战力量的前沿及纵深侦察、电子干扰、远程打击等进行防御，也可使用激光、高功率微波、电磁干扰等新型作战能力，对高超声速飞行器、无人集群、低慢小目标、仿生机器人、水面无人船艇、水下无人潜航器等进行反制。据公开资料介绍，2011 年 12 月伊朗就曾使用电子欺骗手段成功俘获美军 RQ—170"哨兵"隐身无人侦察机。

行动限制存在差异。随着无人作战装备技术水平不断发展，无人作战手段载具通用性、平战一体性的特征越来越明显，其作战准备以民掩军、发起时隐真示假、实施时快速精确，国际法与国际公约也不能对其完全约束，让使用无人作战力量进攻的一方更加具有作战主动权和灵活度。反无人作战具有鲜明的作战针对性，不出手则已，出手往往容易导致战争升级，即使使用电子攻防手段对无人装备进行干扰、致盲或诱捕，也主要是以军事手段进行反制，对抗的激烈程度也往往高于对方，对政治、外交、舆论产生较大影响。

成本效益天差地别。无人作战任务变化灵活、组织方式多变，且与有人武器装备相比价格优势明显，被探测发现和击伤摧毁后成本较低。如美军一架"捕食者"无人机售价约 300 万美元，而一架 F-22 战斗机售价约 1.23 亿美元，还要搭载战斗机飞行员。与之相对，反无人作战来袭方向难判定、企图难判明，组织反制行动往往需要依靠联合作战大体系，调动预警探测系统、联合截击系统、火力打击系统等，组织防空、反潜、地面侦察、火力打击、电子攻防等多种反制行动，成本远远高于无人作战行动。

找准突破点，克敌软肋聚优制胜

无人与反无人作战都是谋求以新的作战理念、新的作战手段、新的制衡方式进行降维打击。找准对方软肋痛点，发挥自身优势突破瓦解，是克敌制胜的关键。

集群作战谋求突破。现阶段，集群化、智能化作战平台大量涌现，以空中无人"蜂群"、地面无人"蚁群"、水面无人"狼群"等为代表的无人集群作战快速发展，对传统的防御作战造成巨大威胁。反无人作战一方面大力加强以空中打击群、地面炮兵群、防空兵群、装甲突击群为代表的"以群反群、以群反智"手段建设，另一方面也在大力发展各类打母舰、打平台、打载具、打节点的破群、毁网、断链手段建设。

跨域制衡谋求突破。无人与反无人作战之所以能够既并行发展又相互制约，就在于交战双方都在寻求属性相克、跨域制衡的非对称作战能力。无人作战以低成本进攻对防守一方进行战争消耗、以持续作战消磨对方战争意志，在认知域、物理域、信息域等全方位展开攻势，以期谋求高战争效益。反无人作战更加注重软杀伤与硬摧毁相结合、传统手段与新型手段相结合，针对无人作战各个空间的来袭目标，综合使用各种力量，破坏敌无人作战企图。

有无结合谋求突破。尽管无人作战效益高，但在未来较长时间内，有人/无人协同作战仍将是最有效的作战方式。有人作战能够更好把握战争规律和节奏，无人作战能够有效减少己方伤亡，通过提高作战规划的水平、增大作战行动强度，可以更直接地达成作战目的。反无人作战具备同样的属性，组织有人作战力量进行反无人作战行动的同时，需加强"无人反无人"的新型作战能力，构建严密的反无人作战防御网络，提高反无人作战预警研判速度，增强反无人作战智能拦截打击能力，确保反无人作战效果。

把握平衡点，攻防兼备多措制胜

无人与反无人作战如同矛与盾，既应重视提升无人作战能力、也要注重发展反无人作战能力，关键是准确把握两者之间的平衡因素，充分发挥无人与反无人作战的综合效能。

运用智能作战优势，降维制衡作战对手。随着人工智能快速发展，武器装备无人自主感知、无人自主决策、无人自主行动、无人自主协同的能力水平不断提升，无人作战和反无人作战任何一方，在智能化作战思想、方法、手段上如果落后，都将在未来的战场对抗中落得下风。无人作战现在还处于比较低级的阶段，随着智能化作战水平的提高，人在作战回路的工作将大大减少，无人系统对有人部队的进攻将占据更大优势。2020 年 11 月，伊朗核物理学家穆赫辛·法赫里扎德遭到使用人工智能技术的智能机枪暗杀，表明无人智能武器的隐蔽性、精确性、危害性必须引起人们足够的重视。反无人作战同样注重智能手段建设，世界军事强国都在大力发展主动防御、自动目标识别、高效信息处理、智能数据生成等技术，目前已打造多款智能防空系统、主动防护系统、精确打击系统，推动尽远预警、高速识别、自主拦截、精确打击能力向高层次发展。

运用集群数量优势，超限破击敌方系统。战争中，没有无懈可击的防御体系，也同样没有攻无不克的作战手段，集群作战是通过自身作战兵力和火力的量变，推动战争天平向质变转变的过程。在无人作战中，通过使用大量无人作战平台投入战场，充分发挥无人集群抗毁性强、单个平台自主性强、渗透突防能力强等特点，对敌方防御系统进行多维侦察和打击，使防御一方难以招架，防御出现漏洞，进而达成渗透袭击和火力突击等目的。在反无人作战中，可以通过组织各类机群、舰（艇）群、炮群、防空兵群、地面突击群等反无人作战力量遂行作战，抵消敌方无人作战企图难判明、行动自主灵活、侦察干扰打击一体的优势，对进入相关空域、海域、地面防区的无人作战力量，进行密集打击和拦截，扰乱来袭目标的作战规划和行动，破坏其无人作战企图。目前一些国家已经开展探索无人"蜂群"对撞试验，使用无人集群进行反无人作战，如英国空军 2020 年 4 月已正式组建"蜂群"无人机部队，旨在加强无人机防御能力，应对空中无人作战威胁。

运用联合体系支撑，多域支援精确作战。现代战争已经全面进入体系对抗时代，单一军兵种、单一作战域已经难以夺取战争的最终胜利，无论是无人作战还是反无人作战，都无法只依靠自身的力量达成战争的全局目的，必须依靠联合作战体系支撑，在多域作战中贡献自己的最大价值。无人作战中，必须得到天基、地基、海基等各类侦察预警、导航定位、目标识别能力的支持，才能精确判明敌情部署、掌握行动动态、锁定打击目标、摧毁装备设施，为下一步联合作战行动创造有利战场态势。1982 年贝卡谷地之战中，以色列充分利用作战体系优势，战前对叙利亚经营 10 余年的防空导弹阵地进行精确侦察和标识，作战发起后以军先以无人机诱骗叙利亚雷达开机，而后使用陆基和机载型反辐射导弹，在短时间内摧毁了叙利亚 10 多个防空导弹阵地。反无人作战更要依靠作战体系，在不同的战役战术方向、不同的战场空间，第一时间对敌无人作战目标或部队行动进行锁定和识别，综合发挥电子攻防、火力拦截、精确打击手段威力，在高中低空、远中近程、水面水下、有形无形作战域进行主被动反无人作战，才能形成多域协同、精确制敌的反无人作战能力。

反无人机作战有啥特点

周小程　高冬明　李政兴

有矛即有盾。随着无人机作战理论和实践的发展，反无人机作战概念逐渐形成，并不断完善。作为一种全新的作战样式，反无人机作战必将成为未来防御作战的重要内容。研究反无人机作战特点，旨在揭示反无人机作战规律，以便在未来作战中更好地应对来自空中的杀手。

反无人机作战是指抗击、反击敌无人机，保卫己方重要目标的作战行动，包括拦截、打击敌空中来袭无人机，反击敌陆上、海上、空中的无人机作战力量及其基地、平台等行动。在反无人机作战中，应关注全局，着眼要害，通过采取机动灵活的战法、快速精确的行动，集中运用火力、兵力、信息等多种作战力量，对敌无人机系统中的薄弱环节，实施重点打击或灵活控制，达到破坏敌无人机系统的战斗目的。

把握反无人机作战内涵

正确认识反无人机作战的基本内涵，需要把握以下两个方面。

以敌无人机为主要打击对象。反无人机作战须紧紧围绕敌方无人机系统这一关键要素，破坏其作战行动的完整性、稳定性和有序性，造成敌方无人机作战功能整体或部分丧失，从而达到控制、摧毁和压制敌方无人机的目的。反无人机作战体现的是包括信息感知、指挥、打击、机动、防护、保障在内的一系列针对敌方无人机的作战活动，应以敌方无人机为中心确立信息先导、精选要害、集中效能、信火一体、扰毁并举、快速精确等作战原则。敌方的无人机目标始终是贯穿反无人机作战全过程的主线。

综合运用多种反无人机力量。针对不同性质的无人机目标，应根据反制要求综合运用多种力量，通过多种手段和力量相结合，提升反无人机的作战效果。如对"低慢小"无人机的处置可以综合运用低空补盲雷达、光电探测装备、无线电侦测装备等反无人机力量；对高空长航时无人机的处置可综合运用天基探测平台、地基远程预警雷达、航空兵和防空兵等反无人机力量。此外，针对一次反击难以奏效的反无人机群作战，应及时变换打击力量，实施多波次、高强度和高精度的反复打击，力争使无人机目标被摧毁或丧失功能。

认清反无人机作战特点

反无人机作战的特点区别于以往的防空作战特征，认识反无人机作战的特点，是揭示反无人机作战规律，以及研究反无人机对策的前提和基础。反无人机作战的特点可以概括为以下五个方面。

目标复杂多样，发现识别困难。信息化条件下，无人机目标复杂多样，大中小型、高中低空无人机系列化配置，可隐藏或机动于广阔的战场空间，暴露时间有限，而且往往移动迅速，作战行动的时间敏感性大大提高，使得反无人机作战中对目标的识别变得十分困难。尤其是在反小型和微型无人机时，目标不仅用肉眼难以发现，而且其噪声和红外特征也极其微弱，加之各种隐身材料、涂层技术的应用，很难被雷达及光学、声学探测器发现。此外，反无人机过程中，部分无人机的外形特征和材料运用十分相近，可搭载不同设备执行不同任务，仅通过雷达信号或外观特征，难以判断目标属性、行动意图和威胁程度，当空中出现大批量多用途无人机时，对目标识别判断更加困难，直接影响作战决策。战时，面对敌方的无人机编队，极易因判断不清、决策不周而采取盲目的防抗行动甚至误打错打，非但无法保护己方安全，甚至可能会落入敌人圈套，导致己方空防体系部署和雷达工作频率暴露。

作战力量多元，指挥协同复杂。未来战场上，单一的作战力量很难独立完成反无人机作战任务，须依靠诸军兵种联合和多种武器装备协同，才能发挥反无人机作战整体威力。反无人机作战不仅有各军兵种常规作战力量参加，而且还需要特殊力量的参与，如激光武器、动能武器等，呈现出力量多元的特性。要求各作战力量既能独立遂行作战任务，又能与其他作战力量联合反无人机，从而发挥更大的作战效能。同时，反无人机作战中指挥与协同的问题将更加突出，保持指挥与协同的不间断性、可靠性将更加困难，指挥与协同将十分复杂，如各种反无人机力量之间的指挥协同，各种反无人机作战具体行动之间的关系，主次方向之间的关系等。此外，应善于把握反无人机的作战节奏，确保各种反无人机作战行动的协调一致。

作战手段丰富，力求软硬兼施。在反无人机作战过程中，既需要生成和提升信息对抗能力来实现对目标无人机的"软杀伤"，也应注重发挥火力、突击力等传统打击手段，对目标无人机实施"硬摧毁"。在"软杀伤"方面，可利用电磁干扰欺骗，迫使目标无人机降落或坠毁，还可以入侵飞控系统，接管无人机操控；在"硬摧毁"方面，可采用强微波、激光、火力打击等方式毁伤目标无人机。在反无人机过程中，应综合运用"软杀伤"和"硬摧毁"等手段，构建形成层层抗击、布势合理的反无人机作战力量配系，形成一定的体系作战优势、先机制敌优势和火力打击优势。

作战空间广阔，强调跨域联合。反无人机作战的空间异常广阔，这个空间超越了传统的地理空间，拓展到包括电磁频谱空间和计算机网络空间等信息空间，甚至包括具有智能化特征的认知空间，双方的对抗界限趋于模糊。在反无人机作战过程中，各种力量将在陆、海、空、天、电、网等多域空间实施作战行动，各个领域相互支撑、互相依托，形成了多层次、大纵深、多维一体的反无人机战场空间。由于参战力量多元，各种力量可能先后或同时展开不同样式的反无人机作战行动，并且各种作战类型和样式紧密结合，其作战行动的多样性和跨域联合特征更为明显，既有"软杀伤"，又有"硬摧毁"；既有空中和海上反无人机作战，也有临近空间和地下空间反无人机作战；既有认知域的对抗，也有物理域的对抗等。

作战对抗激烈，注重反防一体。在反无人机作战行动中，敌我双方都有一些容易被敌攻击的要害，也都具备一些攻击对方要害的手段和方法。因此，在反无人机作战的过程中，应注意防护好自身反无人机力量的重心和要害，做到"反防一体"，既有助于指挥官夺取反无人机作战主动权，也有利于保持反无人机行动的锐势，始终掌握主动。一旦敌方控制了我方反无人机力量的重心和要害，很容易为其创造二次进攻的有利条件。在反无人机的初始阶段，应侧重攻击敌方无人机要害，之后，则侧重保护好己方的反击力量和重要目标。因此，反无人机作战行动中既体现了针对敌方的无人机进行反击的特点，也体现了对己方要害进行保护的特点。

反无人机"蜂群"作战难题如何破

李丰雨　曹文涛

近年来，随着无人机集群技术的成熟发展，无人机"蜂群"作战逐渐从理论设想走向战场实践。2019 年 5 月以来，胡塞武装多次使用无人机对沙特阿拉伯境内的石油天然气设施实施小阵多群打击，给沙方造成不小损失。无人机"蜂群"作战威力初显，加强对反无人机"蜂群"作战重难点问题研究，积极寻求应对之策，对未来作战维护空防安全具有重要意义。

反无人机"蜂群"作战存在诸多难点

随着"蜂群"作战概念与技术的不断发展，无人机"蜂群"作战正以惊人速度演进，现有作战力量和手段在反无人机"蜂群"作战上还存在诸多难点。

隐身性能好，探测发现难。无人机集群编组机型通常为小型或微型无人机，体积小、电磁信号弱、飞行噪声低，往往难以被雷达和声学、光学、红外探测器发现。而且，无人机集群施放平台灵活多样，既可以直接从出发地起飞，编队前往目的地；也可以从不同出发地分散起飞，沿不同路径前往目的地；还可以用大型飞机或船舶运送，接近作战地时再释放出来形成"蜂群"，提前侦察探测难度较大。

模块化设计，功能辨清难。无人机集群中的轻型、微型无人机通常采用模块化设计，可依据任务搭载不同套件。如搭载传感器、激光目标指示器和电子干扰机等不同设备，即可执行战场监视、目标指示、电子战等不同任务；安装侦察设备或各种战斗部，可改装成无人侦察机或攻击无人机。当各种用途的无人机在空中密集出现，即使被发现，但由于无人机不发射电磁波，地面防空系统通过其外观无法精准识别目标性质，进而影响反无人机兵力分配和打击次序决策，容易贻误战机。

预警时间短，火力拦阻难。与传统机械化、信息化战争中高机动串行作战方式不同，无人机"蜂群"作战最为显著的特点是采用低成本、高数量、广域集群覆盖的并行作战方式，突然发起行动，使敌防御体系的探测、跟踪和拦截能力迅速饱和、陷入瘫痪。资料显示，当无人机"蜂群"以250千米/小时的速度来袭时，防御系统从发现目标到启动拦截只有15秒时间，预警时间短，难以合理分配火力，导致部分无人机能够避开拦截，攻击对方目标。

着力构建反无人机"蜂群"作战体系

针对无人机"蜂群"作战特点，应综合运用侦、扰、打、拦等手段，构建反无人机"蜂群"作战体系，多措并举提高体系抗击能力。

立体组网，多层次探测预警。尽早感知无人机集群的攻击威胁，是组织实施反无人机"蜂群"作战的前提条件。如实施纵向多层探测，在无人机集群的来袭方向上分层配置远程、中程和近程雷达，分别负责探测无人机集群的母机、监视进入防御范围内的无人机集群，识别跟踪"低、慢、小"目标；实施平面组网探测，将不同体制、频段和工作模式的地面雷达，通过网络化通信链路组成雷达网，统一管理、调配、协力探测，实现对无人机"蜂群"目标的广域覆盖、无缝监视和多点观察；实施垂直立体探测，将预警机、长航时无人机和系留浮空器编队组网，发挥预警机探测范围广、长航时无人机接续能力强、系留浮空器滞空时间长的优点，对无人机集群进行垂直方向上的自上而下无盲区探测。

防抗结合，多途径干扰压制。在反无人机"蜂群"作战初期阶段，可通过电子对抗等手段，多途径干扰遏制其作战效能的发挥。如通过发射特定能量的光波对无人机群进行有源干扰，或通过对己方目标进行遮障伪装、示假伪装和迷彩伪装等手段进行无源干扰，降低光电传感器的侦察效果；干扰无人机集群雷达系统，通过发射大功率电磁干扰信号压制或遮盖无人机携带的轻型合成孔径雷达，降低其探测效能。

聚焦闪击，多手段火力打击。在反无人机"蜂群"作战中期阶段，可通过综合运用反无人机防空武器系统，对空中来袭无人机"蜂群"进行硬杀伤。在掌握来袭无人机群作战编成及飞行布阵的基础上，针对性选择使用激光武器或微波武器，或对二者组合使用，最大限度发挥激光武器"点杀伤"和微波武器"面摧毁"功能。此外，还可通过给高炮、防空导弹、弹炮结合防空系统等增加反无人机功能，利用战斗部破片或动能对无人机集群实施硬杀伤，打击方式有远程伏击母机、地面火力打击和空中火力打击等。此种方式虽然较为传统，但优点是技术成熟度高、打击效果可靠。

集群杀伤，多方式阻击拦截。无人机"蜂群"被干扰压制、火力打击后，可能仍有零星无人机继续向目标区进袭，此时可通过近距离投放格斗式无人机"蜂群"等方式，构设空中火力拦截网，彻底歼灭其剩余作战力量。在发现敌无人机"蜂群"后，适时发射己方无人机，用"蜂群"对抗"蜂群"，破坏来袭无人机"蜂群"队形，引发空中碰撞。还可从空中、地面发射大型"幕网"型拦截器，在空中形成由导电碳纤维组成的大覆盖面的拦截网，包裹目标无人机并使其通信系统、动力系统或者操控系统失灵，最终捕杀敌无人机集群。

无人作战如何重塑作战观

赵谋胜　游碧涛

不同的时代条件、不同的战争方式，塑造着人们不同的作战观念。随着无人系统在实战中的应用领域、应用范围、应用空间不断拓展，无人作战力量构成日趋多元，无人作战可能成为未来联合作战的主导性作战样式或方式，推动着传统作战观念急剧发生改变。

"人机联合"的力量观

马克思指出："随着新作战工具即射击火器的发明，军队的整个内部组织就必须改变了，各个人借以组成军队并能作为军队行动的那些关系就改变了，各个军队相互间的关系也发生了变化。"随着无人作战系统的发展，各类无人作战力量已作为新的兵种构成出现在军队中，无人作战力量在联合作战力量体系的构成比重日益上升，这不可避免地影响到军队领导体制、兵力结构、武器装备编配等问题，从而改变军队的编制体制。当前，一些发达国家军队已组建大量无人机部队，大到无人机旅团，小到无人机连排，陆上无人战车、水面无人艇、水下无人潜航器也开始陆续装备部队并运用于实战，这在一定程度上已经改变了军队的编制结构。而且，各国军队在调整结构、削减编制规模的同时，均将无人作战力量突出出来，作为新型作战力量不断增加和扩编，有的成为独立编制，有的则融入传统部队变成混合编制。未来随着无人系统大量装备部队，军队的编制结构必将发生根本性变化。

编制结构的改变将导致作战编成与编组的改变。过去以及现在，无人作战力量规模有限，仅作为配角辅助有人作战力量行动；未来，无人作战力量可能成为作战的主体，将协同有人作战力量作战或独立遂行作战任务，人机关系将从过去由人支配主导的"主仆"关系向人机优势互补的平等"伙伴"关系转变，有人、无人协同作战将成为未来联合作战中力量运用的主要模式。因此，未来战场上，将以"有人作战力量与无人作战力量对等联合性作战编组，无人作战力量为主体与适当有人指控引导力量的融合性作战编组，不同类型无人作战力量的混合性独立作战编组"等多种组织形式出现，并通过构建融合无人与有人作战平台于一体的新型作战力量体系实施联合作战，实现有人作战与无人作战能力"双增"，有效提升联合作战的整体作战能力。

"界限模糊"的交战观

机械化战争时代，平时与战时、前方与后方、进攻与防御、战略战役与战术层级等之间的界限较为分明，到了信息化战争时代，这些界限逐渐变得模糊。随着无人作战力量的大量运用，无人作战水平不断提升，各类界限开始真正趋于模糊。

就平时与战时来讲，长航时、侦察与打击一体的多功能无人作战平台的使用，可长期在对方前沿处于察打或半休眠部署状态，平时侦察监视对方的一举一动，需要时可随时发起攻击。比如，水下无人潜航器，续航时间长达数月，可携带水雷、鱼雷或其他攻击性武器，进入对方沿海区域实施持续监视、秘密布雷或攻击。这种多功能无人作战平台使平时侦察与战时打击难以判别，作战发起的界线难以明显区分。特别是一些小型、微型无人飞行器／机器人能够随意进入对方任何活动空间，获取情报或进行网络、电磁攻击，甚至对节点目标进行"微创性"的高能爆炸破坏，这些"无形、无声"的行动是不是开启战争，很难判定。

就前方与后方来讲，无人作战是遥控作战或自主作战，大量人员由原来的"场上搏斗"转变为"场外操控"，退居后台指挥或监视无人作战平台战斗，人与无人作战平台相距数百千米、数千千米或上万千米，前方激烈厮杀，后方冷静观察。比如，美军在阿富汗执行任务的大型无人机，在阿富汗境内或其周边国家发射和回收，而飞行控制、作战指挥则在本土，操纵人员像公司员工一样上下班，这种作战模式已经很难区分前线与后方、平时与战时了。尤其是目前正在研制的高超声速打击武器，能在本土发射，一小时打遍全球，如果投入使用，前后方的界限将荡然无存。

就作战层级来讲，随着协同、控制技术发展，大量无人作战平台集群使用，蜂拥而至，能够对战略、战役、战术目标实施真正的全纵深同时精确突击，可能不再需要通过数次战术、战役作战效果累积实现战略企图，而是直接达成战略目的；加之无人作战通过网络化的指挥控制系统对无人作战力量实施控制，战略指挥可随时介入战术层次甚至单个平台，这就进一步模糊了战略、战役、战术的层级界限。

"以小克大"的制胜观

机械化时代的战争史是一部武器装备大型化、大功率和作战行动大规模、高毁伤的进化史，大炮克小炮、大舰打小舰，坦克、舰艇、飞机也逐代增大，武器威力越来越大。进入信息化时代，战争由"大吃小"变成了"快吃慢"。但是，这种"快吃慢"的原理是以"OODA"作战循环周期为视角，在"大吃小"前提下的"快吃慢"，只有"大吃小"不成为问题的情况下，"快与慢"才能上升为双方对抗的焦点，并具有直接决定战争进程和结局的作用，这实质上仍然是"大吃小"在发挥效应。而无人作战则可能改变战争的制胜法则，即先进无人作战平台的大量运用正使作战规则向着"快吃慢"加"小吃大"转变，从而导致未来战场上出现"尺度不均衡对抗"局面。

从总体上看，无人作战平台与现有同类有人作战平台相比，尺寸要小得多，但单个平台的作战效能并没有降低甚至还稍高。比如正在研制的"神经元""雷神"等无人作战飞机，其载弹量与当前主力战机相当，机动性却更强、作战距离更远，加之"平台无人"的优势，作战效能会更高。另外，小微型的无人作战平台，其单个作战能力虽然有限，但通过集群使用，可多方向同时实施突击，快速致敌重要目标损毁或关键系统瘫痪，陷敌于四面受袭，难以有效应对，最终以数量优势消耗敌防御能力，致敌于"打不起、防不着"的被动局面。比如，利用无人机群实施反潜作战，可对整个海域全覆盖，只要被一架无人机发现，潜艇将失去隐身性能，并遭遇瞬时攻击，无力抵抗，改变了过去只有少数高性能船只和有人驾驶飞机在可能海区或航线的搜索与攻击。正如有人对无人作战集群的描述：面对成百上千个"小家伙"，"大个儿"不得不东躲西藏，并发现情况对它越来越不利——特别是当它必须一个不漏地摧毁成千上万个"小家伙"才能生存时。因此，未来的无人作战，不同量级、不同空间、不同功能的无人作战平台混合编组成不同的作战集群，对敌实施多个方向、多重毁伤模式的突袭作战，能够快速瘫痪敌作战体系、迅速达成作战目的，达成"小而多"胜"大而少"的效果，未来战场上可能会出现"蚂蚁啃大象"和"小鬼擒巨魔"的"以小制大、以微制巨"的战争奇观。

后 记

《军事论坛》在《解放军报》版面阵列中，一直是研究探讨军事理论创新与传播的主阵地，是军内外兵学爱好者信赖心仪的家园。作为新闻纸上的"讲武堂"，军事理论PK的"校阅场"，卅载寒暑，《军事论坛》一次次吹响理论与实践创新的集结号，成为广大官兵心中一块谈兵论道的学术净土。

2021年岁尾，人民出版社主动联络我部，意在选取《军事论坛》上部分发表过的探讨现代战争及信息化智能化技术军事应用等方面的文章，汇编成册，为社会大众强化国防安全意识、提高认知现代战争能力，提供一个可资参考借鉴的抓手和样本。这是一件好事，我们欣然应约。

这次选编的内容主要是2017年以来在《解放军报·军事论坛》"研究军事、研究战争、研究打仗"专栏上发表的主打文章。为方便广大读者阅读理解、交流互鉴，我们将这些文章重新分组归类，共分了五篇。其中篇一"'把'脉战争大势"主要研讨现代战争形态演变及规律性认识；篇二"'智'胜未来战场"主要聚焦智能化战争的制胜机理；篇三"战争之水'浊'兮"主要讨论的是混合战争有关问题；篇四"制'脑'权战犹酣"主要围绕当下热议的认知域作战前沿问题展开评析；篇五"'超'级战士走来"主要思考的是无人作战与反无人作战相关理论问题。

当前，世界战略格局、国家安全和军事斗争形势变化很快，紧盯科技之变、战争之变、对手之变，强化军事理论与实践创新任重道远。本书中所选摘的部分文章有的是早几年发表的，个别内容和观点难免会有与现实不符甚至相悖的情况。但从总体上看，从大思路上捋，今天仍不失其别开生面、启迪思维的作用。

伴时代之风而舞，闻强军之鼓而动，仰观俯察间，来源实践指导实践是《军事论坛》不变的初心。未来，我们将一如既往衔枚疾行，也愿这本小书为您洞开观察现代战争的新视窗。

解放军报·军事论坛

2022 年 10 月 13 日

责任编辑：刘敬文

图书在版编目（CIP）数据

智胜未来：智能化战争面面观／解放军报社 编 . —北京：人民出版社，
　2023.4
ISBN 978－7－01－025036－6

I.①智…　II.①解…　III.①高技术战争　IV.① E866

中国版本图书馆 CIP 数据核字（2022）第 163886 号

智胜未来
ZHISHENG WEILAI
——智能化战争面面观

解放军报社　编

人民出版社 出版发行
（100706　北京市东城区隆福寺街 99 号）

北京华联印刷有限公司印刷　新华书店经销

2023 年 4 月第 1 版　2023 年 4 月北京第 1 次印刷
开本：710 毫米 ×1000 毫米 1/16　印张：27.25
字数：335 千字

ISBN 978－7－01－025036－6　定价：65.00 元

邮购地址 100706　北京市东城区隆福寺街 99 号
人民东方图书销售中心　电话（010）65250042　65289539